# 문제 해결의 언어,
# 파이선

# 문제 해결의 언어, 파이썬 구현
Python

1판 1쇄 인쇄　2026년 3월 10일
1판 1쇄 발행　2026년 3월 20일

지은이　　　　한옥영
펴낸이　　　　유지범
책임편집　　　구남희
편집　　　　　신철호 · 현상철
외주디자인　　심심거리프레스
마케팅　　　　박정수 · 김지현

펴낸곳　　　　성균관대학교 출판부
등록　　　　　1975년 5월 21일 제1975-9호
주소　　　　　03063 서울특별시 종로구 성균관로 25-2
전화　　　　　02)760-1253~4
팩스　　　　　02)760-7452
홈페이지　　　http://press.skku.edu/

ISBN　979-11-5550-707-0　93000

생각　　　　　　　구현　　　　　　　전략

# 문제 해결의 언어, 파이선

한옥영 지음

```
>>> num_list = [ 5, 10, 15 ]
>>> print( num_list [1] + 34)
44
>>> print( num_list)
[5, 10, 15]
```

# Python

성균관대학교
출판부

# Python 기본

# Python 자료형

# 조건문

# 차례

# 1장

# Python 기본

Python

✔ 프로그래밍 언어는 현대 사회의 다양한 문제를 해결하는 데 핵심 도구로 자리잡고 있다. 그중에서도 Python은 단순함과 강력함을 동시에 갖춘 언어로, 초보자부터 전문가까지 폭넓게 사용된다. Python은 웹 개발, 데이터 분석, 인공지능, 자동화 등 여러 분야에서 유용하게 활용되고 있으며, 다양한 라이브러리와 커뮤니티 지원으로 접근성이 매우 높다.

✔ 이 장에서는 Python의 기본 개념과 설치, 그리고 프로그래밍의 핵심인 연산자와 입출력을 다룬다. Python을 처음 접하는 학습자에게는 기본적인 도구 사용법과 개념을 배우는 것이 중요하다. 이를 통해 Python 프로그래밍의 기초를 탄탄히 다지고, 나아가 문제 해결 능력을 키울 수 있다.

✔ Python은 단순히 코드를 작성하는 도구가 아니라, 창의적인 사고와 컴퓨팅 사고력을 연습하는 매개체로 활용된다. 따라서 이 장에서는 Python의 기본 문법과 활용법을 배우는 동시에, 이를 활용해 실제 문제를 어떻게 해결할 수 있을지 고민하는 시간을 가질 것이다.

✔ Python의 첫 걸음을 내딛는 이 여정은 단순한 지식의 습득을 넘어, 학습자가 스스로 도전하고, 실수를 통해 배우며, 더 나은 해결책을 찾아가는 과정으로 설계되었다. 이제 Python의 기본을 탐구하며 새로운 가능성의 세계로 나아가 보자.

# 01 | Python 설치

Python을 처음 시작하려면, 먼저 Python 설치라는 첫 관문을 통과해야 한다. 이 과정은 프로그래밍 세계로 들어가는 문을 여는 열쇠와 같다. 다행히도 Python은 설치 과정이 간단하고 사용자 친화적으로 설계되어 있어 누구나 쉽게 접근할 수 있다. 그렇다면 Python을 설치하고 실행하기까지의 여정을 함께 떠나보자.

## 1 설치 방법

Python은 공식 웹사이트를 통해 다운로드할 수 있으며, 다양한 운영체제에서 사용 가능하다. Python의 장점 중 하나는 IDLE(Integrated Development and Learning Environment)이라는 기본 개발 환경이 함께 제공된다는 것이다. 이는 Python을 처음 배우는 사람들에게 최적화된 도구로, 코드 작성과 실행을 단순하고 직관적으로 지원한다.

**Python 다운로드, 어디서부터 시작할까?** Python을 설치하려면 먼저 Python 공식 웹사이트에 접속한다.

- https://www.python.org

사이트에 들어가면, 다운로드(Downloads) 메뉴를 확인할 수 있다.

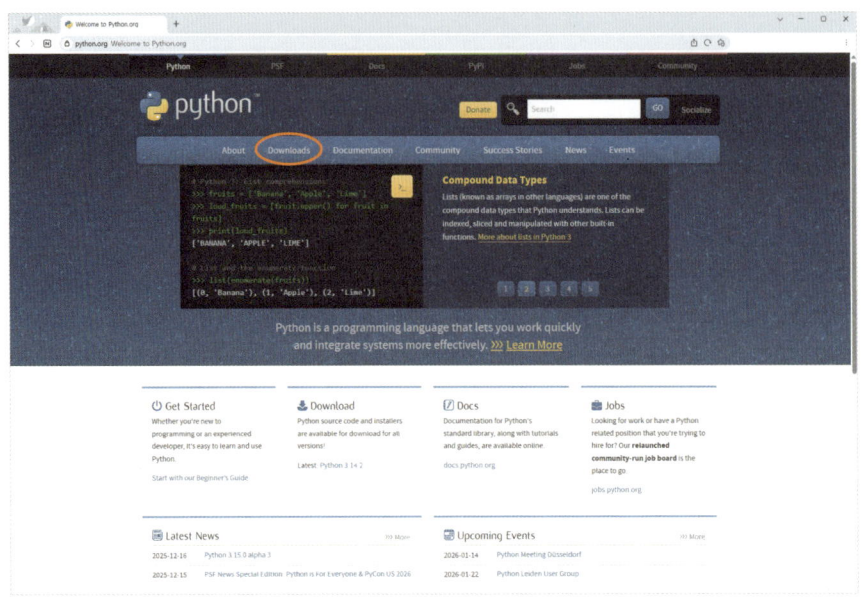

　　사이트는 자동으로 사용자의 운영체제를 감지하여 알맞은 설치 파일을 추천해준다. 최신 버전은 "Download Python 3.x.x" 버튼을 통해 다운로드할 수 있다. 최신 버전을 사용하는 것은 Python의 모든 최신 기능과 보안을 활용할 수 있는 현명한 선택이다.

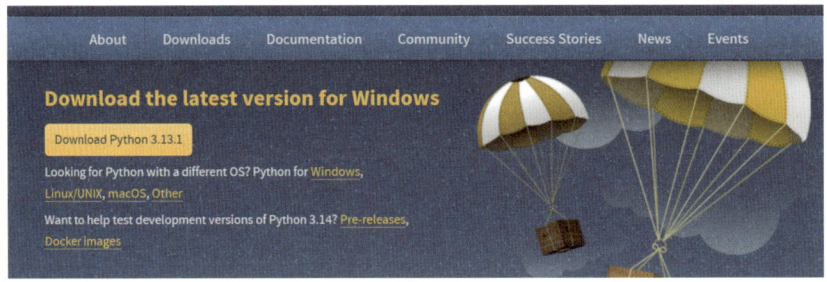

**Windows 사용자라면 이렇게** 　　다운로드한 설치 파일을 실행하면, 설치 화면에서 "Add Python to PATH" 옵션이 보인다. 이 옵션은 반드시 체크해야 한다. 이를 놓치면 나중에 환경 변수를 수동으로 설정해야 하는 번거로움이 생긴다.

문제 해결의 언어, Python

이후 "Install Now" 버튼을 클릭하면 기본적인 설치가 진행된다. 설치 완료 메시지가 나타나면 "Close" 버튼을 클릭해 설치를 마무리한다.

**macOS 사용자는**    macOS는 Python 2.x 버전을 기본적으로 포함하고 있다. 하지만 최신 Python 3.x 버전을 설치해야만 더 많은 Python의 기능을 활용할 수 있다. 다운로드한 .pkg 파일을 실행하고, 설치 마법사의 지시에 따라 "계속(Continue)" 버튼을 클릭한다. "동의(Agree)" 버튼을 눌러 라이선스 계약에 동의한 후, 기본 설정 그대로 "설치(Install)" 버튼을 클릭한다. 그리고 마지막으로 관리자 비밀번호를 입력하면 설치가 완료된다.

**설치 확인하기**    설치를 마쳤다면, 이제 Python이 제대로 설치되었는지 확인할 차례다. 확인 과정은 간단하지만, 프로그래밍의 여정을 시작하기 전에 반드시 거쳐야 할 필수 단계이다.

Windows에서 확인할 때는 키보드에서 윈도우 키 + R을 누르고, 실행 창에 cmd를 입력한 후 엔터를 누른다. 새롭게 뜬 명령 프롬프트 창에서 python을 입력하면, 설치된 Python 버전과 함께 대화형 환경(Interactive Shell)이 실행된다. 이 화면이 나온다면, 성공적으로 설치가 된 것이다.

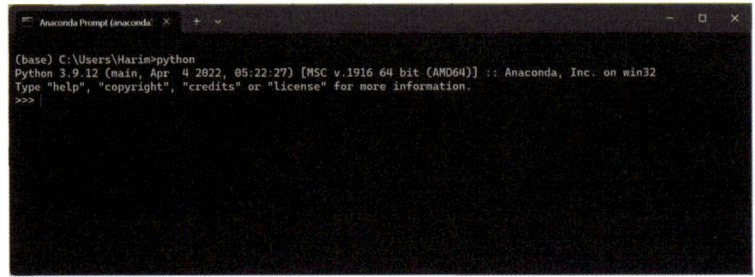

macOS에서 확인하려면, Launchpad에서 기타 → 터미널을 실행한다. 터미널 창에 'python3 —version' 명령을 입력하면, 설치된 Python 버전이 출력된다. 이 메시지가 보인다면, 모든 준비가 완료된 것이다.

Python 설치는 프로그래밍의 첫 과정으로 간단하지만, 이를 통해 프로그래밍 환경을 준비하고 스스로의 도전 정신을 확인하게 된다. Python을 설치하고 실행하는 과정은 단순히 도구 준비가 아니라, 창의적인 문제 해결의 출발점이다. 이제 Python이라는 도구를 손에 쥔 당신은 다음 단계로 나아갈 준비를 마쳤다. 이 도구를 어떻게 활용할지는 오직 여러분의 상상력에 달려 있다.

## ② Python 실행

Python 설치를 마쳤다면 이제 실행 단계로 넘어가야 한다. 이 과정은 단순히 설치 여부를 확인하는 것이 아니라, Python의 첫 경험을 통해 프로그래밍 세계로 한 발짝 더 들어가는 시간이다. Windows와 macOS 사용자 모두 각자의 환경에 맞는 실행 방법을 따라 쉽게 시작할 수 있다.

**Windows 기준: Python IDLE 실행**  Python 설치가 완료되었다면, 이제 실행 환경을 설정하고 첫 코드를 작성할 준비가 되었다. Windows 사용자는 IDLE(Integrated Development and Learning Environment)을 통해 Python을 간단히 실행할 수 있다. IDLE은 Python 설치 시 기본으로 제공되는 개발 도구로, 초보자에게 적합한 직관적인 인터페이스를 제공한다. Python의 첫 실행 과정은 다음과 같이 진행된다.

문제 해결의 언어, Python

- **시작 메뉴에서 IDLE 검색**: Windows 사용자는 시작 메뉴를 열고 "IDLE"을 검색하면 Python IDLE을 실행할 수 있다. 이렇게 Python과 대화형으로 작업할 수 있는 Shell 창을 열어준다. IDLE은 설치와 동시에 제공되므로 별도의 설정 없이 바로 사용할 수 있다는 것이 큰 장점이다.

- **IDLE 창 확인**: IDLE을 실행하면 흰색 배경의 Shell 창이 나타난다. 이 창은 Python 명령어를 입력하고 즉시 실행 결과를 확인할 수 있는 대화형 모드 (Interactive Mode)를 제공한다. 이는 Python이 제공하는 가장 강력한 학습 도구 중 하나로, 초보자에게 적합하다.

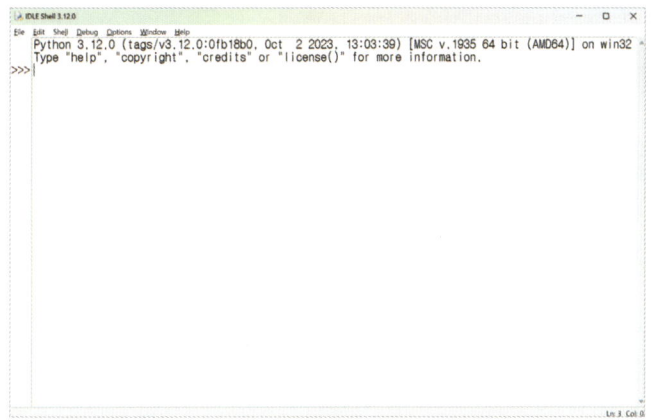

예를 들어, print("Hello, Python!")을 입력하고 엔터를 누르면 바로 결과가 출력된다. 이처럼 Python은 입력과 동시에 결과를 확인할 수 있어 초보자도 부담 없이 실습할 수 있다.

- **첫 코드 작성의 설렘**: IDLE Shell 창은 간단한 코드 실행에 적합하다. Python의 첫 코드를 작성하고 실행해보는 순간은 많은 사람들이 프로그래밍에 매력을 느끼는 중요한 경험이다. 이제 코딩의 세계가 눈앞에 펼쳐질 것이다.

**macOS 기준: Python IDLE 실행** macOS 사용자도 쉽게 Python을 실행할 수 있다. Python 설치가 완료되면, 다음 단계를 따라 IDLE을 실행해보자.

- **Launchpad에서 Python 3.x 폴더 확인**: macOS의 Launchpad를 열고, "Python 3.x" 폴더에서 IDLE을 클릭하여 실행할 수 있다.

- **IDLE 창 열기**: IDLE 창이 열리면, 이제 코드 작성과 실행을 위한 준비가 완료된 것이다. Shell 창은 Python 명령을 한 줄씩 입력하고 바로 결과를 확인할 수 있는 인터페이스를 제공한다. 예를 들어, 2 + 2를 입력하고 엔터를 누르면 계산 결과인 4가 즉시 출력된다.

- **첫 코드 작성**: macOS에서도 Windows와 동일하게 Python의 첫 코드를 작성할 수 있다. print("Welcome to Python!")을 입력해보자. 화면에 "Welcome to Python!" 이라는 결과가 출력되면, 이제 Python의 세계로 들어선 것이다.

**Shell 창: Python과의 첫 대화**　　Python IDLE을 실행하면 가장 먼저 만나는 창이 바로 Shell 창이다. 이 창은 Python의 핵심 인터페이스 중 하나로, Python과 직접 대화하듯 코드를 입력하고 결과를 확인할 수 있는 공간이다. 초보자부터 숙련자까지 모두가 활용할 수 있는 Shell 창은 Python 학습에서 가장 친근하고 중요한 도구라고 할 수 있다.

- **대화형 모드(Interactive Mode)**: Shell 창은 한 줄씩 명령어를 입력하고, 입력 즉시 결과를 확인할 수 있는 대화형 모드(Interactive Mode)를 제공한다. 예를 들어 2 + 2를 입력하고 엔터를 누르면, 결과로 4가 바로 출력된다. 이처럼 코드와 결과가 즉각적으로 연결되는 경험은 Python의 가장 큰 매력 중 하나다. 대화형 모드는 다음과 같은 특징을 가진다.

  - ☑ **즉시성**: 입력 즉시 결과를 확인할 수 있어 빠른 피드백이 가능하다.
  - ☑ **학습 효율성**: 간단한 코드를 실험하고 테스트하는 데 적합하다.
  - ☑ **직관적 이해**: 코드를 입력하고 바로 실행 결과를 확인함으로써 프로그래밍 개념을 빠르게 익힐 수 있다.

- **Shell 창의 주요 특징**
  - ☑ **즉각적인 실행**: Shell 창은 프로그래밍 결과를 실시간으로 확인할 수 있는 강력한 도구다. 예를 들어, print("Hello, World!")를 입력하면 화면에 즉시 Hello, World!라는 출력 결과가 나타난다. 이러한 실시간 실행은 초보자에게 프로그래밍에 대한 흥미와 자신감을 심어준다.
  - ☑ **디버깅과 테스트에 적합**: 짧은 코드나 간단한 계산을 실험하고 테스트하기에 Shell 창은 최적의 도구다. 프로그램을 작성하며 발생하는 오류를 빠르게 확인하고 수정할 수 있다. 특히, 변수의 값을 확인하거나 연산 결과를 확인하는 데 유용하다.
  - ☑ **한계점(긴 프로그램 작성에는 부적합)**: Shell 창은 한 줄씩 코드를 입력하고 실행하는 방식으로 설계되어 있어, 긴 프로그램 작성에는 적합하지 않다. 코드를 저장하거나 구조화된 프로그램을 작성하려면 Editor 창을 활용하는 것이 필요하다. Shell 창은 간단한 실험과 학습을 위한 공간으로 활용하는 것이 이상적이다.

**Python의 첫걸음을 Shell 창과 함께**    Python을 처음 배우는 사람에게 Shell 창은 강력한 동반자가 되어준다. 입력한 코드가 즉각적으로 실행되며, 프로그래밍의 원리를 시각적으로 이해할 수 있게 도와준다. 이 과정에서 사용자는 Python과 소통하는 느낌을 받으며, 프로그래밍이 단순한 명령어의 조합이 아니라 창의적인 도구라는 것을 깨닫게 된다.

**Shell 창에서의 코딩 예: Python과 소통하기**    Python IDLE의 Shell 창은 간단한 코드 실행을 통해 Python과 소통할 수 있는 인터페이스다. 프로그래밍을 처음 배우는 사람들에게 Shell 창은 복잡한 설정 없이도 즉각적인 피드백을 제공해준다. 이제 Shell 창에서 Python 코드를 입력하고 실행하는 과정을 살펴보자.

- **Prompt**: Python이 기다리는 신호
  Shell 창에서 눈에 띄는 >>> 기호는 Prompt(프롬프트)라고 부른다. 이는 Python이 사용자로부터 명령어 입력을 기다리고 있다는 신호이다. Prompt는 사용자가 Python 명령어를 입력하면 이를 실행하고 결과를 반환한다. 이 대화형 방식은 Python 학습에 있어 가장 매력적인 요소 중 하나다.

- **코드 작성과 실행**: 첫 Python 대화

Python Shell 창에서 첫 번째 코드를 작성해보자.

① **코드 입력**: print("Hello, Python!")를 입력한다.

② **결과 확인**: 엔터를 누르면 Python이 Hello, Python! 이라는 텍스트를 화면에 출력한다.

```
IDLE Shell 3.12.0                                                    —  □  ×
File  Edit  Shell  Debug  Options  Window  Help
     Python 3.12.0 (tags/v3.12.0:0fb18b0, Oct  2 2023, 13:03:39) [MSC v.1935
     64 bit (AMD64)] on win32
     Type "help", "copyright", "credits" or "license()" for more information.
>>> print("Hello, Python!")
     Hello, Python!
>>> |
                                                                    Ln: 5  Col: 0
```

이 간단한 코드가 바로 Python과의 첫 대화이다. 이 간단한 과정은 Python과의 첫 대화이며, 프로그래밍 학습의 시작을 알리는 순간이다. Shell 창은 이러한 작은 경험들이 쌓여 큰 자신감으로 이어지도록 돕는다.

- **결과의 즉각적인 피드백**: Shell 창에서 실행된 명령어의 결과는 입력한 코드 아래에 바로 표시된다. Python의 Prompt는 새로운 입력을 기다리며 다시 나타난다. 이러한 순환 구조는 실험적인 학습 환경을 제공하여 초보자에게 적합하다. Python Shell 창은 다음과 같은 장점을 제공한다.

✔ **빠른 피드백**: 코드 실행 결과를 실시간으로 확인할 수 있다.

✔ **학습 효율성**: 간단한 코드 실험과 테스트에 적합하다.

✔ **직관성**: 입력과 출력이 동일한 창에서 이루어져 사용법이 쉽다.

Shell 창에서 코드를 작성하고 실행하는 과정은 Python의 매력을 느낄 수 있는 첫걸음이다. 간단한 코드라도 직접 작성하고 결과를 확인하는 경험은 학습 동기를 높이고 자신감을 심어준다. 이제 여러분은 Python과의 대화를 시작할 준비가 되었으며, 이 여정은 창의적인 문제 해결 능력을 길러줄 것이다.

**Editor 창: Python 코드 작성의 도약**   Python Shell 창이 간단한 테스트와 실험을 위한 공간이라면, Editor 창은 본격적으로 프로그램을 작성하고 실행하기 위한 도구다. Editor 창은 긴 코드를 작성하고 저장한 뒤 실행할 수 있는 환경을 제공한다. 이제 Editor 창이 제공하는 기능과 활용법을 자세히 알아보자.

• **파일로 저장하고 실행하는 환경**: Editor 창은 단순히 코드를 입력하는 공간을 넘어, Python 스크립트(.py 파일)를 생성하고 저장하여 나중에도 사용할 수 있는 기능을 제공한다. 이를 통해 개발자는 코드를 반복 실행하거나 수정하며 점진적으로 개선할 수 있다. Editor 창은 코드를 한 줄씩 입력하고 실행하는 Shell 창과 달리, 여러 줄의 코드를 한꺼번에 작성하고 실행할 수 있어 Batch Mode(파일 실행 모드)로도 불린다.

• **Editor 창의 주요 기능**
  ☑ **여러 줄 코드 작성**: Editor 창은 긴 프로그램을 작성하는 데 최적화된 환경이다. Shell 창에서는 한 줄씩 코드를 실행해야 하지만, Editor 창에서는 복잡한 로직과 긴 코드를 하나의 파일로 작성하고 저장할 수 있다. 이 파일은 .py 확장자로 저장되며, 언제든 재사용할 수 있다.
  ☑ **디버깅과 프로그램 개선**: Editor 창은 오류 수정 및 프로그램 개선 작업을 쉽게 할 수 있도록 도와준다. 개발자는 코드를 작성하며 발생할 수 있는 오류를 수정하거나 새로운 기능을 추가하면서 프로그램을 점진적으로 발전시킬 수 있다.
  ☑ **저장 및 재실행**: Editor 창에서 작성한 코드는 파일로 저장한 뒤, 언제든 다시 실행할 수 있다. 저장된 파일은 Python IDLE뿐만 아니라 다른 실행 환경에서도 사용할 수 있어 확장성이 뛰어나다.

• **Editor 창 사용 방법**
  ☑ **새 파일 생성**: Shell 창의 메뉴에서 File > New File(Ctrl+N)을 선택하여 새 Editor 창을 연다.

☑ **코드 작성**: 여러 줄의 Python 코드를 작성한다. 예를 들어:

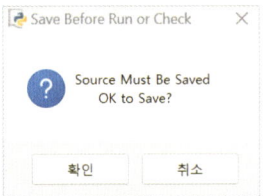

☑ **파일 저장**: 작성한 코드를 .py 확장자로 저장한다. 저장 시 명확한 파일 이름을 지정하여 관리하기 쉽도록 한다.

☑ **코드 실행**: 저장한 코드를 실행하려면 Run > Run Module(F5)를 선택한다. 만약 저장하지 않았다면, 다음의 안내 창이 뜨게 된다.

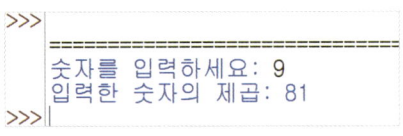

확인을 누르면, 실행 결과는 Shell 창에 출력된다.

```
>>>
===============================
숫자를 입력하세요: 9
입력한 숫자의 제곱: 81
>>>
```

Editor 창은 초보자와 전문가 모두에게 유용한 도구다. 초보자는 간단한 프로그램을 작성하며 Python의 기본 개념을 익힐 수 있고, 전문가들은 복잡한 프로젝트를 개발하며 Editor 창의 강력한 기능을 활용할 수 있다. Editor 창을 통해 작성한 코드는 파일로 저장되므로, 다른 환경으로 공유하거나 다시 실행하여 결과를 확인할 수 있다. 이는 개발 과정을 체계적이고 효율적으로 만들어준다.

● **Shell 창과 Editor 창 비교:** 목적에 따른 도구 선택
  Python 학습과 개발 과정에서 Shell 창과 Editor 창은 각기 다른 역할을 한다. 두 창은 모두 Python을 실행하고 활용하는 데 필수적인 도구지만, 사용 목적

문제 해결의 언어, Python

과 방식에서 차이가 있다. Shell 창이 간단한 테스트와 실험을 위한 공간이라면, Editor 창은 보다 복잡하고 구조화된 프로그램을 작성하는 데 적합하다. 아래는 두 창의 주요 차이를 비교한 내용이다.

**✓ 사용 방식**: 간단함 대 체계적 접근

Shell 창>

Shell 창은 한 줄씩 코드를 작성하고 즉시 실행 결과를 확인하는 방식으로 작동한다. 이 즉각성은 간단한 계산이나 코드 테스트에 매우 유용하다. 초보자가 Python의 기본 개념을 익히기에 적합하며, 빠른 피드백을 통해 학습을 돕는다.

Editor 창>

Editor 창은 여러 줄의 코드를 작성하고, 이를 하나의 파일로 저장한 뒤 실행할 수 있는 환경을 제공한다. 이 방식은 복잡한 프로그램이나 프로젝트를 개발할 때 유리하며, 코드 작성과 실행 과정을 체계적으로 관리할 수 있다.

**✓ 실행 방식**: Enter와 F5의 차이

Shell 창>

Enter 키를 누르면 바로 실행되는 대화형 방식이다. 예를 들어, print("Hello")를 입력하고 Enter를 누르면 즉시 결과가 출력된다.

Editor 창>

작성된 전체 코드를 실행하려면 F5 키를 누르거나 메뉴에서 Run > Run Module을 선택해야 한다. 실행 결과는 Shell 창에서 확인할 수 있다.

**✓ 저장 여부**: 일회용 대 재사용 가능

Shell 창>

Shell 창에서 작성된 코드는 즉시 실행되지만, 저장되지 않는다. 따라서 동일한 코드를 반복 실행하려면 다시 입력해야 한다.

Editor 창>

Editor 창에서 작성된 코드는 .py 확장자로 저장할 수 있다. 저장된 파일은 언제든 재사용하거나 다른 환경으로 공유할 수 있어서 긴 코드 작성에 적합하다.

**✓ 용도**: 테스트 대 개발

Shell 창>

간단한 테스트나 실험, 계산 작업에 적합하다. Python의 기본 동작을 이해하거나 간단한 명령어를 실행해보고 싶을 때 유용하다.

Editor 창>

프로그램 개발과 프로젝트 작성에 적합하다. 긴 코드 작성, 디버깅, 그리고 실행 과정을 체계적으로 관리할 수 있다.

Shell 창과 Editor 창 선택의 기준은 다음과 같이 정리된다.

| 항목 | Shell 창 | Editor 창 |
|---|---|---|
| 사용 방식 | 한 줄씩 코드 작성 및 즉시 실행 | 여러 줄 코드를 작성 후 저장 및 실행 |
| 실행 방식 | Enter 입력 시 즉시 실행 | F5로 전체 프로그램 실행 |
| 저장 여부 | 저장 불가 | 파일(.py)로 저장 가능 |
| 용도 | 간단한 테스트 및 실험 | 프로그램 개발 및 프로젝트 작성 |

Python에서 Shell 창과 Editor 창은 학습과 개발의 두 축을 담당한다. Shell 창은 학습 초기 단계에서 Python의 기본적인 동작 방식을 이해하고 실험하는 데 유용하며, Editor 창은 더 큰 규모의 프로그램을 작성하고 관리하는 데 적합하다. 두 도구를 목적에 맞게 활용하면 Python 학습의 효율성과 생산성을 극대화할 수 있다.

### ❸ Google Colab 실행

Python을 학습하거나 간단한 프로젝트를 실행할 때, 별도의 설치 없이 활용할 수 있는 도구가 있다면 얼마나 편리할까? 바로 이런 요구를 충족시켜주는 강력한 온라인 도구가 바로 Google Colab다. Google Colab은 브라우저 기반의 Python 실행 환경으로, 인터넷만 연결되어 있다면 어디서든 Python 코드를 실행할 수 있다.

**Google Colab이란?**  Google Colab(Colaboratory)은 Google에서 제공하는 무료 서비스로, 설치 없이 Python 코드를 작성하고 실행할 수 있는 환경을 제공한다. 이 도구는 데이터 분석, 머신러닝, 단순한 Python 학습에 이르기까지 다양한 용도로 활용 가능하다. Google Colab의 주요 장점은 다음과 같다.

- ☑ **설치 불필요**: Python 설치 과정을 생략하고 바로 실행 가능.
- ☑ **클라우드 기반**: 인터넷 연결만으로 사용할 수 있으며, 실행 결과와 데이터를 Google Drive에 저장할 수 있음.
- ☑ **다양한 기능**: GPU 및 TPU를 지원해 머신러닝 모델 훈련에도 적합.

**Google Colab 사용 방법**   Google Colab을 사용하는 방법은 매우 간단하다. 다음은 단계별로 정리한 Colab 실행 과정이다.

1 **Google Colab 접속**: 웹 브라우저에서 Google Colab에 접속한다.
https://colab.research.google.com/
Google 계정으로 로그인하면 Colab을 바로 사용할 수 있다.

2 **새 노트 생성**: Colab의 초기 화면에서 + 새 노트 버튼을 클릭한다. 이렇게 하면 새로운 Python 작업 공간이 생성된다. 이 작업 공간은 Jupyter Notebook 형식으로, 코드와 텍스트를 함께 작성할 수 있는 유연한 환경을 제공한다.

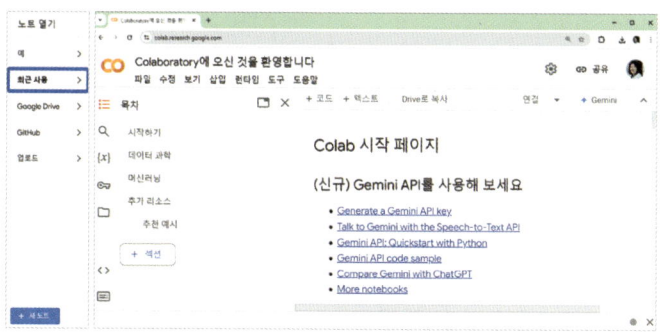

**Colab에서 코드 작성과 실행**   Google Colab에서 Python 코드를 실행하는 과정은 직관적이다. 코드를 작성하고 실행하는 과정을 단계별로 살펴보자.

1 **코드 입력**: Colab의 셀(Cell)에서 Python 코드를 작성한다.

예를 들어:

num = int(input("숫자를 입력하세요: "))

print(f"입력한 숫자의 제곱: {num ** 2}")

**2** **코드 실행**: 작성한 코드를 실행하려면 Shift + Enter 키를 누르거나 셀 왼쪽에 있는 ▶ 버튼을 클릭한다.

**3** **실행 결과 확인**: 셀 아래에 실행 결과가 출력된다. 위 예제에서는 숫자를 입력하라는 메시지가 표시되고, 입력한 숫자의 제곱이 계산되어 출력된다.

**4** **파일명 저장**: Colab 문서의 이름은 기본적으로 Untitled0.ipynb와 같은 이름으로 생성된다. 문서 이름을 클릭하여 원하는 이름으로 변경할 수 있다. 예를 들어, My_First_Colab.ipynb와 같이 직관적인 이름으로 저장하면 이후에 파일을 관리하거나 재사용할 때 유용하다.

**Colab의 주요 특징** Google Colab은 Python 학습과 프로젝트 작업을 위한 강력한 도구로, 여러 사용자가 동시에 문서를 편집할 수 있는 실시간 협업 기능을 제공한다. 이는 팀 프로젝트나 공동 작업 시 매우 유용하며, 작업의 효율성을 극대화할 수 있다. 또한 Colab은 작성된 코드를 자동으로 Google Drive에 저장하여 데이터를 잃어버릴 걱정을 덜어준다. 이러한 자동 저장 기능은 작업 중 예상치 못한 오류나 중단 상황에서도 작업을 안전하게 보존해 준다.

Colab의 또 다른 강점은 유연성이다. 텍스트, 이미지, 코드, 그래프 등 다양한 요소를 한 문서에 통합할 수 있어, 프로그래밍 학습뿐만 아니라 데이터 분석과 보고서 작성에도 효과적으로 활용할 수 있다.

- ☑ **실시간 협업**: 다른 사용자와 동시에 문서를 편집할 수 있어 팀 작업에 적합하다.
- ☑ **자동 저장**: 작성된 코드는 Google Drive에 자동 저장되어, 데이터를 잃어버릴 염려가 없다.
- ☑ **유연성**: 텍스트, 이미지, 코드, 그래프 등을 한 문서에 통합할 수 있어 보고서 작성에도 유리하다.

Google Colab은 Python을 처음 배우는 사람뿐 아니라, 데이터 분석과 머신러닝을 배우려는 사람에게도 유용한 도구다. 설치와 환경 설정 없이 바로 코드를 실행할 수 있어 학습의 진입장벽을 낮추어 준다. 따라서 Colab은 단순히 도구를 넘어, Python 학습의 동반자가 되어 줄 것이다.

# 02 | Python 연산자

Python은 단순한 계산부터 복잡한 로직 설계까지 다양한 문제를 해결할 수 있는 강력한 도구다. 그 중심에는 연산자(Operator)라는 핵심 개념이 자리잡고 있다. 연산자는 데이터를 처리하거나 조작하는 데 사용되는 기본적인 표현식으로, Python 프로그래밍에서 매우 중요한 역할을 한다. 연산자는 단순히 숫자를 더하거나 곱하는 데만 그치지 않는다. 변수의 값을 설정하고 비교하며, 논리적인 판단을 내리는 것까지 포괄한다. 또한 Python은 비트 단위로 데이터를 다루거나 특정 조건을 만족하는지 확인하는 등 다양한 상황에 적용할 수 있는 연산자를 제공한다.

이제 Python에서 제공하는 연산자의 종류와 사용법을 체계적으로 살펴보자. 먼저 연산자의 기본 개념을 이해하고, 산술, 대입, 관계, 논리, 비트 연산자 등 각 연산자의 특징과 예제를 통해 실제로 어떻게 활용할 수 있는지 학습할 것이다. 또한, 연산자 우선순위와 같은 중요한 개념도 다루어, 복잡한 계산식이나 조건문을 정확히 해석하고 작성할 수 있는 능력을 기를 것이다.

Python 연산자는 단순히 문법을 배우는 것을 넘어, 문제 해결을 위한 사고를 확장하는 데 기여한다. 이 장의 마지막에는 연산자를 활용한 간단한 문제 해결 사례를 통해 컴퓨팅 사고력을 키우는 방법도 소개한다. Python 연산자의 세계를 탐구하며, 코드 작성에 대한 자신감을 키워보자.

## 1 연산자 이해

Python에서 연산자(operator)란 값을 계산하거나 조작하기 위해 사용되는 기호를 의미한다. 연산자는 두 개 이상의 값(피연산자, operand) 사이에서 작동하며, 데이터를 처리하거나 조건을 평가하는 중요한 역할을 한다. 예를 들어, +, -, *, / 같은 산술 연산자는 숫자를 계산하고, ==, !=, ⟨, ⟩와 같은 관계 연산자는 값을 비교한다. Python은 이러한 다양한 연산자를 통해 프로그래머가 프로그램 논리를 쉽게 설계할 수 있도록 돕는다.

**연산자 필요성: 반복 작업에서 논리 구성까지**　연산자가 중요한 이유는 프로그래밍에서 필수적인 작업을 효율적으로 수행하도록 돕기 때문이다.

- ☑ **자동화된 작업**: 연산자는 반복적인 수작업을 자동화해준다. 수백 개의 데이터를 비교하거나 계산해야 할 때, 간단한 연산자를 사용해 모든 작업을 빠르고 정확하게 처리할 수 있다.
- ☑ **데이터 처리의 핵심 도구**: 연산자는 대규모 데이터를 필터링하고 분석하는 데 사용된다. 예를 들어, 조건을 만족하는 데이터만 선택하거나 수치 계산을 수행하는 데 적합하다.
- ☑ **논리 구성의 기반**: 프로그램의 조건문과 반복문은 대부분 연산자를 기반으로 작동한다. 복잡한 문제를 논리적으로 해결하려면 연산자를 이해하는 것이 필수적이다.

**연산자 특징: 약속된 규칙으로 동작**　Python의 연산자는 몇 가지 중요한 특징을 가지고 있다.

- ☑ **약속된 규칙**: 연산자는 Python이 정의한 우선순위와 결합법칙에 따라 동작한다. 이를 통해 복잡한 계산도 명확하고 일관성 있게 처리할 수 있다.
- ☑ **다양성**: Python은 산술, 대입, 관계, 논리, 비트 연산자 등 여러 종류의 연산자를 제공하며, 각각의 연산자는 특정한 용도를 가지고 있다.
- ☑ **직관성**: Python 연산자는 대부분 직관적인 기호로 이루어져 있어 처음 배우는 사람도 쉽게 이해할 수 있다.

연산자는 프로그래밍의 가장 기본적인 도구이지만, 이를 어떻게 활용하느냐에 따라 프로그램의 효율성과 기능이 크게 달라질 수 있다. 이 장에서는 연산자의 개념을 넘어, 이를 활용한 문제 해결 방법까지 배워보자.

## ② 산술 연산자

프로그래밍의 핵심에는 다양한 데이터를 다루는 산술 연산자가 있다. 덧셈, 뺄셈, 곱셈, 나눗셈 등 수학적으로 익숙한 개념이 코드 속에서 구현되어 데이터 처리의 기초 역할을 한다. 특히 Python에서 산술 연산자는 직관적인 기호와 규칙을 통해 누구나 쉽게 다룰 수 있도록 설계되었다.

**산술 연산자의 종류**    Python에서 제공하는 산술 연산자는 다음과 같다.

- ☑ **덧셈(+)**: 두 값을 더한다.
- ☑ **뺄셈(-)**: 왼쪽 피연산자에서 오른쪽 피연산자를 뺀다.
- ☑ **곱셈(\*)**: 두 값을 곱한다.
- ☑ **나눗셈(/)**: 왼쪽 피연산자를 오른쪽 피연산자로 나눈다.
- ☑ **나머지(%)**: 나눗셈 후 나머지를 반환한다.
- ☑ **제곱(\*\*)**: 왼쪽 피연산자를 오른쪽 피연산자로 거듭제곱한다.
- ☑ **몫 나눗셈(//)**: 나눗셈 후 정수 몫을 반환한다.

**산술 연산자의 활용 예시**    아래는 Python 코드에서 산술 연산자를 활용한 간단한 예이다:

```
>>> num_list = [ 22, 15, 33, 10, 3, 12, 5, 8 ]
>>> num_list [0] = num_list [0] + 30
>>> num_list [1] = num_list [1] - 8
>>> num_list [2] = num_list [2] * 3
>>> num_list [3] = num_list [3] / 3
>>> num_list [4] = num_list [4] // 2
>>> num_list [5] = num_list [5] % 10
>>> num_list [6] = num_list [6] ** num_list [7]
>>> print( num_list )
[52, 7, 99, 3.3333333333333335, 1, 2, 390625]
```

이 코드에서 각 연산자가 리스트의 값을 어떻게 변화시키는지 확인할 수 있다.

**대입 연산자가 없다면?**　산술 연산자는 주로 대입 연산자와 결합하여 활용된다. 대입 연산자가 없다면, 연산 결과가 변수에 저장되지 않아 코드는 다음과 같이 동작한다.

```
>>> num_list = [ 5, 10, 15 ]
>>> print( num_list [1] + 34 )
44
>>> print( num_list )
[5, 10, 15]
```

결과는 출력되지만 원본 데이터에는 아무 변화가 없다. 대입 연산자는 이러한 문제를 해결하며, 데이터의 지속적인 변화를 가능하게 한다.

**산술 연산자 없이 수학적 계산 처리**　Python에서는 연산자 외에도 내장 함수와 모듈을 통해 다양한 수학적 연산을 처리할 수 있다. 예를 들어:

✔ **내장 함수 활용**

　abs(-128): 절댓값 계산

　round(3.14159, 2): 소수점 둘째 자리에서 반올림

```
>>> abs ( -128 )
128
>>> round ( 3.5 )
4
>>> round ( 3.14159265359, 2 )
3.14
```

✔ **math 모듈 활용**

　math.sqrt(25): 제곱근 계산

　math.trunc(3.9): 소수점 아래를 버림

　math.factorial(5): 팩토리얼 계산

```
>>> import math
>>> math.sqrt ( 25 )        # 제곱근
5.0
>>> math.trunc ( 3.9 )      # 버림
3
>>> math.factorial ( 5 )
120
```

**산술 연산자의 확장 활용**  Python의 math 모듈을 사용하면 더 복잡한 계산도 가능하다. 모듈에 포함된 다양한 함수를 확인하는 것은 다음과 같다.

```
IDLE Shell 3.12.0                                                    —  □  ×
File  Edit  Shell  Debug  Options  Window  Help
>>>
>>> import math
>>> print(dir(math))
['__doc__', '__loader__', '__name__', '__package__', '__spec__', 'acos', 'ac
osh', 'asin', 'asinh', 'atan', 'atan2', 'atanh', 'cbrt', 'ceil', 'comb', 'co
pysign', 'cos', 'cosh', 'degrees', 'dist', 'e', 'erf', 'erfc', 'exp', 'exp2'
, 'expm1', 'fabs', 'factorial', 'floor', 'fmod', 'frexp', 'fsum', 'gamma',
'gcd', 'hypot', 'inf', 'isclose', 'isfinite', 'isinf', 'isnan', 'isqrt', 'lcm
', 'ldexp', 'lgamma', 'log', 'log10', 'log1p', 'log2', 'modf', 'nan', 'nexta
fter', 'perm', 'pi', 'pow', 'prod', 'radians', 'remainder', 'sin', 'sinh', '
sqrt', 'sumprod', 'tan', 'tanh', 'tau', 'trunc', 'ulp']
>>>
                                                                    Ln: 11  Col: 0
```

이 명령어는 사용 가능한 함수 목록을 출력하며, 이를 통해 필요한 계산 기능을 찾아 사용할 수 있다.

산술 연산자는 단순한 계산 이상의 가치를 지닌다. 이는 데이터의 분석, 시뮬레이션, 모델링 등 다양한 분야에서 기초적인 도구로 작용하며, 복잡한 알고리즘의 구성 요소로도 사용된다. Python의 직관적인 연산자 설계는 초보자도 쉽게 익힐 수 있는 환경을 제공하며, 이를 통해 프로그래밍의 본질에 한 걸음 더 가까워질 수 있다.

## ③ 대입 연산자

대입 연산자는 프로그래밍의 기본적인 구성 요소로, 연산 결과를 특정 변수에 저장하거나 값을 변경하는 데 활용된다. 이는 단순한 할당뿐만 아니라 연산과 할당

을 동시에 수행할 수 있는 강력한 기능을 제공하며, 코드의 간결성과 가독성을 높이는 데 기여한다.

**대입 연산자의 기본 개념**   대입 연산자는 연산 결과를 왼쪽 변수에 저장하는 역할을 한다. 예를 들어, = 연산자를 통해 오른쪽 표현식의 결과를 왼쪽 변수에 저장할 수 있다. 단순 대입 연산자와 복합 대입 연산자로 나뉜다. 단순 대입 연산자는 a = b처럼 값을 그대로 할당하는 반면, 복합 대입 연산자는 연산과 할당을 동시에 수행한다.

**대입 연산자의 종류**

● **단순 대입 연산자**

=: 오른쪽 값(또는 표현식)을 왼쪽 변수에 그대로 저장.

```python
1 a = 10
2 b = 20
3 c = a + b  # c는 30을 저장
```

● **복합 대입 연산자**

+=: 현재 변수 값에 더한 결과를 저장.

-=: 현재 변수 값에서 뺀 결과를 저장.

*=: 현재 변수 값에 곱한 결과를 저장.

/=: 현재 변수 값을 나눈 결과를 저장.

%=: 현재 변수 값의 나머지를 저장.

**=: 현재 변수 값의 제곱 결과를 저장.

//=: 현재 변수 값을 나눈 몫을 저장.

```python
1 x = 5
2 x += 10  # x는 15
3 x *= 2   # x는 30
4 x //= 3  # x는 10
```

복합 대입 연산자가 활용된 예는 다음과 같다.

```
>>> num_list = [ 22, 15, 33, 10, 3, 12, 5, 8 ]
>>> num_list [0] += 30
>>> num_list [1] -= 8
>>> num_list [2] *= 3
>>> num_list [3] /= 3
>>> num_list [4] //= 2
>>> num_list [5] %= 10
>>> num_list [6] **= num_list [7]
>>> num_list [7] = 0
>>> print( num_list )
[52, 7, 99, 3.3333333333333335, 1, 2, 390625, 0]
```

복합 대입 연산자는 기존 변수 값을 변경하며, 그 과정에서 변수의 값을 덮어쓴다. 이는 코드의 간결성을 높이고, 반복적인 계산을 효율적으로 처리할 수 있도록 돕는다.

대입 연산자는 데이터의 저장과 변경을 효율적으로 수행하는 도구로, 복합 대입 연산자는 이를 더욱 간결하게 표현할 수 있는 방법을 제공한다. 이러한 연산자를 활용하면 코드의 가독성과 유지보수성을 높일 수 있다.


## ④ 관계 연산자

관계 연산자는 두 값을 비교하여 그 결과를 참(True) 또는 거짓(False)으로 반환하는 연산자이다. 이 연산자는 프로그램에서 조건을 판단하거나, 특정 조건에 따라 실행 흐름을 제어하는 데 매우 유용하다. 따라서 if, while과 같은 조건문 및 반복문에서 자주 사용된다.

Python에서 지원하는 주요 관계 연산자는 다음과 같다.

- ☑ <: 작다(Less than)
- ☑ >: 크다(Greater than)
- ☑ <=: 작거나 같다(Less than or equal to)
- ☑ >=: 크거나 같다(Greater than or equal to)
- ☑ ==: 같다(Equal to)
- ☑ !=: 같지 않다(Not equal to)

이 연산자들은 수학적 표현과 유사하지만, Python의 문법에 맞는 기호를 사용한다. 예를 들어, 수학에서 "≠"로 표현되는 '같지 않다'는 Python에서는 !=로 표현된다. 관계 연산자의 다양한 사용 예는 다음과 같다.

```
>>> a = 3;  b = 10
>>> a == b
False
>>> a != b
True
>>> a > b
False
>>> a < b
True
>>> print ( a >= b )
False
>>> print ( a <= b )
True
```

위 코드에서 관계 연산자가 각 조건을 평가한 결과가 출력된다. 이처럼 관계 연산자는 데이터의 비교와 조건 판단에서 필수적인 도구로 사용된다.

• **조건문과의 활용**: 관계 연산자는 조건문에서 특정 조건을 평가하는 데 사용된다. 예를 들어, 사용자의 나이에 따라 다른 메시지를 출력하는 프로그램은 다음과 같다.

```
age = int ( input ( "만 나이를 입력하세요 : " ) )
```
```
만 나이를 입력하세요 : 17
```
```
if age <= 19 :
    print ( "민법 상 미성년자에 해당합니다." )
elif age >= 65 :
    print ( "노인 우대 대상에 해당하십니다." )
else:
    print ( "대한민국 성년에 해당하시네요!")
```
```
민법 상 미성년자에 해당합니다.
```

위 코드에서 <=와 >= 연산자를 사용하여 나이에 따라 서로 다른 조건을 평가하고 있다. 이처럼 관계 연산자는 조건에 따른 프로그램의 흐름을 제어하는 데 중요한 역할을 한다.

• **반복문과의 활용**: 반복문에서도 관계 연산자는 조건을 설정하고 루프를 제어하는 데 사용된다. 예를 들어, 다음 프로그램은 1부터 10까지 반복하여 특정 메시지를 출력한다.

```
cnt = 0
while cnt < 9 :
    cnt = cnt + 1
    print ( "practice {}".format(cnt), end = ' / ')
print ( "practice %d"% (cnt+1) )
print ( "==== 10번 반복 학습 완료 ====")
```
```
practice 1 / practice 2 / practice 3 / practice 4 / practice 5 /
practice 6 / practice 7 / practice 8 / practice 9 / practice 10
==== 10번 반복 학습 완료 ====
```

여기서 < 연산자는 cnt가 10보다 작을 때 반복을 지속하도록 설정하며, 루프가 종료되는 조건을 명확히 한다.

관계 연산자는 데이터의 비교를 통해 프로그램의 흐름을 제어하는 핵심 도구이다. 조건문과 반복문에서 자주 활용되며, 프로그램의 논리적 구조를 구성하는 데 있어 필수적인 역할을 한다. 관계 연산자를 정확히 이해하고 적재적소에 활용하면, 더욱 효율적이고 유연한 코드를 작성할 수 있다.

## ⑤ 논리 연산자

프로그래밍에서 복잡한 조건을 처리하려면 단순한 관계 연산자만으로는 충분하지 않다. 이럴 때 사용하는 것이 논리 연산자다. 논리 연산자는 프로그램의 판단력을 확장시켜 여러 조건을 효율적으로 조합하고 분석할 수 있게 한다.

**논리 연산자의 개념** 논리 연산자는 주어진 조건들의 참(True)과 거짓(False)을 결합하여 새로운 논리적 결과를 도출한다. Python의 주요 논리 연산자는 다음과 같다.

- ✓ and(논리곱): 두 조건이 모두 참일 때만 참이 된다.
- ✓ or(논리합): 두 조건 중 하나라도 참이면 참이 된다.
- ✓ not(논리부정): 조건의 참과 거짓을 반전시킨다.

**논리 연산자의 Truth Table** 논리 연산의 결과를 예측하려면 Truth Table을 이해하는 것이 중요하다.

| 조건 A | 조건 B | A and B | A or B | not A |
|--------|--------|---------|--------|-------|
| False | False | False | False | True |
| False | True | False | True | True |
| True | False | False | True | False |
| True | True | True | True | False |

이 표를 통해 조건이 어떻게 결합되는지 명확히 알 수 있다.

**논리 연산자의 활용**  논리 연산자는 조건문이나 반복문에서 강력한 도구로 활용된다.

- **조건을 결합한 판단**: 나이가 18세 이상이고 학생인 경우를 판별하는 예시를 작성해보자.

```
1 age = 25
2 is_student = True
3 if age > 18 and is_student:
4     print("성인 학생입니다.")

성인 학생입니다.
```

- **선택 조건의 결합**: or와 and를 조합하여 점수가 특정 구간에 속하는 경우를 처리하는 예시를 작성해보자.

```
1 score = 85
2 if score >= 90 or (score >= 80 and score < 90):
3     print("우수한 성적입니다!")

우수한 성적입니다!
```

- **조건의 부정**: not 연산자를 사용해 조건을 부정적으로 처리하는 예시를 작성해보자.

```
1 has_permission = False
2 if not has_permission:
3     print("접근 권한이 없습니다.")

접근 권한이 없습니다.
```

- **수학적 표현과 Python의 논리 연산자**: Python의 논리 연산자는 수학적 논리 기호와 비교했을 때 다음과 같이 매핑된다.

| 수학적 표현 | Python 표현 |
|---|---|
| A∧B | A and B |

| A∨B | A or B |
|---|---|
| ¬A | not A |

**논리 연산자 활용 예제** 다음은 논리 연산자의 다양한 사용 예를 보여준다.

```python
1 a = 5
2
3 # and 연산
4 if a >= 5 and a < 10:
5     print("a는 5 이상이고 10 미만입니다.")  # 출력: True
6
7 # or 연산
8 if a == 5 or a == 50:
9     print("a는 5 또는 50입니다.")  # 출력: True
10
11 # not 연산
12 if not (a == 10):
13     print("a는 100이 아닙니다.")  # 출력: True

a는 5 이상이고 10 미만입니다.
a는 5 또는 50입니다.
a는 100이 아닙니다.
```

논리 연산자는 복잡한 조건을 단순화하고 효율적으로 표현하는 데 필수적이다. 이를 통해 프로그램은 더 나은 의사결정을 내릴 수 있다. 프로그래밍의 논리적 사고를 확장하려면 논리 연산자의 구조와 활용법을 깊이 이해해야 한다.

## ❻ 비트 연산자

비트 연산자는 컴퓨터의 가장 기본적인 동작 단위인 비트를 대상으로 수행하는 연산으로, 데이터 처리와 최적화에 유용하게 사용된다. 특히 컴퓨터 공학과 전산학에서 많이 활용되며, 연산 속도를 높이거나 메모리 사용량을 줄이는 데 큰 도움을 준다.

　비트 연산자는 데이터의 개별 비트(0과 1) 수준에서 논리적, 산술적 작업을 수행한다. 이러한 연산은 두 수를 이진수로 변환한 뒤 각 비트에 대해 연산을 적용하는 방식으로 이루어진다. 주요 비트 연산자는 아래와 같다.

- ✔ AND(&): 두 비트가 모두 1일 때만 결과가 1이 됨.
- ✔ OR(|): 두 비트 중 하나라도 1이면 결과가 1이 됨.
- ✔ XOR(^): 두 비트가 다를 때만 결과가 1이 됨.
- ✔ NOT(~): 비트를 반전시킴(0은 1로, 1은 0으로).
- ✔ Left Shift(<<): 비트를 왼쪽으로 이동하여 2의 제곱을 곱한 효과.
- ✔ Right Shift(>>): 비트를 오른쪽으로 이동하여 2의 제곱으로 나눈 효과.

## 비트 연산자의 종류와 설명

### • AND 연산(&)

예　10 & 7

10진수 10은 이진수로 1010, 7은 0111이다.

각 자리의 비트를 비교하여 둘 다 1인 경우에만 결과가 1이 된다.

결과는 0010(2진수) → 10진수로 2.

```
1 print( bin(10))
2 print( bin(7))
3 print( bin(10 & 7) )
4 print( 10 & 7 )

0b1010
0b111
0b10
2
```

### • OR 연산(|)

예　10 | 7

각 자리의 비트를 비교하여 하나라도 1이면 결과가 1이 된다.

결과는 1111(2진수) → 10진수로 15.

```
1 print( bin(10 | 7) )
2 print( 10 | 7 )

0b1111
15
```

- **XOR 연산(^)**

  예  10 ^ 7

  두 비트가 다를 때만 결과가 1이 된다.

  결과는 1101(2진수) → 10진수로 13.

```
1 print( bin(10 ^ 7) )
2 print( 10 ^ 7 )

0b1101
13
```

- **NOT 연산(~)**

  예  ~10

  10의 모든 비트를 반전시킴.(컴퓨터에서는 보수 형태로 처리되므로 음수가 됨.)

  결과는 −11.

```
1 print( bin(~10) )
2 print( ~10 )

-0b1011
-11
```

**비트 이동 연산자(Shift Operators)**

- **왼쪽 시프트(<<)**

  비트를 왼쪽으로 n칸 이동하며 오른쪽에는 0을 채운다. 즉, 왼쪽 시프트는 숫자를 $2n$만큼 곱하는 효과를 가진다.

**예** 26 << 2

26(이진수: 11010)을 왼쪽으로 두 칸 이동하면 1101000(이진수) → 10진수로 104.
여기서 26 × $2^2$=104가 된다. 즉, 비트를 왼쪽으로 1칸 이동할 때마다 $2^1$=2를 곱하고, 2칸 이동하면 $2^2$=4를 곱하는 효과가 있다.

```
1 print( bin(26) )
2 x = 26 << 1   # 26 * 2
3 print( bin(x) )
4 print(x)
5 x = 26 << 2   # 26 * 4
6 print( bin(x) )
7 print(x)

0b11010
0b110100
52
0b1101000
104
```

- **오른쪽 시프트(>>)**

비트를 오른쪽으로 n칸 이동하며 왼쪽에는 부호 비트(0 또는 1)를 채운다.

> **부호 비트**: 양수일 경우 0, 음수일 경우 1.

오른쪽 시프트는 숫자를 $2^n$만큼 나누는 효과를 가진다. 나머지는 버려진다(정수 처리).

**예** 26 >> 2

26(이진수: 11010)을 오른쪽으로 두 칸 이동하면 110(이진수) → 10진수로 6.
여기서 26 ÷ $2^2$ = 26 ÷ 4 의 몫만 반영하여 결과 값이 6이 된다. 마지막 자리는 오른쪽으로 이동하면서 탈락되고, 나머지를 버린 정수 값으로 반영한다.

```
1 print( bin(26) )
2 x = 26 >> 1   # 26 / 2
3 print( bin(x) )
4 print(x)
```

```
5 x = 26 >> 2    # 26 / 4
6 print( bin(x) )
7 print(x)

0b11010
0b1101
13
0b110
6
```

## 7 기타 연산자

프로그래밍에서 연산자는 단순한 계산을 넘어 코드의 논리를 구성하고 효율성을 높이는 데 중요한 역할을 한다. 우리가 이미 익숙한 산술, 관계, 논리 연산자 외에도 Python에는 멤버십 연산자, 식별 연산자, 삼항 연산자와 같은 특별한 연산자들이 있다. 이러한 연산자들은 상황에 따라 매우 강력한 도구로 활용되며, 코드를 더 읽기 쉽고 직관적으로 만든다.

**멤버십 연산자: in, not in**　　멤버십 연산자는 특정 값이 리스트, 튜플, 문자열 등의 시퀀스 자료형에 포함되어 있는지를 빠르게 확인할 수 있다. 데이터 검색이나 조건 검증을 더 간단하게 처리할 수 있다. 이를 통해 효율적으로 값의 존재 여부를 검사할 수 있다.

- ☑ in: 값이 시퀀스에 존재하면 True, 그렇지 않으면 False를 반환한다.
- ☑ not in: 값이 시퀀스에 존재하지 않으면 True, 그렇지 않으면 False를 반환한다.

**예제 코드**

```
1 # 리스트에서 값의 존재 여부 확인
2 test_list = [1, 6, 3, 5, 3, 4, 8, 2]
3
4 # for문을 사용한 확인
5 print("==== 4가 리스트 안에 존재하는가 확인 (using for문) : ")
6 for i in test_list:
```

```
 7     if i == 4:
 8         print("4 존재합니다!")
 9         break
10
11 # in 연산자를 사용한 확인
12 print("==== 4가 리스트 안에 존재하는가 확인 (using in) : ")
13 if 4 in test_list:
14         print("4 존재합니다!")

==== 4가 리스트 안에 존재하는가 확인 (using for문) :
4 존재합니다!
==== 4가 리스트 안에 존재하는가 확인 (using in) :
4 존재합니다!
```

**식별 연산자: is, is not**  식별 연산자는 두 객체가 동일한 메모리 위치를 참조하고 있는지 확인할 때 사용된다. 즉, 두 변수가 같은 객체인지를 판단한다. 값의 비교가 아닌, 메모리 주소를 비교한다는 점에서 ==와 다르다. 이를 통해 객체가 동일한지 확인하거나, 특정 타입의 객체인지 검사할 수 있다.

☑ **is**: 두 변수가 같은 객체를 참조하면 True, 그렇지 않으면 False를 반환한다.
☑ **is not**: 두 변수가 다른 객체를 참조하면 True, 그렇지 않으면 False를 반환한다.

**예제 코드**  객체 비교

```
1 a = [1, 2, 3]
2 b = a    # b는 a와 같은 객체를 참조
3 print(a is b)   # 출력: True (동일 객체)
4 print(a == b)   # 출력: True (값이 동일)

True
True


1 a = [1, 2, 3]
2 b = [1, 2, 3]    # b는 a와 같은 값을 가지지만, 다른 객체
3 print(a is b)    # 출력: False (다른 객체)
4 print(a == b)    # 출력: True (값이 동일)

False
True
```

문제 해결의 언어, Python

객체 타입 확인

```
1 # 데이터 타입 확인 예제
2 value = eval(input("값을 입력하세요: "))
3
4 if type(value) is int:
5     print("입력된 값은 정수형 데이터입니다.")
6 elif type(value) is float:
7     print("입력된 값은 실수형 데이터입니다.")
8 else:
9     print("입력된 값은 기타 데이터입니다.")

값을 입력하세요: 3.41
입력된 값은 실수형 데이터입니다.
```

**삼항 연산자**   삼항 연산자는 코드의 간결성을 높이기 위해 조건에 따라 값을 반환하는 연산자로, Python의 문법은 다음과 같이 사용된다.

true_value if condition else false_value

- **condition**: 평가할 조건식
- **true_value**: 조건식이 참일 때 반환될 값
- **false_value**: 조건식이 거짓일 때 반환될 값

삼항 연산자는 특히 조건부 표현식이 필요한 간단한 경우에서 효과적이다.

**예제 코드**   홀짝 판별

```
1 num = eval(input("원하는 수를 입력하셔요: "))
2 result = "짝수" if num % 2 == 0 else "홀수"
3 print(result, '입니다.')  # 출력: 짝수

원하는 수를 입력하셔요: 351243
홀수 입니다.
```

멤버십 연산자, 식별 연산자, 삼항 연산자는 각기 다른 상황에서 유용하게 활용된다. 데이터 검색, 객체 비교, 조건 기반 값 설정 등 다양하게 활용할 수 있는 이러한 연산자는 코드의 효율성과 가독성을 높이는 데 필수적이다.

## 8 연산자 우선 순위

프로그래밍에서 연산자 우선순위는 여러 연산자가 한 줄의 코드에 섞여 있을 때 어떤 연산이 먼저 실행될지를 결정한다. 이를 이해하면 코드를 더 정확히 작성하고, 예상치 못한 결과를 방지할 수 있다.

**연산자 우선순위의 의미**  우선순위는 수학의 연산에서 괄호가 없는 상태에서 곱셈이 덧셈보다 먼저 계산되는 것과 비슷한 개념이다. Python에서는 다양한 연산자가 정의되어 있고, 이들 사이의 우선순위를 알아야 정확한 계산 결과를 얻을 수 있다.

**우선순위 서열**  Python에서 사용되는 연산자들의 우선순위를 가장 높은 순서부터 낮은 순서까지 나열하면 다음과 같다.

1. **\*\*(지수 연산자)**: 가장 높은 우선순위를 가진다.

   **예**  2 ** 3은 8을 반환(2의 3승)

2. **단항 연산자(+, -, ~)**: +와 -는 각각 양수와 음수를 나타내며, ~는 비트 보수를 계산한다.

   **예**  -5는 -5를 반환, ~5는 -6을 반환(비트 보수 연산 결과)

3. **\*, /, //, %(곱셈, 나눗셈, 몫, 나머지)**: 곱셈과 나눗셈 연산이 더하기나 빼기보다 우선한다.

   **예**  10 + 2 * 3은 16을 반환(2 * 3이 먼저 계산)

4. **+, -(덧셈, 뺄셈)**: 가장 기본적인 산술 연산이다.

   **예**  10 - 2 + 3은 11을 반환.

5. **>>, <<(비트 이동 연산자)**: 비트를 좌우로 이동시킨다.

   **예**  4 << 1은 8을 반환(4를 왼쪽으로 1비트 이동)

6. **비트 논리 연산자(&, |, ^)**: 비트 단위에서 AND, OR, XOR 연산을 수행한다.

   **예**  5 & 3은 1을 반환(비트 101과 011의 AND)

7. **비교 연산자(<, <=, >, >=)**: 두 값을 비교하여 결과를 True 또는 False로 반환한다.

**예** 5 > 3은 True를 반환.

**8** **동등 연산자(==, !=)**: 두 값이 같은지 또는 다른지를 비교한다.

**예** 5 == 3은 False를 반환.

**9** **할당 연산자(=, +=, -=, *=, ……)**: 값을 변수에 저장하거나 기존 변수 값을 업데이트한다.

**예** x += 5는 x = x + 5와 동일.

**10** **식별 연산자(is, is not)**: 두 객체가 같은 메모리 주소를 가리키는지 확인한다.

**예** a is b

**11** **멤버십 연산자(in, not in)**: 특정 값이 시퀀스(리스트, 튜플 등)에 포함되어 있는지 확인한다.

**예** 4 in [1, 2, 3, 4]은 True.

**12** **논리 연산자(not, and, or)**: 논리 조건을 평가한다. not이 가장 높은 우선순위를 가지며, and와 or이 뒤따른다.

**예** not True and False는 False.

**우선순위의 활용** 괄호를 사용하면 우선순위를 명시적으로 제어할 수 있다.

```
1 print( (2 + 3) * 4 ) # 20
2 print( 2 + (3 * 4) ) # 14
```

```
20
14
```

우선순위를 알지 못하면 의도치 않은 결과를 얻을 수 있다. 10에서 2를 뺀 후 8의 제곱을 원하는 경우 다음과 같은 코드는 잘못된 결과를 제시하게 된다.

```
1 print( 10 - 2 ** 2 ) # 6 (지수 연산이 먼저 수행)
```

```
6
```

```
1 print( (10 - 2) ** 2 ) # 괄호 활용
```

```
64
```

연산자 우선순위는 Python 프로그래밍에서 중요한 기본 개념이다. 복잡한 계산에서는 괄호를 적절히 사용하여 의도를 명확히 표현해야 한다. 이를 이해하면 더 읽기 쉽고 오류가 적은 코드를 작성할 수 있다.

## ⑨ 연산자 활용을 위한 CT

연산자는 단순히 코드의 동작을 정의하는 도구가 아니라, 문제를 분석하고 해결하기 위한 사고의 도구로 확장될 수 있다. CT(Computational Thinking, 컴퓨팅 사고력)는 이러한 연산자의 활용을 보다 체계적이고 효율적으로 설계하도록 돕는 기반이 된다. 연산자의 논리적 적용, 패턴 인식, 알고리즘 설계 등은 CT의 요소와 직접적으로 연결되며, 이를 통해 복잡한 문제를 단순화하고, 창의적이며 최적화된 해결책을 도출할 수 있다. CT와 연산자의 연계는 단순한 계산을 넘어, 더 나은 문제 해결 능력을 갖추는 데 핵심적인 역할을 한다.

### 연산자와 CT

- **연산자와 논리적 사고력**
  - ☑ **논리적 오류 탐지**: 복잡한 조건문 내 논리적 오류를 발견하고 수정
  - ☑ **조건 최적화**: 논리 연산자를 사용해 조건식을 간결하고 효율적으로 설계
- **연산자와 패턴 인식**
  - ☑ **숫자 및 문자열 연산 패턴 탐구**: 반복적으로 발생하는 연산 구조 분석
  - ☑ **비트 패턴 인식**: 비트 연산을 통해 특정 패턴 추출
- **연산자와 알고리즘적 사고력**
  - ☑ **조건 기반 알고리즘 설계**: if-else, switch-case 구조를 활용한 다양한 해결책 개발
  - ☑ **수식 변환 최적화**: 복잡한 수식을 연산자 우선순위를 고려해 최적화
- **연산자와 분해적 사고력**
  - ☑ **다단계 연산 분해**: 복잡한 연산식을 단계별로 분해하여 이해

☑ **모듈화된 조건 설계**: 독립된 조건을 모듈화하여 가독성 개선
- **연산자와 추상화 사고력**
  ☑ **연산 추상화**: 특정 연산을 함수나 메서드로 구현하여 재사용성 증대
  ☑ **조건식 단순화**: 중첩된 조건식을 단순화하여 가독성 향상
- **연산자와 시뮬레이션 능력**
  ☑ **조건 변화 시뮬레이션**: 조건 변화에 따른 결과 예측
  ☑ **가상 데이터 시뮬레이션**: 다양한 연산자를 활용한 데이터 생성
- **연산자와 계층적 사고력**
  ☑ **복합 연산 구조 설계**: 연산자 우선순위와 계층을 고려한 논리 설계
  ☑ **비트 연산 계층 분석**: 다단계 비트 연산 결과 추적
- **연산자와 최적화 사고력**
  ☑ **연산 효율성 비교**: 동일한 결과를 만드는 다양한 연산 방식을 비교
  ☑ **메모리 절약 연산 설계**: 비트 연산자를 사용해 메모리 효율성을 극대화
- **연산자와 창의적 사고력**
  ☑ **비표준 활용 아이디어**: 연산자를 창의적으로 활용하여 새로운 방법론 탐구
  ☑ **조건 조합 디자인**: 독창적인 조건 조합으로 문제 해결
- **연산자와 협력적 사고력**
  ☑ **코드 리뷰 및 협업**: 연산자 사용 방법에 대한 의견 교환과 협력
  ☑ **연산 논리 공유**: 다양한 연산 로직을 동료와 공유 및 학습

연산자는 단순한 계산을 넘어 복잡한 문제를 해결하고 창의적인 아이디어를 실현하는 도구이다. CT 요소를 활용해 연산자를 효과적으로 적용함으로써 문제 해결 능력을 더욱 확장할 수 있다. 더 나아가, 다양한 CT 요소들을 결합하고 창의적으로 활용한다면 연산자는 더욱 강력한 도구로 자리잡게 될 것이다. 끝없는 가능성을 탐구하며 연산자를 통해 새로운 통찰과 해결 방안을 만들어가는 경험을 이어가길 바란다.

# 03 | Python 기본 입출력

프로그래밍에서 입출력은 사람과 컴퓨터가 소통하는 가장 기본적인 도구다. 컴퓨터는 인간의 입력을 받아 처리하고, 그 결과를 출력함으로써 의사소통을 완성한다. Python의 입출력은 간결하고 직관적인 문법을 제공하여 초보자에게는 쉬운 접근성을, 전문가에게는 강력한 확장성을 보장한다. Python의 기본 입출력 방식을 살펴보며, input()과 print()라는 표준 함수가 어떻게 활용되는지 이해해보자. 이를 통해 단순한 데이터 입력과 출력에서부터, 사용자 경험을 향상시키는 다양한 입출력 처리를 경험할 수 있다.

입출력은 단순히 정보를 전달하는 역할을 넘어, 문제 해결 과정에서 데이터를 효과적으로 처리하고 전달하는 컴퓨팅 사고력(CT)의 중요한 요소로 연결된다. Python의 기본 입출력 구조를 배우는 동시에, 데이터를 다루는 창의적이고 체계적인 사고를 확장해보자.

## ① 입출력 이해

컴퓨터 프로그램은 사용자와의 소통을 통해 현실의 문제를 해결하는 도구이다. 이러한 소통의 핵심은 바로 입력(Input)과 출력(Output)이다. 입력은 사용자가 제공하는 데이터이고, 출력은 프로그램이 처리한 결과를 사용자에게 전달하는 방식이다. 입출력은 프로그램과 사용자가 서로 정보를 주고받는 중요한 인터페이스로, 이를 이해하는 것은 프로그래밍의 기본기를 다지는 데 필수적이다.

**입출력이란?** 입출력은 컴퓨터와 사용자가 상호작용하는 기본적인 과정이다.

사용자는 데이터를 입력하고, 프로그램은 이를 처리하여 결과를 출력한다. 입출력 과정을 통해 사용자는 프로그램의 동작을 이해하고, 프로그램은 필요한 결과를 제공할 수 있다. 좋은 입출력 시스템은 다음과 같은 특징을 가진다.

- **직관성**: 사용자 친화적이며 쉽게 사용할 수 있어야 한다. 예를 들어, 명령어가 복잡하지 않고 사용자가 즉각적으로 이해할 수 있는 방식으로 설계되어야 한다.
- **상호작용성**: 사용자의 입력에 따라 유기적으로 결과를 제공해야 한다.
  프로그램이 사용자와 실시간으로 정보를 주고받음으로써 효율적인 동작이 가능하다.
- **실시간 피드백**: 입력한 데이터의 처리 결과를 즉시 확인할 수 있어야 한다.
  이렇게 함으로써 사용자는 프로그램의 정확성과 유용성을 바로 평가할 수 있다.

**입출력의 필요성**    입출력은 단순히 편리함을 넘어서 프로그램이 다양한 환경에 적응하고 복잡한 문제를 해결할 수 있도록 돕는 핵심적인 기능이다. 입력을 통해 프로그램은 사용자로부터 데이터를 받고, 출력을 통해 처리 결과를 사용자에게 전달한다. 이러한 과정을 통해 프로그램은 정적인 도구가 아니라 동적인 환경에서 작동하는 유용한 도구로 발전할 수 있다.

입출력의 과정을 단계적으로 살펴보면 다음과 같다.

1 사용자가 데이터를 입력한다.
2 프로그램이 이를 처리한다.
3 처리 결과를 출력하여 사용자가 확인한다.

이처럼 입출력은 프로그램과 사용자가 정보를 주고받는 상호작용의 창구 역할을 한다. 이를 통해 프로그램은 고정된 데이터만 다루는 단순한 구조에서 벗어나, 사용자의 다양한 요구를 반영하고 동적인 결과를 제공할 수 있다.

**입출력의 실생활 사례**    입출력은 일상에서도 자주 접할 수 있다.

- **ATM 기기**: 사용자가 금액을 입력하면, 기기는 해당 금액을 처리하여 출금한다. 이후

확인 메시지를 출력한다.

- **웹사이트 회원가입**: 사용자가 입력한 정보가 저장되고 처리된 후, 가입 성공 여부가 메시지로 제공된다.
- **설문 조사**: 사용자가 입력한 데이터를 수집하여 분석 결과를 출력한다.

입출력은 단순한 데이터 교환을 넘어, 프로그램과 사용자가 유기적으로 연결되는 과정을 실현한다.

**입출력 없는 프로그램의 한계와 입출력의 중요성**   입출력이 없는 프로그램은 정적인 데이터만 처리할 수 있기 때문에 사용자가 제공하는 새로운 데이터를 반영할 수 없다. 이러한 한계는 프로그램의 유연성을 떨어뜨리고, 사용자가 원하는 동적인 결과를 생성하지 못하는 결과를 초래한다. 입력 값이 변경될 때마다 코드 수정이 필요한 상황에서는 유지보수가 어려워지고, 효율성이 크게 떨어질 수밖에 없다. 반면, 입출력을 포함한 프로그램은 다음과 같은 장점을 제공한다.

- **다양한 상황에 대한 유연성**: 사용자가 제공하는 다양한 데이터를 처리하여 변화하는 환경에 적응할 수 있다.
- **사용자 맞춤형 프로그램 작성 가능**: 사용자의 입력에 따라 동작을 달리하는 프로그램을 작성할 수 있어 활용성이 높아진다.
- **높은 재사용성과 쉬운 유지보수**: 입력과 출력이 분리되어 있으면 동일한 로직을 다양한 데이터에 재활용할 수 있다. 또한 코드의 구조가 명확해져 수정과 확장이 쉬워진다.

이와 같이 입출력은 단순한 데이터 처리 이상의 가치를 제공하며, 동적인 문제 해결 도구로서 프로그램의 핵심적인 역할을 한다.

입출력은 프로그래밍의 시작이자 핵심이다. 이를 잘 활용하면 사용자가 필요로 하는 정보를 효과적으로 제공할 수 있고, 프로그램은 더욱 다양한 문제를 해결할 수 있는 도구로 진화할 수 있다.

문제 해결의 언어, Python

## ② input() 표준 입력 함수

Python의 input() 함수는 사용자로부터 데이터를 입력받는 데 사용되는 기본적인 함수이다. 이 함수는 사용자와 프로그램 간의 상호작용을 가능하게 하며, 입력받은 데이터를 문자열 형태로 반환한다. 프로그램이 다양한 입력값을 처리하도록 설계할 수 있는 기반을 제공한다.

입력 함수를 사용하는 문법은 다음과 같다.

input("화면에 표시할 문구")

— 괄호 안의 문자열은 입력을 요청할 때 화면에 표시된다.

— 사용자가 입력한 내용은 항상 문자열(string) 형태로 반환된다.

input()을 사용하여 화면에 "이름을 입력하세요:"를 표시하고 환영 메시기를 출력하는 예시는 다음과 같다.

```
1 # 간단한 입력 요청
2 name = input("이름을 입력하세요: ")
3 print(f"안녕하세요, {name}님!")
```

```
이름을 입력하세요: 한옥영
안녕하세요, 한옥영님!
```

**자료형 변환**   input() 함수는 기본적으로 입력값을 문자열로 반환하므로, 숫자나 다른 자료형으로 변환하려면 추가 작업이 필요하다. 원의 면적을 계산하는 예시를 통하여 확인해보자.

```
1 # 숫자 입력 및 자료형 변환
2 radius = int(input("반지름 값을 입력하세요: "))
3 pi = float(input("원주율 값을 입력하세요: "))
4 area = pi * radius**2
5 print(f"원의 면적: {area}")
```

```
반지름 값을 입력하세요: 5
원주율 값을 입력하세요: 3.14
원의 면적: 78.5
```

만약 올바른 자료형으로 변환하지 않는 경우는 다음과 같이 오류가 발생된다.

```
1 radius = input("반지름 값을 입력하세요: ")
2 pi = input("원주율 값을 입력하세요: ")
3 area = pi * radius**2
4 print(f"원의 면적: {area}")

반지름 값을 입력하세요: 5
원주율 값을 입력하세요: 3.14
------------------------------------------------------------
TypeError                                Traceback (most recent call last)
<ipython-input-42-247b0ac6f5ee> in <cell line: 3>()
      1 radius = input("반지름 값을 입력하세요: ")
      2 pi = input("원주율 값을 입력하세요: ")
----> 3 area = pi * radius**2
      4 print(f"원의 면적: {area}")

TypeError: unsupported operand type(s) for ** or pow(): 'str' and 'int'
```

오류의 원인은 변수 radius와 pi가 문자열로 저장되어 있어 **(제곱) 또는 *(곱하기) 연산에 사용할 수 없기 때문이다. 숫자로 사용하려는 입력값을 적절한 자료형(예: int 또는 float)으로 변환해야 한다.

**한계와 주의점**   또한 사용자가 올바르지 않은 데이터를 입력할 경우도 문제가 발생된다. 이러한 경우는 프로그램이 중단될 수 있으므로, try-except로 예외 처리를 통해 입력값을 검증하는 것이 중요하다. 입력값 변환 시, 사용자가 의도하지 않은 데이터를 입력할 가능성이 있을 때 try-except 구문을 사용하면 오류를 포착하고 프로그램이 중단되지 않도록 처리할 수 있다.

try 블록과 except 블록으로 구분하여 처리하면 된다. try 블록에 정상적으로 실행하려는 코드를 작성하고, except 블록에 오류 상황 시에 필요한 처리에 대한 적절한 코드를 작성하면 된다. 예시는 다음과 같다.

```
1 try:
2     age = int(input("나이를 입력하세요: "))
3     print(f"입력한 나이는 {age}세입니다.")
4 except ValueError:
5     print("숫자를 입력해야 합니다.")

나이를 입력하세요: 스물
숫자를 입력해야 합니다.
```

문제 해결의 언어, Python

input() 함수는 Python 프로그래밍에서 사용자의 입력을 받아들이는 가장 기본적이고 중요한 도구이다. 이를 통해 프로그램은 동적인 데이터를 처리하며, 다양한 상황에 적응할 수 있다. 단순한 사용자 입력을 넘어서, 데이터 변환과 오류 처리를 통해 더욱 강력하고 유연한 프로그램을 만들 수 있다. 숫자 입력, 문자열 입력, 자료형 변환, 그리고 오류 처리를 결합하여 현실적인 문제를 해결하는 프로그램을 작성할 수 있을 것이다. 입력값은 단순히 데이터가 아니라, 프로그램과 사용자가 상호작용하는 창구임을 항상 염두에 두는 것이 중요하다.

## ③ print() 표준 출력 함수

print() 함수는 Python에서 데이터를 화면에 출력하기 위해 가장 기본적으로 사용되는 함수이다. 이 함수는 간단한 사용법과 유연한 출력 옵션을 제공하여 프로그래밍 과정에서 필수적인 도구로 자리잡고 있다. 기본적으로 출력할 값을 화면에 표시하지만, 추가적인 옵션을 통해 출력 형식을 세부적으로 조정할 수 있다.

**문법**　　print() 함수의 기본 문법은 다음과 같다.

print(value, ……, sep=' ', end='₩n', file=sys.stdout, flush=False)
— value: 출력할 데이터를 지정. 여러 값을 출력하려면 쉼표(,)로 구분.
— sep: 여러 값이 출력될 때 구분자로 사용. 기본값은 공백(' ').
— end: 출력이 끝난 후 반영할 문자열. 기본값은 줄 바꿈('₩n').
— file: 출력할 대상 지정. 기본적으로 화면(sys.stdout).
— flush: True의 값을 지정하면 작성된 print문의 내용을 출력 처리한 후 강제적으로 삭제. 기본값은 False.

**출력 예제**　　다양한 출력 예제를 살펴보자, 기본 출력 방식은 화면 표시 후 줄바꿈을 적용한다.

```
1 # 기본 출력
2 print("Python")
3 print("프로그래밍")
4 print("기본")

Python
프로그래밍
기본
```

하나의 print() 함수 안에 쉼표로 여러 데이터가 제시된 경우는 한 칸 띄기로 데이터가 출력된다.

```
1 # 공백으로 연결한 여러 값 출력
2 print("Python", "프로그래밍", "기본")

Python 프로그래밍 기본
```

매개변수 sep을 적용하는 경우, 원하는 구분자로 데이터 값을 구분할 수 있다. 맨 끝의 데이터 뒤에는 구분자가 적용되지 않는다.

```
1  #sep 활용
2 print("Python", "프로그래밍", "기본", sep="; ")

Python; 프로그래밍; 기본
```

매개변수 end를 활용하여 줄바꿈 대신 원하는 값을 적용할 수 있다.

```
1 # end 활용
2 print("Python", end=" + ")
3 print("프로그래밍", end=" + ")
4 print("기본")

Python + 프로그래밍 + 기본
```

**문자열 포맷 코드 활용**  문자열에 특정 데이터를 포함하여 출력할 때, % 연산자를 사용할 수 있다.

- **포맷 코드는 데이터 유형과 형식을 지정한다.**

| 포맷 코드 | 설명 | 예제 |
|---|---|---|
| %s | 문자열 | "문자열: %s" % "Python" |
| %c | 문자 1개(ASCII 코드 포함) | "문자: %c" % 65(출력: A) |
| %d | 정수(10진수) | "정수: %d" % 42 |
| %o | 정수(8진수) | "8진수: %o" % 42(출력: 52) |
| %x | 정수(16진수, 소문자) | "16진수: %x" % 42(출력: 2a) |
| %X | 정수(16진수, 대문자) | "16진수: %X" % 42(출력: 2A) |
| %f | 실수 | "실수: %f" % 3.14159 |
| %e | 실수(지수 표기법, 소문자 e) | "지수표기: %e" % 3.14159(지수표기: 3.141590e+00) |
| %E | 실수(지수 표기법, 대문자 E) | "지수표기: %E" % 3.14159(지수표기: 3.141590E+00) |
| %% | % 문자 자체 출력 | "비율: %d%%" % 50(출력: 비율: 50%) |

예시를 통하여 활용법을 확인해보자.

```
1 x = 5
2 y = 2.5
3 print("x = %d, y = %f" % (x, y))

x = 5, y = 2.500000
```

- **출력 자리수 지정**: 소수점 이하 자릿수나 전체 출력 폭을 조정하여 출력할 수 있다. 소수점 이하 자릿수 지정 예시는 다음과 같다.

```
1 # 소수점 이하 자릿수 지정
2 print("소수점 이하 두 자리: %.2f" % (10/3))

소수점 이하 두 자리: 3.33
```

전체 자릿수와 함께 소수점 이하 자릿수를 지정하는 예시는 다음과 같다.

```
1 # 전체 자리수 지정
2 print("결과: %6.2f" % (10/3))

결과:    3.33
```

**format() 활용**   Python에서 문자열 출력 시 format() 함수를 활용하면 문자열을 보다 유연하게 구성할 수 있다. 이는 중괄호 {}를 이용해 원하는 위치에 변수를 삽입하거나, 포맷 옵션을 지정해 데이터를 표현하는 데 유용하다.

format() 사용법은 다음과 같다.
　'문자열 {위치}.format(값1, 값2, ……)'

중괄호 { }는 값을 삽입할 자리 표시자 역할을 하며, 중괄호 안에 숫자를 넣으면, format() 함수에 전달된 값의 위치(index)를 나타낸다. 인덱스 번호는 0부터 시작한다. 숫자를 생략하면 입력된 순서대로 값이 적용된다. 사용 방법의 예시는 다음과 같다.

```
1 x = 28
2 y = 30
3 print('{0} X {1} = {2}'.format(x, y, x*y))

28 X 30 = 840
```

```
1 x = 28
2 y = 30
3 print('{} X {} = {}'.format(x, y, x*y))

28 X 30 = 840
```

또한, 하나의 값을 여러 위치에 반복적으로 사용할 수 있으며, 예시는 다음과 같다.

```
1 value = 24
2 print('값 {0}는 정수 {0}입니다.'.format(value))

값 24는 정수 24입니다.
```

format() 함수에서 키워드를 활용해 다음과 같이 가독성을 높일 수 있다.

```
1 print('이름: {name}, 나이: {age}'.format(name='홍길동', age=20))
```

이름: 홍길동, 나이: 20

또한 format() 함수는 위치를 지정해 순서를 바꿔 출력할 수 있다. 이는 문자열 포맷을 재구성하거나 데이터의 표시 순서를 유연하게 조정하는 데 유용하다. 예시는 다음과 같다.

```
1 x = 10
2 y = 20
3 z = 30
4
5 # 기본 순서: x, y, z
6 print('기본 순서: {0}, {1}, {2}'.format(x, y, z))
7
8 # 순서를 변경: z, x, y
9 print('순서 변경: {2}, {0}, {1}'.format(x, y, z))
```

기본 순서: 10, 20, 30
순서 변경: 30, 10, 20

**f-string**　　Python의 f-string(formatted string literal)은 파이선 3.6부터 도입된 문자열 포맷팅 방식으로, 간결하고 직관적인 문법을 제공한다. f-string을 사용하면 문자열 내에서 변수나 표현식의 값을 쉽게 삽입할 수 있다. f-string은 문자열 앞에 f를 붙여서 사용한다. 중괄호 { } 안에 변수를 작성하거나 표현식을 직접 넣으면 그 값이 문자열에 삽입된다. 예시는 다음과 같다.

```
1 name = "황진희"
2 age = 25
3 print(f"제 이름은 {name}이며, 저는 {age}살 입니다.")
```

제 이름은 황진희이며, 저는 25살 입니다.

f-string의 형식 지정 예제는 다음과 같이 정리된다.

| 형식 코드 | 설명 | 예제 | 결과 |
|---|---|---|---|
| {:.2f} | 소수점 이하 두 자리로 출력 | f"{3.14159:.2f}" | 3.14 |
| {:>10} | 우측 정렬(10칸 확보) | f"{'Python':>10}" | " Python" |
| {:<10} | 좌측 정렬(10칸 확보) | f"{'Python':<10}" | "Python " |
| {:^10} | 가운데 정렬(10칸 확보) | f"{'Python':^10}" | " Python " |
| {:,} | 숫자에 쉼표 추가 | f"{1000000:,}" | "1,000,000" |
| {:.0%} | 퍼센트 표기 | f"{0.75:.0%}" | "75%" |

f-string은 날짜 및 시간 표시에도 유용하게 활용된다.

```
1 from datetime import datetime
2 now = datetime.now()
3 print(f"현재 시각: {now:%Y-%m-%d %H:%M:%S}")
```

현재 시각: 2025-01-10 19:06:12

　　Python의 print() 함수는 단순히 데이터를 표시하는 것을 넘어, 효율적이고 강력한 커뮤니케이션 도구로 활용할 수 있다. 이를 통해 사용자는 코드를 더 잘 이해하고, 프로그램은 더 유연하게 데이터를 표현할 수 있다. Python의 다양한 출력 방식을 학습하고 활용한다면, 사용자 경험을 한층 더 높이고, 프로그래밍의 재미를 느낄 수 있을 것이다.

## 4 입출력을 위한 CT

입출력은 프로그래밍의 가장 기본적이면서도 핵심적인 구성 요소로, 사용자의 데이터를 처리하고 원하는 결과를 제공하기 위해 필수적으로 활용된다. 이 과정에서 컴퓨팅 사고(CT) 요소를 적용하면 문제 해결 능력을 높이고, 프로그램의 설계와 동작을 효율적으로 개선할 수 있다. 아래는 입출력에 활용되는 주요 CT 요소와 그 의미, 사례, 효과를 보다 상세히 설명한 내용이다.

- **의미**: 사용자의 입력을 통해 데이터를 수집하고, 이를 기반으로 프로그램이 특정 작업을 수행할 수 있도록 한다.
- **활용 사례**
  - ☑ ATM 기기에서 사용자가 출금 금액을 입력하면 해당 금액을 처리하고 결과를 출력.
  - ☑ 설문조사 프로그램에서 사용자 응답 데이터를 저장하고 분석에 활용.
- **효과**
  - ☑ 다양한 사용자 입력에 기반한 동적 데이터 처리 가능.
  - ☑ 데이터를 수집하여 맞춤형 서비스를 제공하거나 향후 분석에 활용.

**자료 표현**

- **의미**: 입력받은 데이터를 사용자가 이해하기 쉬운 형식으로 가공하여 출력하는 과정에 요구되는 사고력이다.
- **활용 사례**
  - ☑ 계산기의 결과를 "계산 결과: 42"와 같은 명확한 문장으로 출력.
  - ☑ 통계 데이터를 그래프 형태로 시각화하여 제공.
- **효과**
  - ☑ 사용자와의 소통을 강화하고, 프로그램의 신뢰성을 높임.
  - ☑ 복잡한 데이터를 직관적으로 표현해 효율적 활용 가능.

**논리적 사고력**

- **의미**: 사용자의 입력 데이터를 분석하고, 조건에 따라 적절한 결과를 도출하는 사고력이다.
- **활용 사례**
  - ☑ 로그인 시스템에서 입력한 사용자 ID와 비밀번호의 유효성을 판단.
  - ☑ 게임 프로그램에서 사용자의 선택에 따라 다른 스토리라인을 출력.
- **효과**
  - ☑ 입력 데이터를 기반으로 정확한 결과를 제공하여 사용자 경험을 개선.

☑ 복잡한 로직을 효율적으로 구성해 코드 유지보수를 간소화.

## 패턴 인식

- **의미**: 반복적으로 발생하는 입력 패턴을 인식하고 이를 효율적으로 처리하기 위한 규칙화 과정에 적용되는 사고력이다.
- **활용 사례**
  ☑ 반복되는 파일 데이터 입력과 처리를 자동화하는 스크립트 작성.
  ☑ 사용자의 데이터 입력 패턴을 분석하여 맞춤형 추천 제공.
- **효과**
  ☑ 반복 작업을 자동화하여 개발 속도와 작업 효율성 향상.
  ☑ 프로그램의 일관성과 코드 간결성을 높임.

## 추상화 사고력

- **의미**: 복잡한 입출력 과정을 단순화하여, 함수나 모듈로 구조화함으로써 재사용성을 높이는 사고력이다.
- **활용 사례**
  ☑ 입력값을 검증하는 함수 작성 후 여러 프로그램에 재사용.
  ☑ 다양한 출력 형식을 처리하는 공통 출력 함수 개발.
- **효과**
  ☑ 프로그램의 유지보수성을 높이고, 코드 가독성을 개선.
  ☑ 재사용 가능한 모듈화를 통해 개발 생산성 증대.

## 조건분기 사고력

- **의미**: 특정 입력 조건에 따라 서로 다른 결과를 출력하거나 프로그램의 흐름을 제어하는 사고력이다.
- **활용 사례**
  ☑ 사용자의 나이에 따라 다른 서비스를 추천하는 프로그램.
  ☑ 점수 입력에 따라 등급을 출력하는 성적 관리 시스템.
- **효과**

문제 해결의 언어, Python

☑ 다양한 사용자 요구에 유연하게 대응 가능.

☑ 프로그램의 안정성과 정확성 향상.

## 최적화 사고력

- **의미**: 최적화 사고력은 입력된 데이터를 활용하여 가능한 가장 효율적인 결과를 도출하거나 시스템의 성능을 개선하려는 사고력이다.

- **활용 사례**

☑ 배달 경로를 입력받아 가장 짧은 이동 경로를 계산하는 프로그램.

☑ 입력된 재고 데이터를 분석하여 최적의 물류 배치 계획을 세우는 시스템.

- **효과**

☑ 자원의 활용을 극대화하고 불필요한 낭비를 줄임.

☑ 사용자 경험(UX)과 시스템 효율성 향상.

## 공간 인지 사고력

- **의미**: 공간 인지 사고력은 데이터 입력을 통해 공간적 정보를 이해하고 이를 기반으로 분석하거나 결과를 표현하는 사고력이다.

- **활용 사례**

☑ 좌표 입력을 기반으로 특정 위치를 지도에 표시하는 프로그램.

☑ 공간 데이터를 활용하여 최적의 실내 레이아웃을 제안하는 설계 도구.

- **효과**

☑ 복잡한 공간 정보를 명확히 표현하고 효율적으로 활용.

☑ 사용자의 직관적 이해를 돕는 시각적 인터페이스 구현.

## 비판적 분석 사고력

- **의미**: 비판적 분석 사고력은 입력된 데이터의 정확성과 신뢰성을 검토하고, 문제점이나 개선 방향을 도출하는 사고력이다.

- **활용 사례**

☑ 사용자 설문 데이터를 분석하여 오류나 편향성을 파악하는 시스템.

☑ 입력된 통계 데이터를 기반으로 결과의 신뢰도를 검증하는 보고서 생성 프로

그램.

- **효과**
  - ☑ 데이터 기반 의사결정의 신뢰도를 높임.
  - ☑ 잠재적인 문제를 미리 파악하여 오류를 방지.

### 창의적 사고력

- **의미**: 창의적 사고력은 입력 데이터를 활용하여 새로운 아이디어나 해결책을 도출하는 사고력이다.
- **활용 사례**
  - ☑ 사용자 입력을 기반으로 개인화된 콘텐츠를 생성하는 추천 엔진.
  - ☑ 입력된 데이터로부터 새로운 패턴이나 디자인을 제안하는 AI 프로그램.
- **효과**
  - ☑ 혁신적이고 사용자 중심적인 결과를 도출.
  - ☑ 기존의 틀을 넘어선 새로운 가치를 창출.

입출력 과정은 단순히 데이터를 주고받는 역할을 넘어서, 다양한 CT 요소를 활용하여 프로그램 설계와 실행의 가능성을 확장할 수 있다. 이를 통해 프로그래밍은 더욱 창의적이고 효율적인 문제 해결 도구로 발전한다. CT 요소는 입출력의 기본 작업을 넘어, 복잡한 문제를 단순화하고, 반복 작업을 최적화하며, 사용자 경험을 향상시키는 데 핵심적인 역할을 한다.

문제 해결을 위하여 컴퓨팅 사고력(CT)을 강화하고자 Python 코딩을 활용하는 것은 단순히 프로그램을 작성하는 기술을 배우는 것 이상이다. Python은 현대 사회에서 널리 사용되는 강력한 도구로, 데이터를 분석하고 복잡한 문제를 해결하며, 창의적이고 논리적인 사고를 키우는 데 필수적이다. 이러한 도구를 제대로 이해하고 사용할 수 있다면, 우리는 더욱 효과적이고 창의적인 방법으로 문제를 해결할 수 있다. 학습한 내용을 바탕으로 실제 문제를 해결하는 경험을 해보는 것은 매우 중요하다. 단순히 코드를 외우고 따라 하는 것을 넘어, Python을 활용하여 문제를 정의하고 분석하며, 창의적인 방법으로 답을 찾아가는 과정은 자신의 컴퓨팅 사고력을 한층 더 강화하는 데 도움을 준다. 이러한 실습은 실제 상황에서 프로그래밍을 적용할 수 있는 자신감을 길러줄 뿐 아니라, 자신만의 논리와 해결 전략을 개발하는 기반이 된다.

Python은 초보자에게도 친숙하면서도 강력한 기능을 제공하기 때문에, 배운 내용을 바로 적용해볼 수 있는 최적의 도구다. 특히, 이번 단원에서 학습한 설치 과정, 연산자, 입출력 함수는 Python을 이해하는 데 가장 기본적이고 중요한 구성 요소다. 이를 통해 우리는 프로그램을 설계하고, 문제를 체계적으로 접근하며, 실행 가능한 해결책을 구현할 수 있다.

스스로 문제를 해결해보는 도전은 단순히 과제가 아니라, 자신만의 성장과 탐구를 위한 여정이다. Python 코딩은 단순한 기술을 넘어서, 자신의 사고를 확장하고 새로운 가능성을 탐구할 수 있는 강력한 도구다. 생각 하기를 통해 자신의 아이디어를 코딩으로 표현하며, 문제 해결의 기쁨과 컴퓨팅 사고력의 확장을 경험해보자.

Python을 설치하고, IDLE과 에디터 창에서 기본적인 프로그램을 작성할 수 있다면, 이제 실제로 간단한 프로그램을 만들어볼 때다. "내가 만든 프로그램으로 내 이야기를 할 수 있다면 얼마나 재미있을까?"라는 생각이 떠오른다. 그래서 첫 번째 도전으로 자기 소개 프로그램을 만들어 보자!

자기 소개 프로그램은 단순하면서도 Python의 기본 입출력 기능과 연산자를 활용하기에 딱 좋은 연습 과제다. 나의 이름, 나이, 좋아하는 취미 등을 프로그램에 입력하고, 이를 활용해 나만의 독특한 소개 문장을 출력해보는 것이다. 이 과정을 통해 Python으로 데이터를 입력받고 출력하는 방법을 배우며, 나의 이야기를 코드로 표현하는 즐거움을 경험할 수 있다. 이 프로그램은 단순한 자기소개를 넘어, Python 코딩의 기초를 익히는 데 중요한 첫걸음이다. 프로그램을 설계하고, 필요한 정보를 입력받고, 이를 바탕으로 출력 결과를 만들어내는 과정에서 Python의 매력을 느낄 수 있다. 이제 파이선으로 자신의 이야기를 세상에 펼쳐볼 준비가 되었는가?

이 도전은 어렵지 않다. 입력값을 받아 저장하고, 이를 기반으로 간단한 문장을 출력하는 방식으로 프로그램을 설계하면 된다. Python 설치도 했고, 에디터 창도 열 수 있으니, 지금 바로 자기소개 프로그램에 도전해보자!

- **에디터 창에서 편집**: 나만의 소개 프로그램 작성을 위하여 입출력 표준 함수를 사용해보자.

```
🐍 자기소개.py - E:/book/자기소개.py (3.12.0)                    —  □  ×
File  Edit  Format  Run  Options  Window  Help
name = input("이름을 입력하세요: ")
age = input("나이를 입력하세요: ")
hobby = input("취미를 입력하세요: ")

print(f"₩n안녕하세요, 제 이름은 {name}입니다.")
print(f"저는 {age}살이고, 취미는 {hobby}입니다.")
print("Python을 배우며 재미있게 프로그래밍하고 있습니다!")
                                                        Ln: 8 Col: 0
```

- **실행 결과 확인**: 실행은 IDLE 창에서 하면서 입출력을 경험해보자.

```
이름을 입력하세요: 임꺽정
나이를 입력하세요: 35
취미를 입력하세요: 산타기

안녕하세요, 제 이름은 임꺽정입니다.
저는 35살이고, 취미는 산타기 입니다.
Python을 배우며 재미있게 프로그래밍하고 있습니다!
>>>
```

- **연산자 경험하기**: Python의 연산자를 활용해 간단하고 유용한 프로그램을 만들어보자. 입력받은 숫자에 대해 다양한 연산을 적용하는 프로그램을 만들어 보자.

```python
 1 # 숫자 입력받기
 2 num1 = int(input("첫 번째 숫자를 입력하세요: "))
 3 num2 = int(input("두 번째 숫자를 입력하세요: "))
 4
 5 # 연산 결과 출력
 6 print(f"{num1} + {num2} = {num1 + num2}")  # 덧셈
 7 print(f"{num1} - {num2} = {num1 - num2}")  # 뺄셈
 8 print(f"{num1} * {num2} = {num1 * num2}")  # 곱셈
 9 if num2 != 0:
10     print(f"{num1} / {num2} = {num1 / num2}")  # 나눗셈
11 else:
12     print("0으로 나눌 수 없습니다.")

첫 번째 숫자를 입력하세요: 49
두 번째 숫자를 입력하세요: 7
49 + 7 = 56
49 - 7 = 42
49 * 7 = 343
49 / 7 = 7.0
```

# 🎯 도전 과제

Python을 배우는 첫 단계에서는 단순히 문법을 익히는 것을 넘어, 직접 프로그램을 작성해보며 경험을 쌓는 것이 중요하다. 아래의 도전을 통해 Python과 더욱 친숙해지고, 실제로 작동하는 프로그램을 만들어보는 경험을 해보자. 이러한 과정을 통해 Python이 제공하는 강력한 도구들을 체감하고, 프로그래밍의 재미를 느낄 수 있을 것이다.

## 생각하기 1: 두 수를 입력 받아 큰 수가 무엇인지 출력하는 것은 할 수 있지 않을까?

"어떻게 하면 두 숫자 중 더 큰 숫자를 찾아낼 수 있을까?" 스스로에게 이렇게 질문을 던져보자. 프로그램을 작성한다는 것은 결국 문제를 논리적으로 해결하는 방법을 설계하는 과정이다. 이번 프로그램에서는 두 개의 숫자를 입력받아 더 큰 숫자를 출력하는 간단한 작업을 수행해볼 것이다.

- ✔ **어떻게 해야 하지?**: 먼저 사용자에게 두 숫자를 입력받아야 한다. Python의 input() 함수를 활용하여 입력을 받고, 이를 숫자형(int)으로 변환해야 한다. 그다음에는 두 숫자를 비교해야 하는데, Python의 비교 연산자 > 또는 <를 사용하면 쉽게 해결할 수 있다.
- ✔ **무엇을 입력받아야 하지?**: 두 개의 숫자를 각각 입력받는다. 예를 들어, "첫 번째 숫자를 입력하세요:"와 "두 번째 숫자를 입력하세요:"라는 메시지를 출력하여 사용자로부터 값을 받을 수 있다.
- ✔ **어떤 결과를 출력해야 하지?**: 두 숫자를 비교한 후, 더 큰 숫자를 출력해야 한다. 예를 들어, 입력값이 5와 10이라면, "더 큰 숫자는 10입니다."라는 결과를 출력한다.
- ✔ **필요한 연산자는?**: 비교 연산자인 > 또는 <를 사용한다. 조건문(if-else)을 통해 비교 결과에 따라 적절한 메시지를 출력하도록 설계하면 된다.

## 생각하기 2: 출생 연도를 입력받아 나이를 계산하는 프로그램도 사고력을 동원하여 할 수 있을 것 같군!

"출생 연도를 입력받아 나이를 계산하려면 어떻게 해야 하지?" 이 질문을 떠올리며 문제를 설계해보자. 나이를 계산하려면 현재 연도에서 출생 연도를 빼야 한다.

이를 위해 산술 연산을 활용하고, 입력값이 적절한지 확인하는 추가 로직도 생각해보자.

- ☑ **어떻게 해야 하지?**: 먼저 사용자로부터 출생 연도를 입력받는다. 이후 현재 연도 값을 하드코딩하거나 Python의 datetime 모듈을 활용해 동적으로 가져온다. 그런 다음 현재 연도에서 출생 연도를 빼면 나이가 계산된다.
- ☑ **무엇을 입력받아야 하지?**: 출생 연도를 입력받아야 한다. 예를 들어, "출생 연도를 입력하세요:"라는 메시지를 출력하여 사용자로부터 값을 입력받는다.
- ☑ **어떤 결과를 출력해야 하지?**: 계산된 나이를 출력해야 한다. 예를 들어, 사용자가 2005년을 입력했다면, 결과로 "당신의 나이는 20세입니다."와 같은 메시지를 출력한다(현재 연도가 2025년 기준일 경우).
- ☑ **필요한 연산자는?**: 산술 연산자인 빼기(-)를 사용한다. 입력받은 값이 유효한지 확인하기 위해 try-except를 활용할 수도 있다.

### 생각하기 3: 한국에 온 미국 친구가 자꾸 화씨로 온도를 물어보네?

"한국의 날씨는 정말 다양하구나!" 한국에 온 미국 친구가 날씨 이야기를 꺼냈다. 그런데 친구는 화씨(Fahrenheit)로 온도를 알고 싶어 한다. 한국에서는 섭씨(Celsius)를 쓰는데, 이걸 화씨로 어떻게 바꿀 수 있을까? Python을 사용하면 간단히 해결할 수 있다! 친구가 다시 화씨 온도를 물어본다면, 자신 있게 프로그램을 실행해 원하는 답을 제공하자.

- ☑ **어떻게 해야 하지?**: 우선, 화씨로 변환하려면 섭씨 온도를 입력받아야 한다. 섭씨에서 화씨로 변환하는 공식은 이미 알려져 있다: 화씨 =(섭씨 * 9/5) + 32
- ☑ **무엇을 입력받아야 하지?**: 섭씨 온도를 입력받는다. 입력받은 값은 소수점이 포함될 수 있으니 float 자료형으로 처리해야 한다.
- ☑ **어떤 결과를 출력해야 하지?**: 입력된 섭씨 온도를 화씨로 변환한 결과를 출력해야 한다. 예를 들어, "섭씨 25도는 화씨 77도입니다."와 같이 출력한다.
- ☑ **필요한 연산자는?**: 섭씨 화씨 변환을 위하여 곱셈(*) 연산자(섭씨에 9/5를 곱함)와 덧셈(+) 연산자(변환된 값에 32를 더함)이 필요하다.

**문제 해결을 위한 Python 프로그래머를 꿈꾸며**   Python을 활용하여 일상 속의 간단한 문제를 해결하는 방법을 배웠다. Python은 단순히 코드를 작성하는 도구가 아니라, 사고력을 확장하고 문제를 체계적으로 해결할 수 있는 강력한 도구임을 다시금 깨닫게 된다. Python 프로그래밍의 첫 걸음은 바로 이런 작은 문제를 해결하며 시작된다. 자기소개를 코드로 작성해보거나, 간단한 계산을 구현하고, 일상 속 요구를 충족시키는 프로그램을 만들어보는 과정에서 점차 자신만의 프로그래밍 사고를 키워나갈 수 있다.

앞으로 Python의 가능성은 여러분의 손끝에서 더욱 확장될 것이다. 단순한 숫자 계산을 넘어 데이터 분석, 알고리즘 설계, 그리고 창의적인 응용 프로그램 개발까지, Python은 모든 단계에서 든든한 도구가 되어줄 것이다. 지금의 작은 도전들이 모여 더 큰 문제를 해결할 수 있는 실력을 갖추게 될 것이다. Python으로 문제를 해결하는 프로그래머가 되어가는 이 여정에서, 매 순간 배우고 성장하며 새로운 가능성을 탐구하기를 기대한다. 컴퓨팅 사고력으로 문제를 해결하는 Python 프로그래머의 모습을 상상하며, 오늘의 도전을 즐겨보자.

# 마무리

Python이라는 프로그래밍 언어의 세계에 첫 발을 내딛는 여정을 함께 했다. 우리는 Python 설치부터 실행까지의 과정을 익히며, 프로그램을 작성하고 실행하기 위한 기본 환경을 구축했다. IDLE 쉘에서 간단히 명령을 실행해보기도 했고, 에디터 창에서 더 복잡한 코드들을 작성하는 방법도 배웠다. 이를 통해 Python의 직관적인 특징과 효율적인 개발 환경을 경험하며 첫 걸음을 내디뎠다. 연산자 학습에서는 프로그래밍에서 데이터를 다루고 조건을 판단하는 데 필수적인 도구들을 탐구했다. 산술, 비교, 논리 연산자와 같은 기본적인 개념부터 시작해, 멤버십 연산자, 삼항 연산자와 같은 고급 주제까지 살펴보았다. 각각의 연산자를 통해 데이터를 처리하는 논리와 패턴을 배우며, 문제를 해결하기 위한 기초적인 사고력과 응용력을 기를 수 있었다. 또한, 입출력 학습을 통해 사용자와 프로그램 간의 소통 방식을 이해했다. input() 함수를 사용해 데이터를 입력받고, print() 함수를 활용해 결과를 출력하며, 프로그램이 단순한 명령 실행을 넘어 사용자와 교감할 수 있음을 경험했다. 문자열 포맷 코드, f-string, 그리고 다양한 출력 형식을 배우며 정보를 더 명확하고 깔끔하게 전달하는 방법도 익혔다.

이번 단원은 Python과의 첫 만남을 넘어, 프로그래밍의 기본적인 원리를 이해하고 실습할 수 있는 기반을 다지는 시간이 되었다. 설치하고 실행하며 Python과 친해졌고, 다양한 연산자와 입출력 기능을 통해 문제를 해결할 수 있는 가능성을 확인했다. 앞으로의 여정에서 이러한 기초는 복잡한 문제를 해결하고 더 나은 프로그램을 설계하는 데 든든한 발판이 될 것이다.

Python과 함께하는 도전은 이제 막 시작되었다. 다음 단원에서는 더 흥미로운 개념과 실제 응용 사례를 탐구하며 Python의 가능성을 확장할 것이다. 한 걸음씩 나아가며, 여러분만의 창의적인 해결책을 만들어내길 기대한다. Python의 세계는 무궁무진하며, 그 여정은 여러분의 손끝에서 시작된다!

# 2장

# Python 자료형

```
>>> num_list = [ 5, 10, 15 ]
>>> print( num_list [1] + 34)
44
>>> print( num_list)
[5, 10, 15]
```

Python

☑ 문제를 해결하는 첫걸음은 데이터를 이해하는 것이다. 데이터를 다룬다는 것은 단순히 값을 저장하거나 출력하는 것을 넘어, 문제를 분석하고 해결하기 위한 핵심 단서를 찾아내는 과정이다. Python은 다양한 자료형을 통해 데이터를 효과적으로 표현하고 활용할 수 있는 강력한 도구를 제공한다. 이 장에서는 Python의 자료형을 이해하고 이를 문제 해결에 적용하는 방법을 탐구할 것이다.

☑ 컴퓨팅 사고력은 복잡한 문제를 분해하고, 핵심을 파악하며, 해결을 위한 효율적인 알고리즘을 설계하는 능력이다. 이 과정에서 데이터를 다루는 능력은 필수적이다. Python의 자료형은 컴퓨팅 사고를 구현하는 기본 단위로, 문제를 구조화하고 데이터를 처리하는 도구로서 중요한 역할을 한다.

☑ Python 자료형은 데이터를 다루는 기술을 넘어 문제를 바라보는 새로운 관점을 제시한다. 이 장은 여러분이 문제 해결 과정에서 데이터를 활용하는 방법을 깊이 이해하도록 돕고, 이를 통해 한층 더 높은 컴퓨팅 사고력을 발휘할 수 있는 기반을 마련할 것이다. 자료형이라는 렌즈를 통해 문제를 어떻게 분석하고 해결할 수 있는지 탐구해보자. 새로운 관점과 도전이 여러분을 기다리고 있다.

# 01 변수와 자료형

프로그래밍은 데이터를 저장하고 처리하며 문제를 해결하는 과정이다. 이때 데이터를 담는 그릇과도 같은 역할을 하는 것이 변수이며, 이 그릇에 어떤 데이터가 들어갈지를 정의하는 것이 자료형이다. 변수와 자료형은 컴퓨팅 사고력을 구현하는 가장 기본적인 도구이자 문제 해결의 출발점이다. 변수는 데이터를 저장하기 위한 이름표와 같다. 프로그램이 실행되는 동안 데이터를 필요에 따라 저장하고, 읽고, 수정할 수 있도록 돕는다. Python에서는 변수의 선언과 활용이 간단하면서도 직관적이다. 하지만 단순히 변수와 자료형을 배우는 것에 그치지 않고, 이를 어떻게 문제 해결에 적용할 수 있는지 이해하는 것이 중요하다.

자료형은 데이터를 효율적으로 관리하고 처리하기 위해 존재한다. 데이터를 숫자로 표현할지, 텍스트로 다룰지, 혹은 여러 데이터를 한꺼번에 저장할지에 따라 자료형을 선택한다. Python은 다양한 자료형을 제공하며, 이러한 자료형은 우리가 문제를 분석하고 데이터를 활용하는 데 핵심적인 역할을 한다.

## 1 변수 개념

프로그래밍에서 변수(variable)를 이해하는 것은 데이터를 다루는 첫걸음을 내딛는 것이다. 변수는 데이터를 저장하기 위한 메모리 공간에 이름을 붙인 것으로, 프로그램이 실행되는 동안 데이터를 효율적으로 관리하고 조작할 수 있도록 돕는 핵심 개념이다. 단순한 이름표처럼 보일 수 있지만, 변수는 복잡한 문제를 구조화하고 해결하는 데 있어 중요한 역할을 한다.

**변수의 본질: 데이터를 담는 그릇**　　변수는 데이터를 담는 그릇과 같다. 숫자, 문자, 리스트 등 다양한 데이터를 변수에 저장할 수 있다. 예를 들어, x=7이라는 코드는 '숫자 7을 x라는 이름의 변수에 저장한다'는 의미다. 이렇게 저장된 데이터는 프로그램 내에서 다시 불러오거나 수정, 계산에 사용할 수 있다. 이처럼 변수는 데이터를 저장하는 기본 도구이자, 데이터를 조작하는 출발점이다.

**변수 선언과 메모리의 관계**　　변수를 선언하면 컴퓨터는 메모리의 일정 공간을 할당해 데이터를 저장한다. 이렇게 저장된 데이터는 프로그램이 종료되기 전까지 활용할 수 있다. 저장된 데이터를 불러오거나 수정할 수 있으며, 데이터를 지울 수도 있다. 이처럼 변수는 프로그램의 데이터를 담는 핵심 도구로 작동한다.

- ✔ **공간 확보**: 변수를 선언하면 메모리 공간이 확보된다. Python에서는 이를 자동으로 처리하며, 사용자는 변수명 = 값 형식으로 데이터를 저장하면 된다.
- ✔ **데이터 재사용**: 저장된 데이터는 프로그램 내에서 언제든지 재사용이 가능하다. 예를 들어, 사용자 입력값을 변수에 저장한 뒤 여러 연산에 활용할 수 있다.

**변수는 왜 중요한가?**　　프로그래밍은 데이터를 다루고 조작하는 과정이다. 변수는 데이터를 저장하고 불러오는 작업을 단순화하며, 이로 인해 코드의 효율성과 가독성이 크게 향상된다. 또한 변수를 사용하면 데이터 변경이 필요할 때 코드 전체를 수정할 필요 없이 변수값만 수정하면 된다. 이를 통해 복잡한 문제를 해결하는 데 있어 유연성과 확장성을 제공한다.

**변수의 역할과 데이터 흐름**　　변수는 단순히 데이터를 저장하는 역할을 넘어 데이터 흐름을 관리하는 중요한 역할을 한다. 다음은 변수의 대표적인 활용 사례다.

- ✔ **데이터 저장**: 숫자, 문자열, 리스트 등 다양한 형태의 데이터를 저장한다.
- ✔ **데이터 연산**: 변수에 저장된 데이터를 이용해 연산을 수행한다.
- ✔ **데이터 전달**: 변수는 함수 간 데이터를 전달하거나 프로그램 내 다른 모듈로 데이터를 넘기는 데 사용된다.

- ☑ 변수명을 정할 때, 어떤 기준으로 명확하고 직관적인 이름을 선택할 수 있을까?
- ☑ 저장된 데이터를 효율적으로 활용하려면 변수 선언과 할당을 어떻게 계획해야 할까?
- ☑ 데이터 흐름을 고려하며 변수를 활용해 문제를 어떻게 해결할 수 있을까?

변수는 단순한 저장 도구가 아니다. 데이터 흐름을 연결하고 문제 해결의 기반을 제공하는 중요한 구성 요소다. 변수의 개념을 명확히 이해하고 이를 능숙하게 활용하는 것은 프로그래밍에서 문제 해결 능력을 키우는 첫걸음이다.

## ② Python 변수

Python에서 변수는 데이터를 저장하고 다루기 위한 핵심적인 도구다. 변수를 효과적으로 사용하면 프로그램의 가독성이 높아지고, 복잡한 문제도 단계적으로 해결할 수 있다. Python 변수는 사용이 쉽고 유연하며, 동적 타이핑(dynamic typing)을 지원한다는 점에서 다른 언어와 차별화된다.

**Python에서 변수는 특별하다**　 Python의 변수는 다른 언어와 달리 자료형을 명시적으로 선언하지 않아도 된다. 예를 들어, x = 10과 같이 변수를 선언하면 Python은 값의 타입을 자동으로 결정한다. 이를 동적 타이핑(dynamic typing)이라고 하며, Python을 간단하고 유연하게 사용할 수 있게 해주는 특징 중 하나다. 사용자는 데이터의 유형을 걱정할 필요 없이 빠르게 코드를 작성할 수 있다.

**변수 선언과 할당: 이름과 값의 연결**　 변수를 선언하려면 변수명과 값이 필요하다. Python에서는 변수명을 왼쪽에, 값을 오른쪽에 두어 = 기호로 연결한다. 예를 들어 아래의 코드를 검토해보자.

```python
1 name = "Alice"
2 age = 12
3 height = 145.5
```

위 코드에서 Python은 각 값의 자료형을 자동으로 인식한다. name은 문자열 데이터로, age는 정수 데이터로, height는 실수 데이터로 인식한다. 이처럼 Python은 동적 타이핑을 지원하기 때문에, 변수를 선언할 때 별도로 자료형을 지정할 필요가 없다. 변수명은 직관적이고 데이터를 명확히 나타내는 것이 중요하다. 좋은 변수명은 코드를 읽는 사람에게 가독성을 높이고, 문제 해결 과정에서도 효율성을 제공한다.

**변수명 규칙** 변수명을 정할 때는 Python의 규칙과 관습을 따르는 것이 중요하다. 명확하고 직관적인 변수명은 코드의 가독성을 높이고 유지보수를 쉽게 한다.

- **첫 글자 규칙**: 변수명은 반드시 영문 대소문자나 언더스코어(_)로 시작해야 한다. 숫자로 시작하거나 특수문자를 사용할 경우 오류가 발생한다. 다음과 같이 숫자 0으로 시작하면 문법 오류에 해당한다.

```
>>> 0name = "Han"
SyntaxError: invalid syntax
```

- **대소문자 구분**: Python은 변수명에서 대소문자를 구분한다. 아래의 예시 처럼 name과 Name은 서로 다른 변수로 인식된다.

```
1 name = "Alice"
2 Name = "Bob"
3 print(name)  # 출력: Alice
4 print(Name)  # 출력: Bob

Alice
Bob
```

- **예약어 금지**: Python의 예약어(keyword)는 변수명으로 사용할 수 없다. 예약어 리스트는 다음과 같다.

```
>>> import keyword
>>> keyword.kwlist
['False', 'None', 'True', 'and', 'as', 'assert', 'async', 'await', 'break', 'class', 'continue', 'def'
, 'del', 'elif', 'else', 'except', 'finally', 'for', 'from', 'global', 'if', 'import', 'in', 'is', 'lambda',
'nonlocal', 'not', 'or', 'pass', 'raise', 'return', 'try', 'while', 'with', 'yield']
```

아래의 예와 같이 예약어를 변수명으로 지정하면 오류가 발생한다.

```
>>> class = "프로그래밍 입문"
SyntaxError: invalid syntax
```

- **의미 전달과 간결함**: 변수명은 가능한 한 짧으면서도 의미를 명확히 전달해야 한다. 예를 들어 x보다 score 또는 total_price와 같은 의미를 확인할 수 있는 변수명이 더 적합하다.

**변수와 데이터 저장**　변수는 데이터를 저장하는 중요한 도구로 활용된다. Python에서는 데이터를 변수에 저장하는 여러 가지 방법을 제공한다.

- **대입 연산자 활용**: 값을 직접 계산하거나 연산 후 변수에 저장할 수 있다. 예시 코드는 다음과 같다.

```
>>> value = 35241 * 3
>>> print(value)
105723
```

- **input() 함수**: 사용자로부터 입력값을 받아 변수에 저장할 수도 있다. 예시 코드는 다음과 같다.

```
>>> name = input ( "이름: ")
이름: 한옥영
>>> print(name)
한옥영
```

**다양한 변수 선언 방식**　Python에서는 변수에 값을 할당하는 다양한 방법을 제공한다.

- **여러 값 할당**: 여러 변수에 값을 동시에 할당할 수 있다. 예시 코드는 다음과 같다.

```
1 x, y = 10, 20
2 print(x)  # 출력: 10
3 print(y)  # 출력: 20
```

```
10
20
```

- **같은 값 할당**: 여러 변수에 동일한 값을 할당할 수 있다. 예시 코드는 다음과 같다.

```
1 a = b = c = 0
2 print(a, b, c)

0 0 0
```

- **튜플과 리스트를 활용한 언패킹**: 리스트나 튜플의 값을 변수에 한꺼번에 할당할 수 있으며, 언패킹 하여 각각의 변수에 저장할 수 있다. 예시 코드는 다음과 같다.

```
1 coordinates = (100, 200)  # 튜플
2 x, y = coordinates
3 print('튜플 언패킹: ', x, y)
4
5 partner = ['톰', '제리']  # 리스트
6 a, b = partner
7 print('리스트 언패킹: ', a, b)

튜플 언패킹:  100 200
리스트 언패킹:  톰 제리
```

Python 변수는 단순한 저장 도구를 넘어, 데이터를 관리하고 프로그램의 로직을 설계하는 핵심적인 역할을 한다. 변수의 개념을 제대로 이해하고 활용하면 문제를 더욱 창의적으로 해결할 수 있다.

## ③ Python 자료형 이해

Python에서 자료형은 데이터를 저장하고 조작하는 방식을 결정하는 중요한 요소다. 자료형을 이해하면 데이터를 효율적으로 관리하고, 코드의 오류를 줄이며, 문제 해결을 더욱 창의적으로 접근할 수 있다. 자료형은 단순히 데이터의 형태를 규정하는 것이 아니라, 데이터와 연산 방식을 정의하고, 프로그램의 성능에 영향을 미친다.

**자료형의 역할: 데이터를 바라보는 렌즈**　　자료형은 데이터를 바라보는 하나의 렌즈와 같다. 어떤 자료형을 사용하느냐에 따라 데이터의 의미와 사용 방식이 달라진다. 예를 들어, 숫자는 계산을 위해, 문자열은 텍스트 처리를 위해, 리스트는 여러 데이터를 한꺼번에 다루기 위해 사용된다. 자료형은 다음과 같은 역할을 한다.

- ☑ **데이터의 특성과 사용 방식을 결정**: 자료형은 데이터를 다룰 때 사용 가능한 연산과 처리 방식을 결정한다.
  - **예** 숫자 자료형으로는 덧셈과 곱셈이 가능하지만, 문자열 자료형에서는 불가능하다.
- ☑ **연산 수행 방식과 메모리 관리에 영향**: 자료형은 데이터를 저장하는 메모리 공간의 크기와 연산 속도에 영향을 미친다.
  - **예** 정수는 실수보다 메모리를 덜 차지하지만, 실수는 소수점을 포함한 복잡한 계산에 적합하다.

**Python 자료형의 특징: 간결함과 유연성**　　Python은 자료형의 사용이 간단하면서도 유연하다. 다른 언어에 비해 명시적으로 자료형을 선언할 필요가 없으며, 자료형 간 변환이 자유롭다.

- **간결함**: Python에서는 변수에 값을 할당할 때 자료형을 명시적으로 선언할 필요가 없다. Python이 값을 기준으로 자료형을 자동으로 결정하기 때문이다. 그러나 자료형에 적합하지 않은 연산을 실행하려 할 경우 명확한 오류 메시지를 제공한다. 예를 들어 문자열과 정수형 자료를 합쳐서 하나의 자료를 만들려고 한다면 오류가 발생한다. 이 경우, IDLE 쉘과 colab 환경에서의 오류 메시지는 다음과 같다.

---

**IDLE 쉘**

```
>>> age = "Age: " + 25
Traceback (most recent call last):
  File "<pyshell#3>", line 1, in <module>
    age = "Age: " + 25
TypeError: can only concatenate str (not "int") to str
>>>
```

---

```
1 age = "Age: " + 25

----------------------------------------------------------------
TypeError                              Traceback (most recent call last)
<ipython-input-11-94037981b684> in <cell line: 1>()
----> 1 age = "Age: " + 25

TypeError: can only concatenate str (not "int") to str
```

- **유연성**: Python은 다양한 자료형 간 변환을 쉽게 지원한다. 앞에서의 예는 서로 다른 자료형의 결합에서 발행되었었다. 이 경우, 다음과 같이 문제를 해결할 수 있다.

```
1 age = "Age: " + str(25)
2 print(age)
```

Age: 25

자료형은 데이터를 단순히 저장하는 것이 아니라, 문제를 해결하기 위한 새로운 관점을 제공한다. Python의 유연하고 강력한 자료형을 활용해 데이터를 다루는 능력을 키우고, 더 나아가 창의적인 문제 해결의 가능성을 탐구할 수 있다.

## ④ 변수와 자료형에 필요한 컴퓨팅 사고력

변수와 자료형은 데이터를 다루는 과정에서 중심적인 역할을 한다. 다양한 데이터의 특성과 사용 목적에 맞게 적절히 설계하고 활용하기 위해서는 컴퓨팅 사고력이 필수적이다. 특히, 변수와 자료형의 선택과 활용은 효율적인 문제 해결과 코드의 품질 향상에 직접적으로 연결된다. 아래는 변수와 자료형에 특화된 사고력을 정리한 내용이다.

**분해적 사고력: 문제를 작은 단위로 나누기**　변수와 자료형 활용에서 분해적 사고

력은 데이터를 다루기 쉽도록 분리하거나 변수로 나누어 저장하는 능력을 의미한다.

- ☑ **역할**: 데이터를 구조적으로 나누어 가독성과 처리 효율성을 높인다.
- ☑ **예시**: 학생의 이름, 점수, 학번을 각각 별도의 변수에 저장하여 관리.
- ☑ **활용**: 데이터 분석이나 복잡한 문제를 처리할 때 변수 분해를 통해 문제 해결 속도를 높임.

**추상화 사고력: 중요한 정보만 남기고 단순화**　　추상화 사고력은 복잡한 데이터를 단순화하여 중요한 정보만 담는 변수와 자료형을 설계하는 과정에서 발휘된다.

- ☑ **역할**: 데이터의 복잡성을 줄이고, 핵심만 남기도록 설계.
- ☑ **예시**: 학생 정보 중 이름과 점수만 저장하는 변수 설계.
- ☑ **활용**: 불필요한 데이터를 제거해 메모리 절약과 코드 단순화를 달성.

**패턴 인식: 데이터의 규칙 찾기**　　패턴 인식은 자료형과 변수 활용 과정에서 데이터의 반복적 구조나 규칙을 찾아내는 능력이다.

- ☑ **역할**: 변수와 자료형 설계 시 반복 구조를 최적화.
- ☑ **예시**: 리스트에서 반복되는 값을 찾고, 이를 활용한 평균값 계산.
- ☑ **활용**: 데이터 정리 및 중복 제거 작업에 사용.

**조건 분기 사고력: 데이터에 맞는 변수 설계**　　조건 분기 사고력은 데이터 유형에 따라 적절한 변수와 자료형을 선택하는 능력이다.

- ☑ **역할**: 조건에 따라 자료형을 선택하고 변수 활용 방식을 조정.
- ☑ **예시**: 사용자 입력값이 문자열인지 숫자인지에 따라 다른 작업 수행.
- ☑ **활용**: 다양한 상황에 맞는 데이터 처리 로직을 설계.

**알고리즘적 사고력: 변수와 자료형 활용의 순서 설계**　　알고리즘적 사고력은 변수

를 활용해 데이터를 단계적으로 처리하는 과정을 설계하는 데 필요하다.

- ☑ **역할**: 데이터를 효율적으로 처리하기 위한 단계적 작업 설계.
- ☑ **예시**: 입력받은 숫자 리스트에서 최대값 찾기.
- ☑ **활용**: 데이터 탐색과 분석 알고리즘 구현.

**창의적 사고력: 변수와 자료형의 창의적 활용**    창의적 사고력은 자료형과 변수를 독창적으로 결합하여 새로운 방식으로 데이터를 처리하는 능력이다.

- ☑ **역할**: 기존 방식과 다른 데이터 처리 로직 설계.
- ☑ **예시**: 문자열과 숫자를 조합해 사용자 맞춤형 메시지 생성.
- ☑ **활용**: 개인화된 서비스 구현 및 데이터 시각화에 활용.

**병렬화 처리 능력: 여러 변수를 동시에 활용**    병렬화 처리 능력은 다수의 데이터를 한꺼번에 처리하기 위해 변수를 동시적으로 설계하고 사용하는 기술이다.

- ☑ **역할**: 대규모 데이터를 빠르게 처리하고 분석.
- ☑ **예시**: 여러 변수에 동일한 계산 적용.
- ☑ **활용**: 리스트 컴프리헨션 등 Python의 병렬 처리 기능 활용.

**탐색적 사고력: 데이터에서 의미 찾기**    탐색적 사고력은 변수를 통해 데이터를 탐색하고 의미 있는 정보를 도출하는 과정에서 필요하다.

- ☑ **역할**: 데이터에서 숨겨진 패턴과 정보를 찾아냄.
- ☑ **예시**: 사용자 입력 데이터를 분석해 가장 빈번하게 등장하는 단어 찾기.
- ☑ **활용**: 데이터 기반 의사결정에 활용.

**계층적 사고력: 변수의 구조적 설계**    계층적 사고력은 데이터를 단계별로 정리하고 저장할 수 있는 변수와 자료형 설계를 돕는다.

문제 해결의 언어, Python

- ☑ **역할**: 데이터의 계층적 구조를 효율적으로 표현.
- ☑ **예시**: 딕셔너리를 사용해 사용자의 이름, 나이, 취미를 저장.
- ☑ **활용**: 복잡한 데이터를 간단하게 저장하고 분석.

**통합적 사고력: 변수와 자료형의 종합적 활용**   통합적 사고력은 다양한 변수와 자료형을 결합해 복합적인 문제를 해결하는 능력이다.

- ☑ **역할**: 여러 자료형을 결합하여 문제를 종합적으로 해결.
- ☑ **예시**: 리스트와 딕셔너리를 결합해 학생들의 점수 관리 시스템 설계.
- ☑ **활용**: 데이터의 복잡한 관계를 체계적으로 처리.

이와 같은 사고력을 통해 변수와 자료형을 설계하고 활용하면, 단순한 코드 작성에서 벗어나 문제 해결 능력을 크게 향상시킬 수 있다.

Python은 데이터를 다루는 데 있어 간결함과 유연함을 자랑하는 언어다. 이러한 특징은 Python이 제공하는 기본 자료형에서도 잘 드러난다. 문자열, 숫자, 불리언(boolean: 불형)과 같은 자료형은 우리가 일상적으로 다루는 데이터의 유형을 그대로 반영하며, 데이터를 표현하고 처리하는 데 핵심적인 역할을 한다.

Python의 기본 자료형은 데이터를 다루는 데 필수적인 도구다. 각각의 자료형은 다양한 데이터를 효율적으로 표현하고 처리할 수 있는 방식으로 설계되어 있으며, 이를 통해 복잡한 문제를 구조적으로 해결할 수 있다. 예를 들어, 문자열 자료형은 텍스트 데이터를 저장하고 조작하는 데 사용된다. 이름, 메시지, 파일 경로 등 문자열이 필요한 곳은 무궁무진하다. 수치 자료형은 계산과 분석에서 핵심적인 역할을 한다. 정수형은 계수와 반복에서, 실수형은 정확한 계산과 통계 처리에서 유용하다. 마지막으로, 불형은 조건 판단과 프로그램의 흐름 제어에 필수적이다. 조건문에서 '참'과 '거짓'을 판단하는 간단한 논리로도 복잡한 문제의 해법을 설계할 수 있다.

Python의 기본 자료형은 프로그램의 가장 기본적인 구성 요소이지만, 이를 이해하고 활용하는 능력은 단순히 프로그래밍을 넘어 문제를 해결하는 사고력을 길러준다. 자료형은 데이터를 바라보는 관점이자 문제 해결의 열쇠다. 이제 Python의 기본 자료형이 가진 놀라운 세계를 탐구하며, 문제 해결을 위한 새로운 도구를 만나보자!

# ① 문자열형

문자열은 프로그래밍에서 데이터를 다루는 데 가장 흔히 사용되는 자료형 중 하나다. Python에서는 문자열이 단순한 텍스트 데이터를 담는 역할을 넘어, 데이터를 연결하고 변환하며 조작할 수 있는 강력한 기능을 제공한다. 웹 페이지의 HTML 텍스트, 데이터베이스의 필드 값, 사용자 입력값 등 현대 소프트웨어에서 문자열은 다양한 곳에서 핵심적인 역할을 한다. Python에서 문자열은 문자(character)의 연속으로 정의되며, 이를 다루는 방법은 쉽고 직관적이다. 하지만 이 간단한 자료형 안에도 알아두어야 할 중요한 특징과 활용 방법이 숨어 있다.

**문자열의 개념**　　문자열은 문자(characters)의 연속적인 집합이다. Python에서는 문자열을 작은 따옴표(')나 큰 따옴표(")로 감싸서 생성한다. 이처럼 문자열을 생성하는 방법이 간단하고 유연한 것은 Python의 큰 장점이다.

```
>>> my_message = '유익한 프로그래밍 입문!'
>>> print( my_message )
유익한 프로그래밍 입문!
>>> type( my_message )
<class 'str'>
```

위의 예에서 문자열 my_message는 '유익한 프로그래밍 입문!'이라는 텍스트 데이터를 담고 있다. Python은 이를 자동으로 문자열 자료형(str)으로 인식한다.

**문자열 생성: 다양한 따옴표 활용**　　Python에서는 문자열을 생성할 때 작은 따옴표(')와 큰 따옴표(") 모두 사용할 수 있다. 이렇게 유연한 생성 방식은 다양한 상황에서 문자열을 처리하는 데 큰 도움이 된다.

- **큰 따옴표와 작은 따옴표 사용**: 다음과 같은 다양한 방법으로 문자열을 생성할 수 있다.

  ① 큰 따옴표로 양쪽 둘러싸기

②  작은 따옴표로 양쪽 둘러싸기

③  큰 따옴표 3개를 연속으로 써서 양쪽 둘러싸기

④  작은 따옴표 3개를 연속으로 써서 양쪽 둘러싸기

실행 예시는 다음과 같다.

```
>>> "반갑다 파이선"        ◀············· ①
'반갑다 파이선'
>>> '파이선 재미있군'      ◀············· ②
'파이선 재미있군'
>>> """파이선으로 코딩 완전 정복"""  ◀····· ③
'파이선으로 코딩 완전 정복'
>>> '''내 친구 파이선'''   ◀············· ④
'내 친구 파이선'
>>>
```

- **여러 줄 문자열**: 세 개의 연속된 작은 따옴표(''')나 큰 따옴표(""")를 사용하면 여러 줄에 걸쳐 문자열을 작성할 수 있다. 입력은 여러 줄로 작성하지만, 출력은 한 줄로 적용하고 싶은 경우에는 해당 줄의 맨 뒤에 원사인(₩: 키보드의 백슬래쉬 '\' 해당)을 입력하면 된다. 활용 예시는 다음과 같다.

```
>>> text = '''돈이 없지
꿈이 없냐!'''
>>> print(text)
돈이 없지
꿈이 없냐!
>>>
>>> text2 = '''돈이 없지 ₩
꿈이 없냐!'''
>>> print(text2)
돈이 없지 꿈이 없냐!
```

- **따옴표 혼합 사용**: 문자열 생성 시 따옴표를 잘못 사용할 경우 오류가 발생할 수 있다. Python은 문자열의 시작과 끝을 구분하는 따옴표를 엄격하게 인식하기 때문이다. 따옴표를 포함한 문자열을 생성할 때는 혼합된 따옴표를 사용할 수 있다.

```
1 guide = "작은따옴표(')를 사용하세요."
2 print(guide)

작은따옴표(')를 사용하세요.
```

문제 해결의 언어, Python

Python의 문자열은 불변(immutable) 속성을 가진다. 이는 문자열이 한 번 생성되면 내용을 변경할 수 없음을 의미한다. 수정하고 싶은 경우에는 새로 문자열 값을 선언해야 한다. 적용 예시는 다음과 같다.

```
1 greeting = "안녕"
2 print('처음 문자열: ', greeting)
3 greeting = "안녕! Python"
4 print('수정된 문자열: ', greeting)

처음 문자열:  안녕
수정된 문자열:  안녕! Python
```

**문자열 연결** 문자열을 연결하려면 + 연산자를 사용하면 된다. 이를 통해 여러 문자열을 하나로 합칠 수 있으며, 사용자 입력값을 조합하여 동적인 메시지를 생성하는 데 유용하다. 이름을 입력받아 격려 메시지를 생성하는 예시는 다음과 같다.

```
>>> name = input ('이름을 입력하세요 : ')
이름을 입력하세요 : 한옥영
>>> message = name + '님, 건강한 하루 보내세요!'
>>> print(message)
한옥영님, 건강한 하루 보내세요!
```

문자열 연결은 데이터를 조합하거나 동적인 문장을 생성할 때 자주 활용된다.

**문자열 반복** 문자열을 반복하려면 * 연산자를 사용하면 된다. 이를 통해 같은 문자열을 여러 번 반복하여 출력할 수 있다. 예시는 다음과 같다.

```
>>> text = '아자! ' * 3
>>> text2 = '화이팅!'
>>> message = text + text2
>>> print(message)
아자! 아자! 아자! 화이팅!
```

이처럼 문자열 반복은 단순히 데이터를 복사하는 것 이상으로, 응용 프로그램에서 반복적인 데이터 패턴을 생성할 때 유용하다.

**문자열 길이 확인** 문자열의 길이를 확인하려면 len() 함수를 사용한다. 문자열의 길이는 공백과 특수문자를 포함한 문자 개수를 나타낸다.

```
>>> text = '''강나루 건너서
밀밭 길을

구름에 달 가듯이
가는 나그네

길은 외줄기
남도 삼백리

술 익는 마을마다
타는 저녁놀

구름에 달 가듯이
가는 나그네'''
>>> len(text)
82
```

len() 함수는 짧은 문자열뿐 아니라 긴 문서의 텍스트 길이를 확인하거나, 데이터 유효성을 검증하는 데도 활용할 수 있다.

**문자열 조작의 기본: 인덱싱과 슬라이싱** 문자열에서 특정 위치의 문자에 접근하거나, 원하는 부분만 추출해내는 기능은 데이터 처리에서 필수적인 작업이다. Python은 이를 위해 인덱싱(Indexing)과 슬라이싱(Slicing)이라는 강력한 도구를 제공한다. 이 두 가지 기능은 단순하면서도 유연하여, 문자열 데이터를 다룰 때 문제를 손쉽게 해결할 수 있게 해준다.

● **인덱싱**: 문자열의 특정 위치에 접근하기

인덱싱은 문자열에서 특정 위치의 문자를 가져오는 기능이다. Python의 문자열 인덱스는 0부터 시작하며, 음수를 사용하면 문자열의 뒤에서부터 접근할 수 있으며 −1부터 시작된다. 개별 문자를 직접 접근할 수 있다는 점에서, 인덱싱은 문자열 조작의 기본이 된다. 그러나 인덱스가 문자열의 길이를 초과하면 IndexError가 발생한다. 인덱싱의 예시는 다음과 같다.

```
1 s = "Python"
2 print(s[0])
3 print(s[-1])

P
n


1 print(s[7])

---------------------------------------------------------------------
IndexError                                Traceback (most recent call last)
<ipython-input-2-79c3c27576a6> in <cell line: 1>()
----> 1 print(s[7])

IndexError: string index out of range
```

이와 같이 s[0]은 문자열의 첫 번째 문자인 P를 가져오고, s[-1]은 문자열의 마지막 문자 n을 가져온다. 이렇게 양수와 음수 인덱스를 활용하면 원하는 위치의 데이터를 쉽게 추출할 수 있다. 존재하지 않는 인덱스 번호 7을 입력하며 오류가 발생한다.

- **슬라이싱**: 문자열의 일부를 추출하기

슬라이싱은 문자열에서 특정 범위의 문자를 추출하는 데 사용된다. 시작:끝[:간격] 형태로 범위를 지정하며, 끝 인덱스는 포함되지 않는다. Python의 슬라이싱은 직관적이면서도 유연하게 동작하여 문자열의 일부를 손쉽게 추출할 수 있다.

```
1 s = "Python"
2 print(s[0:3])   # 0부터 3 앞까지
3 print(s[:4])    # 처음부터 4 앞까지
4 print(s[2:])    # 2부터 끝까지
5 print(s[::2])   # 2칸씩 건너뛰며 추출
6 print(s[::-1])  # 문자열 뒤집기

Pyt
Pyth
thon
Pto
nohtyP
```

위 코드에서 s[0:3]은 문자열의 처음부터 세 번째 문자 전까지 추출한다. 시작이나 끝 인덱스를 생략하면 문자열의 처음 또는 끝까지 자동으로 처리된다. 간격을 활용한 슬라이싱 간격 값을 추가로 지정하면 일정한 패턴으로 문자를 추출할 수 있다. 간격 값을 음수로 설정하면 문자열을 거꾸로 뒤집거나, 역순으로 접근

할 수도 있다.

- **인덱싱과 슬라이싱의 장점**
  - ☑ **데이터 분석과 정제**: 텍스트 데이터를 다룰 때, 불필요한 부분을 제거하거나 필요한 정보만 추출할 수 있다.
  - ☑ **효율적인 데이터 처리**: 간단한 코드로 복잡한 문자열 조작이 가능하며, 대량의 데이터 처리에서도 효과적이다.
  - ☑ **다양한 응용 가능성**: 문자열 뒤집기, 특정 패턴 추출, 텍스트 분리 등 다양한 작업에 활용할 수 있다.

## ② 수치형

숫자 데이터는 프로그램의 근본적인 연산과 분석의 중심이다. Python에서는 숫자 데이터를 처리하기 위한 다양한 수치형 자료를 제공한다. 정수형(int), 실수형(float)뿐만 아니라, 2진수, 8진수, 16진수와 같은 진법 표현도 지원한다. 이를 통해 Python은 단순한 계산부터 고급 데이터 처리까지 폭넓은 활용성을 제공한다.

수치형 자료는 프로그래밍에서 데이터를 계산하고 비교하는 데 없어서는 안 될 요소다. 수학적 계산뿐만 아니라, 데이터 분석, 알고리즘 설계, 물리적 모델링 등 다양한 분야에서 핵심 역할을 한다. Python은 이러한 수치형 자료를 간단하고 효율적으로 사용할 수 있는 기능을 제공하며, 이를 통해 복잡한 문제를 간단히 해결할 수 있도록 돕는다.

Python에서 수치형 자료가 어떻게 사용되고, 각 자료형이 어떤 특징을 가지는지 탐구해보자. 숫자 데이터를 다루는 기초부터 시작해, 고급 진법 표현과 그 응용까지 배우게 될 것이다. 수치형 자료는 단순한 숫자 데이터가 아니다. 문제를 해결하기 위한 핵심 도구이자, 데이터의 본질을 이해하는 창구다. Python의 수치형 자료를 통해 숫자 데이터의 매력을 탐구하며, 새로운 문제 해결 능력을 길러보자. 이제 정수형 자료를 시작으로, Python의 수치형 자료를 하나씩 알아보자.

**정수형 자료(Integer)**   정수는 수학적 계산에서 가장 기본적이고 필수적인 데이터 유형이다. Python에서 정수형(Integer)은 소수점이 없는 숫자를 의미하며, 양수, 음수, 그리고 0을 모두 포함한다. 이 단순한 자료형은 프로그래밍의 모든 분야에서 중요한 역할을 한다. 계산, 데이터 처리, 그리고 로직 구현 등 다양한 작업에서 정수형은 없어서는 안 될 데이터 유형이다.

- **정수형의 특징**
  - ☑ **소수점이 없는 숫자**: 정수형은 소수점 없이 표현되며, 123, -345, 0과 같은 형태를 가진다.
  - ☑ **양수, 음수, 0 표현 가능**: 정수형은 0을 기준으로 양수와 음수를 포함한다. 이를 통해 다양한 수학적 상황을 표현할 수 있다.
  - ☑ **산술 연산에 활용 가능**: 정수형은 덧셈, 뺄셈, 곱셈, 나눗셈 등의 산술 연산뿐 아니라, 제곱, 나머지, 몫 계산과 같은 고급 연산에도 활용된다.

- **Python에서 정수형 사용 예시**: Python에서 정수형은 매우 직관적이고 간단하게 사용된다. 다음은 Python에서 정수형 데이터를 선언하고 사용하는 기본적인 예다.

```
1 x = 128  # 정수형 변수 선언
2 print('변수 x의 자료형: ', type(x))
3 print(f"x의 값은 {x}입니다.")
4 print('x의 값은 %d입니다.'%x )

변수 x의 자료형:  <class 'int'>
x의 값은 128입니다.
x의 값은 128입니다.
```

위 예제에서 x는 정수형 데이터로, Python은 자동으로 이를 int 타입으로 인식한다. 문자열과 결합하여 출력하거나, 연산에 바로 사용할 수 있다.

- **정수형 자료의 장점**
  - ☑ **정확한 계산**: 소수점 없는 숫자를 다룰 때, 정수형은 계산의 정확성을 보장한다. 예를 들어, 돈 계산이나 카운팅 작업에서 실수보다 정수형이 유리하다.
  - ☑ **메모리 효율성**: 정수형 데이터는 실수형에 비해 메모리 사용량이 적다. 대량의 데이터 처리가 필요한 경우 정수형은 효율적이다.

☑ **다양한 응용 가능성**: 정수형은 수학적 계산, 데이터 분석, 알고리즘 설계 등 다양한 분야에서 사용된다. 특히, 반복문과 조건문에서 필수적인 역할을 한다.

정수형은 단순한 데이터 유형처럼 보이지만, 이를 잘 활용하면 복잡한 문제도 간단히 해결할 수 있다. Python의 정수형을 통해 데이터를 더 깊이 이해하고, 이를 바탕으로 창의적인 문제 해결 능력을 길러보자!

**실수형 자료(Floating-point)** 실수는 소수점을 포함한 숫자를 표현하는 데이터 유형으로, Python에서 float 자료형으로 다룬다. 정수형과 함께 수치 데이터를 다루는 핵심적인 자료형 중 하나이며, 부동소수점 방식을 사용해 소수점 이하의 값까지 정밀하게 표현한다. 실수형 자료는 일상적인 계산에서부터 과학적 연산, 공학적 분석까지 폭넓게 활용된다.

- **실수형의 특징**
  ☑ **소수점을 포함하는 숫자**: 실수형은 소수점을 포함한 값을 표현하며, 3.14, −25.6, 0.0과 같은 형태로 나타난다.
  ☑ **부동소수점 방식 사용**: Python의 실수형은 부동소수점 방식을 사용하여 메모리를 효율적으로 활용하면서도 높은 정밀도를 제공한다. 다만, 근삿값 방식이므로 오차가 발생할 수 있다.
  ☑ **정수와 실수의 연산**: 정수와 실수가 함께 연산되면 결과는 항상 실수형으로 반환된다.
  ☑ **실수형 자료의 사용 예**: Python에서 실수형 데이터는 간단히 선언할 수 있으며, 다양한 연산과 형식 지정이 가능하다.

```
1 x = -35.423
2 print('변수 x의 자료형: ', type(x))
3 print(f"x의 값은 {x:.2f}입니다.")
4 print("x의 값은 %.2f입니다." %x )
5 print("x의 값은 %7.2f입니다." %x )

변수 x의 자료형:  <class 'float'>
x의 값은 -35.42입니다.
x의 값은 -35.42입니다.
x의 값은   -35.42입니다.
```

위 코드에서 x는 실수형 데이터로 선언되었으며, 소수점 아래 두 자리까지 출력하도록 형식을 지정한 예제를 포함하고 있다.

- **정수와 실수의 연산**: 실수형은 정수와 함께 연산될 때 자동으로 실수형으로 변환된다.

```
1 a = 10
2 b = 3.0
3 c = a + b
4 print('덧셈 후 결과 값의 자료형: ', type(c))
5 print(f"덧셈의 결과 값은 {c}입니다.")

덧셈 후 결과 값의 자료형:  <class 'float'>
덧셈의 결과 값은 13.0입니다.
```

- **지수형 표현**: 매우 큰 수나 작은 수를 지수형으로 표현하여 효율적으로 다룰 수 있다.

```
1 x = 3.33e20  # 3.33 × 10^20
2 print(f'{x}의 자료형은 {type(x)}')
3 y = 0.00000000000034  # 3.4 × 10^-13
4 print(y)

3.33e+20의 자료형은 <class 'float'>
3.4e-13
```

- **실수형의 장점과 한계**

  ☑ **장점**: 소수점 이하의 값을 포함한 정밀한 계산이 가능하다.

  과학적 연산 및 공학적 분석에서 필수적인 도구다.

  지수형 표현을 통해 매우 큰 수나 작은 수를 효율적으로 다룰 수 있다.

  ☑ **한계**: 부동소수점 방식의 특성상 매우 큰 숫자나 작은 숫자를 다룰 때 오차가 발생할 수 있다.

  정수형에 비해 연산 속도가 느릴 수 있다.

**2진수 자료(Binary)**     2진수는 컴퓨터의 기본 언어다. 컴퓨터는 모든 데이터를 0과 1로 이루어진 2진수로 처리하며, 이러한 숫자 체계는 데이터 저장, 계산, 정보 전송 등 다양한 컴퓨터 작업의 근간을 이룬다. Python은 2진수를 다룰 수 있는 강력한 기능을 제공하며, 이를 활용해 컴퓨터의 동작 원리를 깊이 이해할 수 있다.

- **2진수란?**: 2진수(Binary)는 숫자를 0과 1로만 표현하는 체계다. 일반적인 10진수
  와 달리, 각 자릿수는 2의 거듭제곱을 나타낸다. 예를 들어, 0b1010은 다음과 같
  이 계산된다.

$$0b1010 = 1 \times 2^3 + 0 \times 2^2 + 1 \times 2^1 + 0 \times 2^0 = 8 + 0 + 2 + 0 = 10_{(10진수)}$$

  Python에서는 2진수를 다룰 때 숫자 앞에 0b를 붙여 2진수임을 명시한다.

- **Python에서 2진수 표현 및 사용**: 2진수 선언 예시는 다음과 같다. 2진수로 표현하
  여도 int형으로 분류하며, print()로 확인한 2진수 값은 십진수로 표시되는 것을
  확인할 수 있다.

```
1 binary_number = 0b1010
2 print('변수 binary_number의 자료형: ', type(binary_number))
3 print(binary_number)

변수 binary_number의 자료형:  <class 'int'>
10
```

- **2진수를 10진수로 변환**: Python의 int() 함수에 2진수 문자열과 진법 2를 적용하
  면 2진수를 10진수로 변환할 수 있다.

```
1 binary_string = "101010"
2 decimal_number = int(binary_string, 2)
3 print(decimal_number)

42
```

- **10진수를 2진수로 변환**: bin() 함수를 사용하면 10진수를 2진수로 변환할 수 있다.

```
1 decimal_number = 42
2 binary_number = bin(decimal_number)
3 print(binary_number)

0b101010
```

- **2진수 연산**: 2진수끼리의 연산은 정수 연산처럼 동작한다.

```
1 a = 0b110
2 b = 0b101
3 print(f'a + b = {bin(a + b)}')
4 print(f'a * b = {bin(a * b)}')

a + b = 0b1011
a * b = 0b11110
```

- **2진수의 장점**
  - ☑ **컴퓨터의 기본 언어**: 2진수는 모든 컴퓨터 시스템의 기본 구조다. 논리 게이트와 같은 하드웨어는 2진수 신호로 작동한다.
  - ☑ **정확성과 안정성**: 2진수는 전기 신호의 On(1)과 Off(0) 상태로 표현되기 때문에, 데이터 저장과 처리 과정에서 오류를 줄일 수 있다.
  - ☑ **효율적인 데이터 처리**: 2진수는 데이터 압축, 암호화, 디지털 통신 등에서 중요한 역할을 한다.

**8진수 자료(Octal)**　8진수는 숫자를 0부터 7까지의 숫자로 표현하는 진법 체계다. Python은 8진수를 다룰 수 있는 간단하고 직관적인 방법을 제공하며, 이를 통해 특정 데이터 구조나 시스템의 데이터를 표현하는 데 유용하다. 특히, 8진수는 파일 권한, 네트워크 설정 등 시스템 프로그래밍에서 종종 사용된다.

- **8진수란?**: 8진수는 0부터 7까지의 숫자로 이루어지며, 각 자릿수는 8의 거듭제곱을 나타낸다. Python에서는 8진수를 표현할 때 숫자 앞에 0o(숫자 0과 알파벳 o)를 붙여 사용한다. 예를 들어, 0o10은 8진수로, 이를 10진수로 변환하면 다음과 같다.

$$0o10 = 1 \times 8^1 + 0 \times 8^0 = 8$$

- **Python에서 8진수 표현 및 사용**: 8진수 선언 예시는 다음과 같다. 2진수와 마찬가지로 8진수로 표현하여도 int형으로 분류하며, print()로 확인한 8진수 값은 표시되는 것을 확인할 수 있다.

```
1 octal_number = 0o10
2 print('변수 octal_number의 자료형: ', type(octal_number))
3 print(octal_number)

변수 octal_number의 자료형:  <class 'int'>
8
```

- **8진수를 10진수로 변환**: Python의 int() 함수를 사용해 8진수를 10진수로 변환할 수 있다.

```
1 octal_string = "171717654"
2 decimal_number = int(octal_string, 8)
3 print(decimal_number)

31956908
```

- **10진수를 8진수로 변환**: oct() 함수를 사용하면 10진수를 8진수로 변환할 수 있다.

```
1 decimal_number = 31956908
2 octal_number = oct(decimal_number)
3 print(octal_number)

0o171717654
```

- **주의할 점**: 8진수는 0부터 7까지만 포함하므로, 8이나 9를 사용하려고 하면 Syntax Error가 발생한다.

```
1 invalid_octal = 0o9

  File "<ipython-input-23-18896084d85d>", line 1
    invalid_octal = 0o9
                      ^
SyntaxError: invalid digit '9' in octal literal
```

8진수와 10진수를 혼동하지 않도록 주의해야 한다. 특히, 0o를 빠뜨릴 경우 Python은 이를 10진수로 인식한다.

**16진수 자료(Hexadecimal)**　　16진수는 숫자와 문자로 구성된 0~15를 표현하는 진법 체계로, 컴퓨터 공학에서 매우 중요한 데이터 표현 방식이다. Python은 16진수를 효율적으로 처리할 수 있는 기능을 제공하며, 특히 메모리 주소, 색상 코드, 디지털 데이터 처리 등에서 자주 사용된다.

● **16진수란?**: 16진수는 0~9의 숫자와 10~15까지의 값은 A~F의 알파벳으로 이루어진 진법이다. 각 자릿수는 16의 거듭제곱을 나타낸다. 예를 들어, 0xA9는 다음과 같이 계산된다.

$$0xA9 = 10 \times 16^1 + 9 \times 16^0 = 160 + 9 = 169_{(10진수)}$$

Python에서는 16진수를 표현할 때 숫자 앞에 0x를 붙인다.

● **Python에서 16진수 표현 및 사용**: 16진수 선언 예시는 다음과 같다. 2진수와 마찬가지로 16진수로 표현하여도 int형으로 분류하며, print()로 확인한 16진수 값은 표시되는 것을 확인할 수 있다.

```
1 hex_number = 0xA9
2 print('변수 hex_number의 자료형: ', type(hex_number))
3 print(hex_number)  # 출력: 169

변수 hex_number의 자료형:  <class 'int'>
169
```

● **16진수를 10진수로 변환**: Python의 int() 함수에 16진수 문자열과 진법 16을 표기하면 10진수로 변환할 수 있다.

```
1 hex_string = "FFFFFFF032"
2 decimal_number = int(hex_string, 16)
3 print(decimal_number)

1099511623730
```

- **10진수를 16진수로 변환**: hex() 함수를 사용하면 10진수를 16진수로 변환할 수 있다.

```
1 decimal_number = 1099511623730
2 hex_number = hex(decimal_number)
3 print(hex_number)

0xffffffff032
```

- **주의할 점**: 16진수는 0x로 시작해야 하며, 대소문자를 구분하지 않는다. 즉, 0xA9와 0Xa9는 동일하다. 16진수를 처리할 때, 숫자 범위가 클 수 있으므로 Python의 정수형 처리 한계를 주의해야 한다.

## ③ Bool형

프로그래밍에서 진리값(참과 거짓)은 핵심적인 역할을 한다. Bool형(Boolean Type)은 이러한 논리를 다루는 자료형으로, True(참)와 False(거짓) 두 가지 값만을 가진다. 단순한 구조처럼 보이지만, Bool형은 조건문, 반복문, 데이터 검증 등 다양한 프로그램 로직에서 없어서는 안 될 중요한 요소다.

### Bool형의 특징과 활용

- **True와 False**: Bool형 값은 항상 대문자로 시작한다. 예를 들어, x = True 또는 y = False 처럼 값을 지정할 수 있다. 이러한 값은 Python 내부에서 1과 0으로 간주되므로 산술 연산에서도 활용할 수 있다. 예를 들어, True + True는 2를 반환한다.

- **판별 기준**: Python에서 특정 값이 참인지 거짓인지 확인하려면 조건문을 사용할 수 있다. 빈 문자열(""), 빈 리스트([]), 숫자 0, None은 모두 False로 평가되며, 이 외의 값은 True로 간주된다.

```
1 print(f'bool("문자열") 결과는 {bool("문자열")}')
2 print(f'bool("") 결과는 {bool("")}')
3 print(f'bool([1,2,3]) 결과는 {bool([1,2,3])}')
4 print(f'bool([]) 결과는 {bool([])}')
5 print(f'bool((1,2,3)) 결과는 {bool((1,2,3))}')
6 print(f'bool(()) 결과는 {bool(())}')
7 print(f'bool(1) 결과는 {bool(1)}')
8 print(f'bool(0) 결과는 {bool(0)}')
9 print(f'bool(None) 결과는 {bool(None)}')
```

```
bool("문자열") 결과는 True
bool("") 결과는 False
bool([1,2,3]) 결과는 True
bool([]) 결과는 False
bool((1,2,3)) 결과는 True
bool(()) 결과는 False
bool(1) 결과는 True
bool(0) 결과는 False
bool(None) 결과는 False
```

| 값 | 참 or 거짓 |
|---|---|
| "문자열" | 참 |
| "" | 거짓 |
| [1, 2, 3] | 참 |
| [ ] | 거짓 |
| ( ) | 거짓 |
| { } | 거짓 |
| 1 | 참 |
| 0 | 거짓 |
| None | 거짓 |

- **Bool형 변환**: 모든 데이터는 bool() 함수를 통해 True나 False로 변환 가능하다. 예를 들어, bool(123)은 True를 반환하며, bool("")은 False를 반환한다. 이를 활용하면 데이터의 존재 여부를 빠르게 확인할 수 있다.

- **Bool형의 가능성 확장**: 단순한 True와 False로 시작한 Bool형은 프로그램의 논리를 견고히 하고 데이터 흐름을 명확히 제어하는 데 큰 역할을 한다. 이는 단순한 논리적 판단을 넘어, 복잡한 문제를 해결하는 데 필요한 기반을 제공한다. Bool형 자료형은 우리에게 프로그램을 논리적으로 설계할 수 있는 날카로운 도구를 제공하며, Python의 강력한 프로그래밍 환경에서 중요한 자리를 차지한다. Bool형을 제대로 이해하고 활용한다면 더 나은 코드와 효율적인 문제 해결이 가능할 것이다.

# 03 | Python 복합 자료형

Python에서 복합 자료형은 단순히 데이터를 저장하는 역할을 넘어, 데이터를 조직화하고 효율적으로 처리하는 강력한 도구를 제공한다. 이 자료형들은 우리가 다루는 데이터가 단순한 숫자나 문자에서 벗어나, 목록, 키-값 쌍, 집합 등으로 다양해질 때 빛을 발한다. 복합 자료형은 데이터를 그룹화하고, 검색과 수정, 정렬과 같은 작업을 훨씬 더 쉽게 만들어 준다. 예를 들어, 학생들의 점수 목록을 저장하고 평균을 계산하거나, 사전 데이터를 활용해 번역 프로그램을 만들거나, 데이터 중복을 제거하는 작업을 수행할 수 있다. 복합 자료형을 제대로 활용하면 데이터 중심의 문제를 보다 직관적이고 효율적으로 해결할 수 있다. 복합 자료형의 주요 종류는 다음과 같다.

- **리스트(List)**: 데이터를 순서대로 저장하고, 수정 및 삭제가 가능한 가장 기본적이고 유연한 자료형이다. 예를 들어, 학생들의 점수, 쇼핑 목록, 작업 리스트 등을 저장하는 데 유용하다.
- **튜플(Tuple)**: 리스트와 비슷하지만, 수정할 수 없는 자료형이다. 변경이 필요 없는 데이터 집합을 저장하는 데 사용되며, 데이터 무결성을 보장한다.
- **딕셔너리(Dictionary)**: 키-값 쌍으로 데이터를 저장하는 자료형이다. 이름과 전화번호처럼 키를 통해 데이터를 효율적으로 검색할 수 있는 구조로, 데이터를 다룰 때 필수적이다.
- **세트(Set)**: 데이터의 중복을 제거하고, 집합 연산(교집합, 합집합 등)을 수행할 수 있는 자료형이다. 데이터 중복을 제거하거나 고유한 값을 처리할 때 활용된다.

복합 자료형은 데이터를 다룰 때 선택의 폭을 넓혀주고, 문제를 다양한 방식으로 해결할 수 있는 가능성을 제공한다. 각 자료형은 고유한 특성과 용도를 가지므로, 상황에 따라 적합한 자료형을 선택하고 활용하는 것이 중요하다. 데이터를 단순히 저장하는 것을 넘어, 구조화된 방식으로 처리할 수 있도록 돕는 복합 자료형은 Python의 강력함을 보여주는 대표적인 기능이다. 이제 우리는 각 복합 자료형의 특징, 활용법, 주의점 등을 깊이 있게 살펴보고, 실생활의 다양한 문제에 어떻게 적용할 수 있는지 알아볼 것이다. 복합 자료형의 세계로 들어가 보자!

# ① 리스트

리스트는 Python에서 데이터를 효율적으로 저장하고 조작하기 위해 제공되는 매우 유용한 자료형이다. 리스트는 대괄호([])로 정의되며, 서로 다른 자료형의 데이터를 하나의 리스트에 저장할 수 있다. 이는 단순한 데이터 저장소를 넘어, 복잡한 문제를 해결하기 위한 강력한 도구로 사용된다.

**리스트의 기본 개념**    리스트는 데이터를 순차적으로 저장하며, 각 요소는 인덱스를 통해 접근할 수 있다. 인덱스는 0부터 시작하며, 음수 인덱스를 사용하면 뒤에서부터 접근이 가능하다. 예를 들어, mylist = [1, 2, 3]이라면 mylist[0]은 1, mylist[-1]은 3에 해당한다.

> ✔ **정의**: 다양한 자료형을 하나의 리스트로 저장 가능.
> ✔ **구조**: 대괄호([])로 묶으며, 쉼표(,)로 각 요소를 구분.
> ✔ **문법**: mylist = [요소1, 요소2, ..., 요소n]

**리스트 생성**    리스트는 다양한 방식으로 생성될 수 있다.

• 빈 리스트 생성 예시는 다음과 같이 2가지 방법이 있다.

```
1 mylist = []
2 mylist = list()
```

• 초기 값을 포함하여 리스트를 생성하는 예시는 다음과 같다.

```
 1 # 숫자 리스트
 2 list_2 = [1, 2, 3, 4]  # 수 값으로 구성된 리스트
 3 print("숫자 리스트:", list_2)
 4
 5 # 문자열 리스트
 6 list_3 = ['파이썬', '자바', '엔트리']  # 문자열로 구성된 리스트
 7 print("문자열 리스트:", list_3)
 8
 9 # 혼합 데이터 리스트
10 list_4 = [1, '파이썬', 3.14, '프로그래밍 언어']  # 다양한 자료형으로 구성된 리스트
11 print("혼합 데이터 리스트:", list_4)
12
13 # 중첩 리스트
14 list_5 = [1, '파이썬', [2, '코딩', 3]]  # 리스트 안에 리스트가 포함된 구조
15 print("중첩 리스트:", list_5)

숫자 리스트: [1, 2, 3, 4]
문자열 리스트: ['파이썬', '자바', '엔트리']
혼합 데이터 리스트: [1, '파이썬', 3.14, '프로그래밍 언어']
중첩 리스트: [1, '파이썬', [2, '코딩', 3]]
```

**리스트의 주요 기능**   리스트는 다양한 연산과 메서드를 지원하며, 데이터 처리를 유연하게 한다.

• **추가와 수정**: append() 메서드를 사용하여 새로운 값을 추가할 수 있다

```
1 mylist = [1, 2, 3]
2 mylist.append(4)
3 print(mylist)

[1, 2, 3, 4]
```

인덱스를 통해 요소를 수정하거나, 슬라이싱을 사용해 다수의 값을 변경할 수 있다.

```
1 mylist[0] = 100
2 print(mylist)
3 mylist[1:3] = [10, 20]
4 print(mylist)

[100, 2, 3, 4]
[100, 10, 20, 4]
```

문제 해결의 언어, Python

- **삭제**: del 키워드를 사용해 특정 인덱스의 요소를 삭제하거나, 슬라이싱으로 여러 요소를 제거할 수 있다.

```
1 print(f'삭제 전 리스트: {mylist}')
2 del mylist[2]
3 print(f'삭제 후 리스트: {mylist}')

삭제 전 리스트: [100, 10, 20, 4]
삭제 후 리스트: [100, 10, 4]
```

**다중 리스트**  다중 리스트는 리스트 안에 또 다른 리스트를 포함하는 자료 구조로, 복잡한 데이터 구조를 간단히 표현할 수 있다. 이러한 중첩 리스트는 데이터의 계층적 표현에 매우 유용하며, 다차원 데이터나 트리 구조 등을 다룰 때 자주 활용된다. 다음의 예시를 통하여 다중 리스트를 이해해보자.

```
1 # 다중 리스트 생성
2 mylist = ['가', '나', ['A', 'B', [1, 2, 3]]]
3 print(mylist)
4
5 # 리스트 요소 확인
6 print(f'mylist[2] = {mylist[2]}')
7 print(f'mylist[2][0] = {mylist[2][0]}')
8 print(f'mylist[2][2] = {mylist[2][2]}')
9 print(f'mylist[2][2][2]) = {mylist[2][2][2]}')

['가', '나', ['A', 'B', [1, 2, 3]]]
mylist[2] = ['A', 'B', [1, 2, 3]]
mylist[2][0] = A
mylist[2][2] = [1, 2, 3]
mylist[2][2][2]) = 3
```

- **기본 리스트**: mylist는 3개의 주요 요소를 가진 리스트이다.

  ☑ **첫 번째 요소**: '가'

  ☑ **두 번째 요소**: '나'

  ☑ **세 번째 요소**: 또 다른 리스트 ['A', 'B', [1, 2, 3]]

- **중첩 리스트**: mylist[2]는 리스트 안의 리스트로, 다시 세 개의 요소를 가진다.

  ☑ **첫 번째 요소**: 'A'

  ☑ **두 번째 요소**: 'B'

☑ **세 번째 요소**: [1, 2, 3]라는 또 다른 리스트

- **다중 인덱싱**: 리스트 안에 있는 요소를 접근할 때 여러 단계의 인덱싱을 사용한다.
  ☑ mylist[2][0]는 'A'에 접근.
  ☑ mylist[2][2][2]는 [1, 2, 3]의 세 번째 요소인 3에 접근.

리스트의 크기를 초과한 인덱스에 접근하면 IndexError가 발생하므로 주의해야 한다. 또한 중첩이 깊어질수록 코드를 이해하고 관리하기 어려울 수 있으므로 적절한 설계를 위한 사고력이 필요하다.

**리스트 연산**  덧셈 연산을 사용하여 2개의 리스트를 합칠 수 있으며, 곱셈 연산을 적용하여 리스트의 내용을 반복할 수 있다.

```
1 mylist1 = [1, 2]
2 mylist2 = [3, 4]
3 print(f'리스트 합치기: mylist1 + mylist2 = {mylist1 + mylist2}')
4 print(f'리스트 반복: mylist1 * 2 = {mylist1 * 2}')

리스트 합치기: mylist1 + mylist2 = [1, 2, 3, 4]
리스트 반복: mylist1 * 2 = [1, 2, 1, 2]
```

리스트는 단순한 데이터 저장을 넘어, 데이터를 체계적으로 관리하고, 유연하게 조작할 수 있는 도구다. 데이터를 다루는 과정에서 리스트의 기능을 충분히 활용하면 효율적인 코드 작성과 문제 해결이 가능하다. 리스트는 Python 프로그래밍의 기초이자, 더 복잡한 자료구조를 이해하기 위한 중요한 출발점이다. Python의 강력한 리스트 기능을 통해 더욱 창의적이고 효과적으로 문제를 해결해보자!

## ② 튜플

튜플(tuple)은 파이선의 기본 자료형 중 하나로, 리스트와 유사하면서도 고유한 특징을 가진다. 리스트와 달리, 튜플은 생성된 이후 값을 변경할 수 없으며, 읽기 전

용 데이터를 저장하거나 데이터의 불변성을 보장해야 할 때 유용하다. 튜플은 코드의 가독성을 높이고, 데이터를 안전하게 보호하며, 속도와 메모리 효율성에서 장점을 제공한다.

**튜플의 기본 개념**　리스트와의 대표적 차이점은 리스트는 [ ]으로 감싸지만, 튜플은 ( )으로 감싼다. 리스트는 값을 생성, 삭제, 수정할 수 있지만 튜플은 불가능하다.

- ☑ **불변성**: 생성된 튜플은 수정이 불가능하여, 읽기 전용 데이터 저장에 적합하다.
- ☑ **가독성과 안전성**: 데이터가 변경되지 않는다는 점에서 가독성과 안전성을 보장한다.
- ☑ **문법**: mytuple =( 요소1, 요소2, ..., 요소n )

**튜플 생성**　튜플은 리스트와 유사하지만, 불변(Immutable) 성질을 가지는 자료형이다. 데이터를 안전하게 보관하고 변경되지 않도록 해야 할 때 유용하다. 다양한 방식으로 튜플을 생성할 수 있으며, 아래 예제에서 그 활용법을 살펴보자.

- **빈 튜플 생성**: 값이 없는 빈 튜플을 생성하려면 소괄호( )를 사용한다.

```
1 # 빈 튜플 생성
2 tuple_1 = ()
3 print(tuple_1)
```

```
()
```

- **하나의 값만 가지는 튜플 생성**: 튜플에 하나의 값만 포함하려면 값 뒤에 반드시 쉼표 ,를 추가해야 한다. 쉼표가 없으면 단일 값으로 간주된다.

```
1 # 하나의 값을 가지는 튜플
2 tuple_2 = (1, )
3 print(tuple_2)
```

```
(1,)
```

- **문자열로 구성된 튜플 생성**: 튜플은 다양한 데이터 타입의 요소를 포함할 수 있

다. 예를 들어, 문자열로 구성된 튜플을 생성할 수 있다.

```
1 # 문자열로 구성된 튜플
2 tuple_3 = ('파이썬', '자바', '엔트리')
3 print(tuple_3)
```

```
('파이썬', '자바', '엔트리')
```

- **괄호를 생략한 튜플 생성**: 튜플을 정의할 때 소괄호를 생략해도 동일한 결과를 얻을 수 있다. 그러나 가독성을 위해 일반적으로 괄호를 사용하는 것이 권장된다.

```
1 # 괄호를 생략한 튜플
2 tuple_4 = '파이썬', '자바', '엔트리'
3 print(tuple_4)
```

```
('파이썬', '자바', '엔트리')
```

- **튜플 안에 또 다른 튜플 포함**: 튜플은 리스트와 마찬가지로 중첩 구조를 지원한다. 튜플 안에 또 다른 튜플이나 다양한 자료형을 포함할 수 있다.

```
1 # 튜플 안에 튜플 포함
2 tuple_5 = (1, '파이썬', (2, '코딩', 3))
3 print(tuple_5)
```

```
(1, '파이썬', (2, '코딩', 3))
```

튜플은 리스트와 비교해 불변성이라는 독특한 속성을 가지며, 데이터를 안전하게 관리하고 성능을 최적화할 수 있는 중요한 자료형이다.

**튜플 요소 삭제 및 수정 기능** 튜플은 값을 변경할 수 없으므로 요소 삭제와 같은 작업은 지원되지 않는다. 하지만, 리스트로 변환하여 수정 후 다시 튜플로 변환하는 방식으로 간접적으로 수정이 가능하다

```
1 # 리스트 변환 후 수정
2 mytuple = ('가', '나', '다', '라')
3 print(f'생성 튜플: {mytuple}')
4 temp = list(mytuple)
5 del temp[2]  # 인덱스 번호 2의 값 삭제
6 mytuple = tuple(temp)
7 print(f'요소 삭제 튜플: {mytuple}')

생성 튜플: ('가', '나', '다', '라')
요소 삭제 튜플: ('가', '나', '라')
```

**튜플 연산**   튜플은 다음의 연산이 가능하다.

- ☑ **튜플 합치기**: + 연산자를 사용하여 두 튜플을 결합할 수 있다.
- ☑ **튜플 반복**: * 연산자를 사용하여 튜플을 반복할 수 있다.
- ☑ **튜플 비교**: 요소 간 크기 비교가 가능하며, 사전 순서를 기준으로 값을 비교한다.

```
1 # 튜플 연산 예제
2 t1 = (2, 4, 6)
3 t2 = (1, 3, 7)
4 print(f'튜플 합치기: t1 + t2 = {t1 + t2}')
5 print(f'튜플 반복: t1 * 3 = {t1 * 3}')
6 print(f'튜플 비교: t1 < t2 = {t1 < t2}')

튜플 합치기: t1 + t2 = (2, 4, 6, 1, 3, 7)
튜플 반복: t1 * 3 = (2, 4, 6, 2, 4, 6, 2, 4, 6)
튜플 비교: t1 < t2 = False
```

튜플은 ==, !=, <, >, <=, >=와 같은 비교 연산자를 사용할 수 있다. 각 요소를 앞에서부터 순차적으로 비교하며, 첫 번째로 다른 값을 발견하는 즉시 비교를 종료한다. 위의 예시에서 2와 1을 비교하면 2가 크므로 t1 < t2의 비교에서 바로 False를 반환하고 비교를 멈춘다. 튜플 비교는 단순히 값의 크기를 비교하는 것을 넘어, 데이터 정렬 및 관리에서 강력한 도구로 활용된다. 이를 이해하고 활용하면 데이터 처리의 효율성과 정확성을 크게 높일 수 있다.

튜플은 데이터의 불변성을 보장함으로써 코드의 신뢰성을 높이는 강력한 도

구다. 읽기 전용 데이터가 필요한 상황이나 성능 최적화를 고려할 때, 튜플은 최고의 선택이 될 수 있다.

## ③ 딕셔너리

딕셔너리는 Python의 데이터 구조 중 가장 유연하고 강력한 기능을 제공하는 자료형 중 하나다. 이는 Key-Value 쌍을 사용하여 데이터를 저장하고 관리하며, 효율적인 데이터 검색과 조작을 가능하게 한다. 아래에서는 딕셔너리의 개념, 생성 방법, 주요 기능, 그리고 다양한 연산을 통해 딕셔너리가 어떻게 활용되는지 살펴본다.

**딕셔너리의 개념**　　딕셔너리는 Key-Value 기반으로 작동하는 Python의 가장 중요한 데이터 구조 중 하나로, 데이터의 연결성과 관계를 표현하는 데 최적화되어 있다. 데이터를 단순히 저장하는 데 그치지 않고, 의미를 부여하고 효율적인 관리를 가능하게 한다는 점에서 다른 자료형과 차별화된다.

- ✔ **Key-Value 구조**: 데이터를 Key와 Value의 쌍으로 저장하며, Key를 통해 Value에 빠르게 접근할 수 있다. Key는 유일해야 하며, 불변 자료형(문자열, 숫자, 튜플 등)이어야 한다. 그러나 튜플 내부에 리스트가 포함되면 Key로 사용할 수 없다.
- ✔ **빠른 데이터 검색**: 딕셔너리는 내부적으로 해시(Hashing) 구조를 사용해 데이터를 저장하므로, 검색 속도가 매우 빠르다.
- ✔ **mydictionary 변수 선언 이후 생성 문법**: mydictionary[Key] = Value
- ✔ **주의 사항**: 리스트와 같은 변경 가능한 자료형을 Key로 사용할 수 없다.

**딕셔너리 생성**　　딕셔너리는 {}를 사용하거나, dict() 함수를 통해 생성할 수 있다.

```
1 dic1 = {"key1": "value1", "key2": "value2"}
2 print(f'변수 dic1의 자료형: {type(dic1)}')
3 print(dic1)

변수 dic1의 자료형: <class 'dict'>
```

문제 해결의 언어, Python

```
{'key1': 'value1', 'key2': 'value2'}
```

```
1 dic2 = dict(key1="value1", key2="value2")
2 print(f'변수 dic2의 자료형: {type(dic2)}')
3 print(dic2)
```

```
변수 dic2의 자료형: <class 'dict'>
{'key1': 'value1', 'key2': 'value2'}
```

## 딕셔너리의 주요 기능

- **요소 추가**: 딕셔너리에서 새로운 요소를 추가하려면 Key를 지정하여 값을 할당한다.

```
1 dic = {}
2 dic["name"] = "Harry Portter"
3 print(dic)
```

```
{'name': 'Harry Portter'}
```

- **요소 삭제**: del을 사용하면 Key를 지정하여 특정 요소를 삭제하거나, clear() 메서드를 사용해 모든 요소를 삭제할 수 있다. 문법은 다음과 같다.

  del mydictionary[Key]

  mydictionary.clear()

```
1 dic = { 1:"Harry Portter", 2:"Lord of the Rings",
2         3:"The Chronicles of Narnia"}
3 print(dic)
4 del dic[2]
5 print(dic)
6 dic.clear()
7 print(dic)
```

```
{1: 'Harry Portter', 2: 'Lord of the Rings', 3: 'The Chronicles of Narnia'}
{1: 'Harry Portter', 3: 'The Chronicles of Narnia'}
{}
```

- **요소 확인**: 특정 Key를 통해 Value를 가져온다.

```
1 dic = { 1:"Harry Portter", 2:"Lord of the Rings",
2          3:"The Chronicles of Narnia"}
3 print(dic[3])

The Chronicles of Narnia
```

- **Key 값과 Value 값 추출**: 딕셔너리의 Key 값 및 Value 값을 추출하여 리스트를
  생성한다. items()를 사용하여 Key와 Value를 함께 추출하여 튜플로 구성하고,
  전체를 리스트로 생성할 수 있다.

```
1 # 딕셔너리 생성
2 food_dict = {
3     "fruit": "apple",
4     "vegetable": "carrot",
5     "meat": "chicken",
6     "bread": "baguette"
7 }
8
9 # Key 추출
10 keys = food_dict.keys()
11 print("Keys: ", list(keys))
12
13 # Value 추출
14 values = food_dict.values()
15 print("Values: ", list(values))
16
17 # Key와 Value를 함께 추출
18 items = food_dict.items()
19 print("Items: ", list(items))

Keys:  ['fruit', 'vegetable', 'meat', 'bread']
Values:  ['apple', 'carrot', 'chicken', 'baguette']
Items:  [('fruit', 'apple'), ('vegetable', 'carrot'), ('meat', 'chicken'), ('bread', 'baguette')]
```

- **Key 존재 여부 확인**: in 연산자를 사용해 Key의 존재 여부를 확인할 수 있다.

```
1 print('meat' in food_dict)
2 print('drink' in food_dict)

True
False
```

문제 해결의 언어, Python

- **딕셔너리 연결(Concatenation)**: 두 개의 딕셔너리를 연결하려면 update() 메서드를 사용하거나 **를 각각의 딕셔너리 앞에 표시하여 활용할 수 있다. 이때 동일한 키가 두 딕셔너리에 존재할 경우, 후자의 값이 우선한다.

```python
1 dict1 = {"fruit": "apple", "vegetable": "carrot"}
2 dict2 = {"meat": "chicken", "bread": "baguette"}
3
4 # 딕셔너리 연결
5 dict1.update(dict2)
6 print(dict1)
```

```
{'fruit': 'apple', 'vegetable': 'carrot', 'meat': 'chicken', 'bread': 'baguette'}
```

```python
1 dict1 = {"fruit": "apple", "vegetable": "carrot"}
2 dict2 = {"meat": "chicken", "bread": "baguette"}
3
4 # 딕셔너리 연결
5 dict3 = {**dict1, **dict2}
6 print(dict3)
```

```
{'fruit': 'apple', 'vegetable': 'carrot', 'meat': 'chicken', 'bread': 'baguette'}
```

- **딕셔너리 반복(Repetition)**: 딕셔너리는 리스트처럼 곱셈 연산(*)을 사용할 수는 없다. 하지만 아래와 같은 방식으로 반복하여 Value값을 적용하는 결과를 얻을 수 있다.

```python
1 base_dict = {"fruit": "apple"}
2 repeat_count = 3
3
4 # 반복적으로 딕셔너리 확장
5 repeated_dict = {f"fruit_{i+1}": "apple" for i in range(repeat_count)}
6 print(type(repeated_dict))
7 print(repeated_dict)
```

```
<class 'dict'>
{'fruit_1': 'apple', 'fruit_2': 'apple', 'fruit_3': 'apple'}
```

딕셔너리는 데이터를 체계적이고 효율적으로 관리하기 위한 도구로, Python 프로그래밍에서 필수적인 자료형이다. Key와 Value의 유연한 조합을 통해 데이터의 관계를 표현하고, 빠른 검색 및 수정 작업을 지원한다. 딕셔너리를 효과적으로 활용하면 데이터 처리 속도를 높이고, 복잡한 문제를 단순화할 수 있다.

## 4 세트

세트(Set)는 Python에서 중복을 허용하지 않고, 순서가 없는 데이터 구조를 제공하는 자료형이다. 데이터의 고유성을 보장하거나, 집합 연산(합집합, 교집합, 차집합 등)을 수행할 때 매우 유용하다. 리스트나 딕셔너리와 다르게 세트는 순서가 없으므로 인덱싱이 불가능하지만, 빠른 검색과 중복 제거에서 탁월한 성능을 제공한다.

**세트의 개념**　세트는 중복되지 않은 고유한 값을 저장하는 자료형이다. 세트의 특징은 다음과 같다.

- ☑ 순서가 없어서 인덱싱과 슬라이싱이 불가능.
- ☑ 중복된 값을 자동으로 제거.
- ☑ 다양한 집합 연산을 지원.

세트의 대표적 활용 목적은 다음과 같다.

- ☑ 데이터 중복 제거.
- ☑ 두 데이터 집합 간의 관계 계산(합집합, 교집합 등).

**세트의 생성**　세트는 중괄호 { }를 사용하거나 set() 함수를 통해 생성한다.

```
1 fruits = {"apple", "banana", "cherry"}
2 print(type(fruits))
3 print(fruits)
```

```
<class 'set'>
{'banana', 'apple', 'cherry'}


 1 empty_set = set()
 2 print(type(empty_set))
 3 print(empty_set)

<class 'set'>
set()
```

또는 다음과 같이 리스트나 문자열로부터 세트 생성이 가능하다. 중복된 자료는 제외되며, 순서 또한 임의 구성되는 것을 확인할 수 있다.

```
 1 numbers = set([1, 2, 2, 3, 4, 4, 5])
 2 print(f'리스트로부터 세트 생성; {numbers}')
 3
 4 chars = set("banana")
 5 print(f'문자열로부터 세트 생성; {chars}')

리스트로부터 세트 생성; {1, 2, 3, 4, 5}
문자열로부터 세트 생성; {'n', 'b', 'a'}
```

**세트의 주요 기능**   세트는 데이터를 동적으로 추가하거나 삭제하고, 중복을 자동으로 제거하며, 빠른 검색 기능을 제공한다.

• **요소 추가**: add() 사용.

```
 1 my_set = {1, 2, 3}  # 요소 추가
 2 my_set.add(4)
 3 print(my_set)

{1, 2, 3, 4}
```

• **요소 제거**: remove() 사용.

```
1 my_set.remove(2)  # 특정 요소 제거
2 print(my_set)
```

{1, 3, 4}

- **중복 제거**: 리스트의 중복 제거에 활용.

```
1 data = [1, 1, 2, 2, 3, 4]
2 unique_data = set(data)    # 중복 제거
3 print(unique_data)
```

{1, 2, 3, 4}

- **요소 존재 여부 확인**: in을 활용.

```
1 print(my_set)
2 print(3 in my_set)  # 요소 존재 여부 확인
3 print(5 in my_set)
```

{1, 3, 4}
True
False

**세트 연산**    세트는 수학의 집합처럼 합집합, 교집합, 차집합 등의 연산을 간단히 수행할 수 있다.

- **합집합**(Union): | 기호 사용.

```
1 # 합집합
2 set_a = {1, 2, 3}
3 set_b = {3, 4, 5}
4 print(set_a | set_b)
```

{1, 2, 3, 4, 5}

- **교집합**(Intersection): & 기호 사용.

문제 해결의 언어, Python

```
1 # 교집합
2 print(set_a & set_b)
```

{3}

- **차집합(Difference)**: - 기호 사용.

```
1 # 차집합
2 print(set_a - set_b)
```

{1, 2}

- **대칭 차집합(Symmetric Difference)**: ^ 기호 사용.

```
1 # 대칭 차집합
2 print(set_a ^ set_b)
```

{1, 2, 4, 5}

세트는 중복을 제거하고 집합 연산을 효율적으로 수행하는 데 최적화된 자료형이다. 순서가 없는 데이터 집합을 다루거나, 대량의 데이터에서 고유값을 추출하고 관계를 계산해야 할 때 매우 유용하다. 이를 통해 Python의 데이터 처리 능력을 더욱 강력하게 활용할 수 있다.

# 04 | 자료형 변환

프로그래밍에서 데이터의 일관성과 유연성을 유지하는 핵심은 자료형 변환이다. Python은 다양한 자료형을 지원하며, 서로 다른 자료형 간의 변환을 통해 데이터 처리와 문제 해결의 범위를 넓혀준다. 자료형 변환은 데이터를 더 적절한 형태로 만들어 연산을 수행하거나, 데이터를 직관적이고 유용하게 표현하기 위해 필수적이다.

## 1 형 변환 개념

형 변환이란 하나의 자료형을 다른 자료형으로 바꾸는 과정을 의미한다. 이는 데이터가 다양한 연산이나 저장 요구에 맞춰 활용될 수 있도록 돕는다. 예를 들어, 사용자의 입력 데이터를 처리하기 위해 문자열을 정수로 변환하거나, 숫자 데이터를 문자열로 변환하여 직관적으로 출력하는 경우가 있다.

자료형 변환은 크게 명시적 변환과 암시적 변환으로 나뉘며, Python은 이 두 가지 방법을 모두 지원한다. 이를 통해 프로그래머는 다양한 데이터 구조를 다룰 수 있고, 오류를 최소화하며 프로그램의 유연성을 높일 수 있다.

## 2 다양한 형 변환

**명시적 변환** 명시적 변환은 프로그래머가 직접 자료형 변환을 명령하는 방식이다. Python은 주요 변환 함수들을 제공하여 이를 간단하게 수행할 수 있다.

문제 해결의 언어, Python

- **주요 변환 함수**
  - ☑ int(): 문자열이나 실수를 정수로 변환.
  - ☑ float(): 정수나 문자열을 실수로 변환.
  - ☑ str(): 숫자나 다른 객체를 문자열로 변환.
  - ☑ **bool()**: 값을 불리언(True/False)으로 변환.

  예시 코드는 다음과 같다.

```
1 # 명시적 변환
2 num_str = "123"
3 num_int = int(num_str)  # 문자열을 정수로 변환
4 print(f'num_int의 자료형: {type(num_int)}')
5 print(f'num_int의 값: {num_int}')
6
7 value = 3.14
8 value_str = str(value)  # 실수를 문자열로 변환
9 print(f'value_str의 자료형: {type(value_str)}')
10 print(f'value_str의 값: {value_str}')
11
12 flag = bool(0)  # 숫자 0은 False로 변환
13 print(f'flag의 자료형: {type(flag)}')
14 print(f'flag의 값: {flag}')

num_int의 자료형: <class 'int'>
num_int의 값: 123
value_str의 자료형: <class 'str'>
value_str의 값: 3.14
flag의 자료형: <class 'bool'>
flag의 값: False
```

**암시적 변환**   암시적 변환은 Python이 자동으로 수행하는 변환 방식으로, 데이터 연산 중 자료형 간의 충돌을 방지하기 위해 발생한다. 주로 작은 범위의 자료형에서 큰 범위의 자료형으로 변환된다.

- **주요 예시**
  - ☑ **정수와 실수의 연산**: 정수가 실수로 암시적 변환.
  - ☑ **불리언의 정수 처리**: True는 1, False는 0으로 암시적 변환.

예시 코드는 다음과 같다.

```
 1 # 암시적 변환
 2 result = 5 + 2.0  # 정수와 실수의 연산
 3 print('int와 float 연산: ', type(result), result)
 4
 5 is_active = True
 6 total = is_active + 5  # True는 1로 변환되어 연산
 7 print('bool과 int 연산: ', type(total), total)

int와 float 연산:  <class 'float'> 7.0
bool과 int 연산:  <class 'int'> 6
```

**리스트와 튜플 간 변환**  Python에서는 리스트와 튜플 간 변환을 통해 데이터의 구조적 활용이 가능하다.

✔ list(): 튜플을 리스트로 변환.

✔ tuple(): 리스트를 튜플로 변환.

예시 코드는 다음과 같다.

```
 1 # 리스트와 튜플 변환
 2 numbers = [1, 2, 3]
 3 print(numbers, end='->')
 4 num_tuple = tuple(numbers)
 5 print('리스트를 튜플로 변환', num_tuple)
 6
 7 names = ('Alice', 'Bob', 'Charlie')
 8 print(names, end='->')
 9 names_list = list(names)
10 print('튜플을 리스트로 변환', names_list)

[1, 2, 3]->리스트를 튜플로 변환 (1, 2, 3)
('Alice', 'Bob', 'Charlie')->튜플을 리스트로 변환 ['Alice', 'Bob', 'Charlie']
```

**문자열과 컬렉션 변환**  문자열을 split()을 사용하여 리스트로 변환하거나, 리스

문제 해결의 언어, Python

트를 join()을 사용하여 문자열로 결합하여 데이터 표현을 다양화할 수 있다. 예시 코드는 다음과 같다.

```python
1 # 문자열과 리스트 변환
2 text = "Python is fun"
3 print(text, end='->')
4 words = text.split()
5 print('문자열을 리스트로 변환', words)
6
7 sentence = ' '.join(words)
8 print(words, end='->')
9 print('리스트를 문자열로 변환', sentence)
```

```
Python is fun->문자열을 리스트로 변환 ['Python', 'is', 'fun']
['Python', 'is', 'fun']->리스트를 문자열로 변환 Python is fun
```

**딕셔너리 키와 값 변환**  앞서 딕셔너리에서 공부한 것과 같이 딕셔너리의 키와 값을 리스트나 튜플로 변환하여 다양한 연산과 조작을 할 수 있다.

```python
1 # 딕셔너리의 키와 값 변환
2 my_dict = {'name': 'Alice', 'age': 25, 'city': 'Seoul'}
3 keys = list(my_dict.keys())
4 values = tuple(my_dict.values())
5 print('Key를 리스트로 변환: ', keys)
6 print('Value를 튜플로 변환: ', values) # 출력: ('Alice', 25, 'Seoul')
```

```
Key를 리스트로 변환:  ['name', 'age', 'city']
Value를 튜플로 변환:  ('Alice', 25, 'Seoul')
```

**변환 시 주의할 점**  형 변환 과정에서 주의해야 할 사항은 변환할 수 없는 값을 변환하려는 것이다. 예를 들어, int()는 소수점을 포함한 문자열을 변환할 수 없다. 오류 발생으로 인한 종료 상황을 피하기 위해서는 다음과 같이 try-except를 활용할 수 있다.

```python
1 try:
2     num = int("3.14")  # float를 int로 변환 시도
3 except ValueError:
```

```
4     print("정수로 변환할 수 없는 값입니다.")
```
정수로 변환할 수 없는 값입니다.

　　자료형 변환은 데이터를 더욱 유연하게 다루기 위한 필수적인 도구다. Python의 명시적 변환과 암시적 변환 기능을 잘 이해하면, 데이터 처리와 분석에서 더욱 풍부한 활용이 가능하다. 자료형 변환은 단순한 기능이 아니라, 데이터의 본질을 깊이 이해하고 적절히 다루는 프로그래밍 사고의 핵심이다.

자료형은 프로그래밍에서 가장 기본적인 개념이지만, 단순히 학습으로 끝나는 것이 아니라 현실의 문제를 해결하는 데 사용될 때 그 진정한 가치를 발휘한다. 자료형은 데이터를 구조화하고 효율적으로 관리하며, 복잡한 문제를 체계적으로 해결하는 데 필수적인 도구다. 우리가 사용하는 소셜 미디어의 사용자 데이터, 금융 애플리케이션의 계좌 정보, 온라인 쇼핑몰의 상품 카테고리 관리까지도 모두 자료형의 활용으로 이루어진다.

Python 자료형을 학습하고 실제로 코딩해보는 과정은 단순한 문법 습득이 아니라, 컴퓨팅 사고력을 키우는 중요한 단계다. 이를 통해 데이터의 특성을 파악하고, 상황에 맞는 자료형을 선택하며, 데이터를 조작하고 변환하는 능력을 기르게 된다. 이는 단순히 코드 작성에서 그치는 것이 아니라, 데이터 중심의 문제 해결 능력을 갖추는 것을 의미한다.

이제 학습한 내용을 바탕으로, 자료형이 우리의 삶에서 어떻게 활용될 수 있는지 직접 체험해보자. 데이터를 Python 자료형으로 저장하고 조작하며, 이를 통해 실질적인 문제를 해결하는 과정을 경험하는 것이다. 예를 들어, 내가 좋아하는 것들을 Python 자료형으로 표현하는 작업을 통해, 자료형이 데이터를 관리하고 조직화하는 데 어떤 강력함을 지니는지 체감할 수 있을 것이다.

**내가 좋아하는 것들(My Favorite)을 Python 자료형으로 만들어 보자!**　일상 속 데이터를 Python 자료형으로 저장하고 처리하는 것은 프로그래밍을 배우는 첫걸음이 될 수 있다. 좋아하는 책, 노래, 음식, 그리고 해야 할 일을 Python의 다양한 자료형으로 정리하여 프로그램을 만들어 보자. 이를 통해 자료형의 특성과 사용법을 깊이 이해할 수 있을 것이다. 학습한 내용을 다음의 문제 상황 해결을 위하여 적용해보자.

1. 가장 좋아하는 책 제목을 입력받아 문자열로 저장.
2. 좋아하는 노래를 5곡 이상 입력받아 리스트로 저장.
3. 오늘 해야 할 일을 3가지 입력받아 튜플로 저장.
4. 좋아하는 한식, 중식, 일식, 양식, 분식 메뉴를 각각 입력받아 딕셔너리로 저장.
5. 각각의 데이터를 출력한 후, 모든 데이터를 결합해 하나의 my_favorites 문자열로 생성하고 출력.

실행 예시는 다음과 같다. 자신만의 데이터로 스스로 구성하여 멋진 my_favorites를 작성해보자!

```
가장 좋아하는 책의 제목을 입력하세요: 해리 포터
좋아하는 노래 5곡을 쉼표로 구분해 입력하세요: Dynamite, Butter, Love Dive, Pink
Venom, Next Level
오늘 해야 할 일을 3가지 입력하세요 (쉼표로 구분): 운동하기, 과제하기, 독서하기
좋아하는 한식 메뉴: 김치찌개
좋아하는 중식 메뉴: 짜장면
좋아하는 일식 메뉴: 초밥
좋아하는 양식 메뉴: 파스타
좋아하는 분식 메뉴: 떡볶이

--- 개별 데이터 출력 ---
가장 좋아하는 책: 해리 포터
좋아하는 노래 목록: Dynamite, Butter, Love Dive, Pink Venom, Next Level
오늘 해야 할 일: 운동하기, 과제하기, 독서하기
좋아하는 음식:
 - 한식: 김치찌개
 - 중식: 짜장면
 - 일식: 초밥
 - 양식: 파스타
 - 분식: 떡볶이

--- my_favorites ---
책: 해리 포터
노래: Dynamite, Butter, Love Dive, Pink Venom, Next Level
해야 할 일: 운동하기, 과제하기, 독서하기
음식: 한식(김치찌개), 중식(짜장면), 일식(초밥), 양식(파스타), 분식(떡볶이)
```

이러한 결과를 위하여 자료형을 어떻게 구성하고, 어떻게 처리해야 하는지 충분히 생각해보자. 자료형은 단순히 데이터를 저장하는 도구가 아니다. 이는 데이

터를 다루는 새로운 관점을 제시하며, 삶의 복잡한 문제를 체계적으로 풀어가는 방법을 알려준다. 학습한 내용을 직접 적용하고 Python으로 구현하며, 문제 해결력을 키우는 새로운 도전을 시작해보자.

## 🎯 도전 과제

튜플, 딕셔너리, 형변환을 위한 자신만의 문제해결을 위하여 다음 도전에 참여하자!

### 생각하기 1: 여행 가방 넣을 물건 명단 작성!

여행 가방을 싸는 순간은 설렘과 고민의 연속이다. "음… 여행지에서 무엇을 쓸까?"라고 생각하며 물건을 고르고 가방에 넣기 시작한다. 하지만 출발 후에야 "아! 이걸 넣었어야 했는데!" 하며 후회하기 일쑤다.

여기서 잠깐! 가방에 넣은 물건은 출발 후에는 변경할 수 없으니, 고정된 자료형인 튜플이 가장 적합하다. 튜플은 한 번 정하면 내용을 바꿀 수 없는 특성이 있어, 마치 여행 가방에 넣은 물건처럼 신중하게 계획한 목록을 표현하기에 안성맞춤이다.

### 생각하기 2: 크리스마스 선물 고르기 너무 힘드네……

크리스마스가 다가오면 선물 고르기라는 크나큰 고민이 시작된다. "엄마는 뭘 좋아하시더라? 아빠는 올해 특별한 걸 원하실까? 동생은 또 게임을 말할 테고, 룸메이트는 커피? 아니면 초콜릿?" 선물 리스트를 머릿속에 떠올리다 보면 머리가 지끈거린다. 이렇게 각자 맞춤형 선물이 필요할 때는 딕셔너리(Dictionary)가 제격이다! 딕셔너리는 "키"와 "값"으로 구성되어 있어, 선물을 줄 사람(키)과 선물의 종류(값)를 간단하고 깔끔하게 정리할 수 있다.

딕셔너리로 관리하면 나중에 선물을 변경하거나 추가하는 것도 매우 쉽다. 딕셔너리는 이렇게 각자에게 맞는 선물을 정리하기에 완벽하다. 크리스마스 준비도 효율적으로 끝내고, 고민 없이 따뜻한 마음을 전할 준비를 해보자! 이제 여러분만의 크리스마스 선물 딕셔너리를 Python으로 만들어보자!

'영화 리뷰를 정리하다 보니, 평점이 숫자가 아닌 문자로 되어 있고 리뷰 내용은 텍스트로 되어 있네. 그런데 평균 평점을 구하려니 숫자로 형변환이 필요하겠군! 또, 저장하기 전에 텍스트 형식으로 모두 변환해야 할 필요도 있을 것 같아! 잘못된 형식의 문자열을 숫자로 변환하려 하면 오류가 날 테니 조심해야겠군!'

이런 상황에서 자료형 변환이 필요하다. 어떤 식의 자료형 변환을 적용하여 주어진 문제를 해결할 수 있는지 스스로 생각해보자.

이제 여러분의 컴퓨팅 사고력을 발휘해볼 차례다. 튜플, 딕셔너리, 자료형 변환과 같은 Python의 강력한 도구를 활용하여 일상의 문제를 해결하는 경험을 통해, 단순한 프로그래밍 이상의 통찰을 얻어보자. 자료형은 단지 데이터를 저장하는 방법이 아니라, 문제를 바라보는 새로운 관점과 효율적인 해결책을 제시한다.

이제 학습한 내용을 바탕으로 자신의 문제를 정의하고 해결해보는 도전에 나서보자. 여행 가방 명단, 크리스마스 선물 리스트, 영화 리뷰 데이터 정리와 같은 주제는 단지 시작일 뿐이다. Python과 함께라면 복잡한 문제도 체계적으로 풀어내는 즐거움을 느낄 수 있다. 여러분만의 창의적인 해답을 만들어 가며, 문제 해결의 새로운 길을 열어보자!

Python에서의 변수와 자료형은 단순한 데이터 저장 도구를 넘어, 문제를 효율적으로 해결하기 위한 강력한 도구다. 우리는 변수와 자료형의 기본 개념에서 출발해, 기본 자료형, 복합 자료형, 그리고 자료형 변환까지 폭넓은 학습을 통해 자료형의 본질과 활용을 탐구했다. 변수는 데이터를 저장하고 접근하는 기본 단위로, 다양한 자료형을 담을 수 있다. 자료형은 데이터의 특성을 정의하며, 이를 올바르게 이해하고 활용하는 것은 코딩의 기초이자 핵심이다. 숫자, 문자열, Boolean 등의 기본 자료형을 통해 단순한 데이터 표현과 처리 방법을 배웠다. 숫자는 수학적 연산을, 문자열은 텍스트 데이터를, Boolean은 논리적 판단을 가능하게 했다. 특히 Python의 유연한 자료형 시스템은 다양한 방식으로 데이터를 다룰 수 있게 해준다. 리스트, 튜플, 딕셔너리, 세트 등 복합 자료형은 더 복잡하고 다양한 데이터를 효과적으로 저장하고 조작할 수 있는 도구다. 각 자료형은 고유의 특징과 사용 목적을 가지고 있어, 문제 상황에 맞는 적절한 선택이 필요하다. 리스트와 튜플은 순서가 있는 데이터 관리에, 딕셔너리는 키-값 구조를 활용한 효율적인 데이터 검색과 저장에, 세트는 중복 없는 데이터 관리에 탁월하다. 또한 다양한 자료형 간 변환은 데이터의 유연성을 극대화하며, 문제 해결의 폭을 넓힌다. 리스트를 튜플로, 문자열을 딕셔너리로 변환하는 등의 과정은 데이터 구조의 특성을 깊이 이해하게 만든다.

Python 자료형 학습은 단순히 프로그래밍 문법을 익히는 것에서 그치지 않는다. 이는 데이터를 바라보는 관점과 문제 해결을 위한 사고 방식을 확장시키는 과정이다. 자료형을 통해 데이터를 체계적으로 관리하고, 적절히 변환하며, 문제 해결에 필요한 정보를 효율적으로 활용할 수 있다. 일상에서 접하는 데이터를 Python 자료형으로 표현하고 다루는 연습을 통해 코딩을 일상화할 수 있다. 이는 데이터 중심의 문제 해결 사고력을 키우는 데 필수적이다. 이를 기반으로 한 창의적 데이터 조작은 새로운 문제를 해결하는 힘이 된다.

Python 자료형은 데이터 분석, 알고리즘 설계, 인공지능 등 심화 학습의 필수 요소다. 이번 단원을 통해 쌓은 기초는 미래 학습의 기반 마련하여 앞으로의 학습과 실무에 큰 밑거름이 될 것이다. 다음 단원에서는 자료형을 활용하여 Python의 명령문과 함께 더 정교한 데이터 처리 방법과 문제 해결 기법을 탐구할 예정이다. 지금까지 배운 내용을 반복적으로 연습하고, 각 자료형의 특징과 용도를 자신의 것으로 만들자. Python 자료형은 프로그래밍의 첫걸음일 뿐 아니라, 새로운 가능성을 열어가는 열쇠다.

3장

# 조건문

```
>>> num_list = [ 5, 10, 15 ]
>>> print( num_list [1] + 34)
44
>>> print( num_list)
[5, 10, 15]
```

Python

☑ 우리 일상은 수많은 선택과 판단으로 이루어진다. 오늘 날씨가 흐리다면 우산을 챙길지, 성적표를 보며 장학금을 목표로 할지와 같은 크고 작은 결정을 매 순간 내린다. 이처럼 조건에 따라 다른 행동을 선택하는 능력은 우리의 삶을 풍요롭게 하며, 프로그래밍 세계에서도 이와 같은 논리가 존재한다. 이를 구현하는 도구가 바로 조건문이다.

☑ 조건문은 프로그램이 특정 상황에서 어떤 결정을 내릴지 알려주는 제어 구조다. 예를 들어, 사용자가 입력한 숫자가 0보다 크면 "양수입니다"라는 메시지를 출력하고, 그렇지 않으면 "음수입니다"를 출력하는 상황을 생각해 보자. 이는 조건문을 활용해 프로그램이 다양한 상황에 맞는 결과를 도출하는 대표적인 사례다.

☑ 조건문은 단순히 코드를 실행하거나 멈추는 역할을 넘어서, 문제를 분석하고 해결하는 컴퓨팅 사고력의 핵심 요소와 밀접하게 연결되어 있어 프로그램에 유연성과 효율성을 더한다. 이를 통해 우리는 더욱 정교하고 복잡한 문제를 해결할 수 있다. 실생활에서 조건에 따라 행동을 결정하는 우리의 사고와 마찬가지로, 프로그래밍에서도 조건문은 문제 해결의 기본 도구가 된다.

☑ 이 단원에서는 조건문의 기본 개념과 필요성을 이해하며, 다양한 조건문 활용 방식을 배운다. 조건문이 프로그래밍에서 왜 중요한지, 어떻게 동작하는지, 그리고 이를 통해 어떤 문제를 해결할 수 있는지 탐구하며, 조건문을 중심으로 컴퓨팅 사고력을 키우고, 복잡한 문제를 해결하는 즐거움을 느낄 수 있다. 이제 조건문의 흥미로운 여정을 함께 시작해보자.

# 01 | 조건문의 개념

컴퓨터 프로그램은 순서대로 명령을 실행하는 단순한 구조에서 시작했지만, 현실 세계의 복잡한 문제를 해결하기 위해서는 단순한 순차 실행을 넘어 조건에 따라 다양한 선택을 할 수 있는 능력이 필요하다. 바로 이때 조건문이 등장한다. 조건문은 주어진 조건을 바탕으로 프로그램의 실행 흐름을 결정하는 도구다.

조건문은 우리가 일상에서 접하는 선택과 비슷하다. 예를 들어, "비가 오면 우산을 챙기고, 그렇지 않으면 그냥 외출한다"는 논리는 조건문의 본질과 같다. 프로그램이 주어진 조건이 참인지 거짓인지를 판단하고, 그 결과에 따라 다른 행동을 선택하도록 만드는 것이다. 조건문은 프로그래밍에서 단순히 명령어를 나열하는 것을 넘어 문제 해결을 위한 논리적 사고의 기초를 제공한다. 이를 통해 프로그램은 더욱 유연하고 효과적으로 동작하며, 다양한 상황에 적응할 수 있다. 조건문의 개념을 깊이 이해함으로써, 우리는 프로그래밍의 핵심 원리를 배우고 복잡한 문제를 해결하는 기반을 다질 수 있다.

## ❶ 조건문 이해

프로그램이 단순히 순차적으로 명령을 실행하는 구조를 넘어서, 상황에 맞는 판단과 결정을 내릴 수 있으려면 무엇이 필요할까? 바로 조건문이다. 조건문은 프로그램의 흐름을 제어하는 데 핵심 역할을 하며, 주어진 조건에 따라 실행 경로를 변경함으로써 프로그램이 더욱 유연하고 효율적으로 동작할 수 있도록 돕는다.

프로그램의 흐름을 제어하는 명령어는 크게 세 가지로 나눌 수 있다.

- **순차 제어(Sequential Control)**: 프로그램의 기본적인 실행 방식으로, 명령어가 위에서 아래로 순차적으로 실행된다. 이 방식은 조건이나 반복 없이 순서대로 작업을 수행하며, 가장 단순한 형태의 제어 구조다. 순차 제어의 기본적인 프로그램 흐름은 다음과 같다.

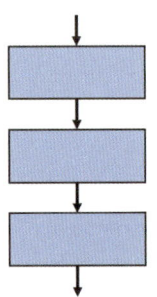

- **조건 제어(Conditional Control)**: 특정 조건이 참인지 거짓인지에 따라 실행 경로를 분기하는 제어 방식이다. 조건문을 통해 논리적 분기가 가능하며, 다양한 상황에 따라 다른 동작을 수행할 수 있다. 예를 들어, "비가 오면 우산을 쓰고, 그렇지 않으면 그냥 외출한다"는 논리를 프로그램으로 구현하면 조건문을 활용하게 된다. 조건 제어의 프로그램 가장 기본적인 흐름은 다음과 같다.

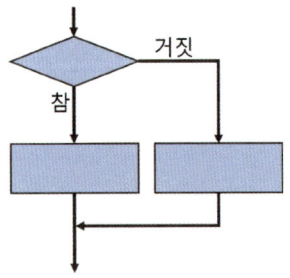

- **반복 제어(Repetition Control)**: 특정 조건이 참일 때 동일한 코드를 반복 실행하는 제어 구조다. 반복 제어는 반복의 종료 조건이 필수적으로 필요하며, 효율적인 작업 처리를 가능하게 한다. 반복 제어의 기본적인 프로그램 흐름은 다음과 같다.

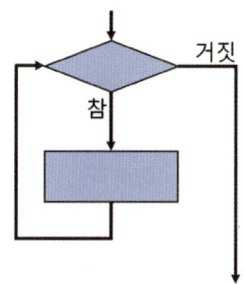

조건문은 선택문(Selection Statement), 분기문(Decision Statement), 또는 비교 판단문(Conditional Statement)이라고도 불리며, 주어진 조건을 평가한 결과에 따라 다른 동작을 수행한다. 이는 프로그램이 논리적 사고를 기반으로 작동할 수 있도록 돕는 핵심 도구다.

- **조건문을 통한 문제 해결**: 조건문은 다음과 같은 이유로 프로그램에서 필수적이다.
  - ☑ **유연성**: 조건에 따라 서로 다른 코드를 실행하여 프로그램이 다양한 상황에 적응할 수 있다.
  - ☑ **효율성**: 불필요한 작업을 생략하고 필요한 경우에만 작업을 수행한다.
  - ☑ **논리적 분기**: 주어진 조건이 참일 때와 거짓일 때 각각 다른 실행 경로를 설정한다.

- **실생활과 조건문**: 조건문은 우리의 일상과도 밀접한 관련이 있다. 예를 들어보자.
  - ☑ "배가 부르면 그만 먹는다."
  - ☑ "성적이 90점 이상이면 A 학점을 부여한다."
  - ☑ "정해진 시간 안에 작업을 완료하지 못하면 경고 메시지를 출력한다."

이처럼 조건문은 복잡한 상황을 단순화하고, 문제를 논리적으로 해결할 수 있는 기반을 제공한다.

조건문은 단순한 프로그램 구조를 넘어, 실제 문제를 해결하기 위한 사고력을 키우는 데 중요한 역할을 한다. 조건문의 기본적인 역할은 다음과 같다.

- ✔ 복잡한 문제를 작은 조건들로 나눠 해결한다.
- ✔ 조건에 따라 다른 작업을 수행하여 프로그램의 가독성과 유지보수를 용이하게 한다.
- ✔ 사용자 입력이나 외부 상황에 따라 동작을 변경할 수 있다.

조건문은 우리가 마주하는 문제를 더 쉽게 풀 수 있는 도구이며, 이를 이해하고 활용하는 것은 프로그래밍 사고력 향상의 첫걸음이다.

**조건문의 기본 구조**  조건문의 동작은 다음과 같은 단계를 따른다.

- ✔ **시작(Start):** 프로그램의 실행 시작점.
- ✔ **조건(Condition):** 참(True) 또는 거짓(False)을 평가하는 조건식.
- ✔ **True 경로:** 조건이 참일 경우 실행되는 코드.
- ✔ **False 경로:** 조건이 거짓일 경우 실행되는 코드.
- ✔ **결과(Result):** 조건에 따라 실행된 결과를 출력한 후 프로그램이 다음 단계로 진행한다.

결과적으로 조건에 따라 분기되었다가 다음 단계로 연결되는 것이다.

- ✔ 조건 → True 경로 실행 → 다음 단계
- ✔ 조건 → False 경로 실행 → 다음 단계

이 구조는 순서도를 통해 시각적으로 쉽게 이해할 수 있다. 아래의 순서도 예시를 통하여 입력 받은 값이 짝수인지 홀수인지 확인하는 조건문을 이해해보자.

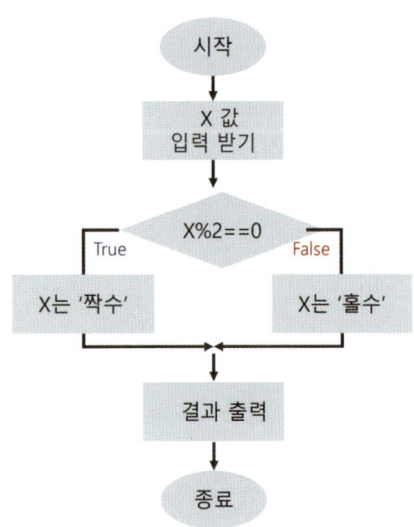

문제 해결의 언어, Python

조건문은 단순히 프로그램의 동작을 제어하는 도구가 아니라, 문제 해결을 위한 사고력을 키우는 핵심 도구다. 조건문을 이해하고 활용함으로써, 우리는 프로그램을 더욱 정교하게 설계하고 복잡한 문제를 해결할 수 있는 능력을 기를 수 있다.

## ② 조건문의 필요성

현대의 프로그램은 단순히 명령을 실행하는 단계를 넘어, 상황에 따라 적절한 결정을 내리고 실행 경로를 유연하게 바꿀 수 있어야 한다. 이처럼 프로그램의 유연성과 효율성을 높이고, 복잡한 문제를 해결하기 위해 조건문은 필수적이다.

**조건문 필요 이유**  조건문이 필요한 이유는 다음과 같다.

- **프로그램 흐름 제어**: 조건문은 특정 조건에 따라 프로그램의 실행 방향을 바꿀 수 있다. 조건문이 없다면 프로그램은 단순히 명령어를 순서대로 실행하는 순차 제어만 가능하다. 예를 들어, 사용자가 입력한 점수가 60점 이상일 경우 "합격"을, 그렇지 않을 경우 "불합격"을 출력하려면 조건문이 필요하다.

- **논리적 의사 결정**: 조건문은 여러 조건을 판단하여 프로그램이 적절한 결정을 내릴 수 있도록 돕는다. 이를 통해 복잡한 문제를 논리적으로 분리하여 해결할 수 있다. 예를 들어, 교통 신호등의 상태에 따라 자동차의 행동을 결정하는 프로그램은 조건문 없이는 구현할 수 없다.

  - ✔ **초록불**: 전진
  - ✔ **노란불**: 정지 준비
  - ✔ **빨간불**: 정지

- **실생활 문제 해결 모델링**: 조건문은 실생활의 조건부 상황을 프로그래밍으로 모델링할 수 있다. 예를 들어 다음과 같다.

☑ 비가 오면 우산을 챙긴다.

☑ 날씨가 춥다면 외투를 입는다.

☑ 전기가 끊겼다면 촛불을 켠다.

☑ 온라인 쇼핑몰에서 회원에게는 추가 할인을 적용한다.

이처럼 조건문은 실제 문제를 반영하여 프로그램이 더 현실적이고 실용적으로 동작하게 한다.

- **반복 작업과의 결합**: 조건문은 반복문과 결합하여 복잡한 문제를 효과적으로 해결할 수 있다. 예를 들어, 특정 조건이 충족될 때까지 값을 계산하거나 데이터를 필터링하는 작업에서 조건문은 필수적이다.
- **코드 유연성 및 재사용성 향상**: 조건문은 상황에 따라 다르게 동작하는 코드를 작성할 수 있어, 프로그램의 유연성과 재사용성을 높인다. 다양한 입력 값과 조건에 맞는 결과를 출력하는 프로그램은 사용자 맞춤형 솔루션을 제공할 수 있다.
- **사용자 맞춤형 프로그램 제공**: 조건문을 통해 프로그램은 사용자 입력이나 상황에 따라 맞춤형 결과를 제공할 수 있다. 이는 사용자 경험을 개선하고, 더 많은 사용자 요구를 충족시키는 데 기여한다. 예를 들어, 금융 프로그램에서 사용자의 신용 등급에 따라 대출 한도를 다르게 설정하는 경우 조건문이 사용된다.
- **다양한 문제 해결 도구로 활용**: 조건문은 알고리즘 설계, 데이터 처리, 게임 개발 등 거의 모든 프로그래밍 영역에서 핵심 도구로 사용된다. 이는 프로그램의 논리적 기반을 제공하며, 문제 해결을 위한 기본적인 기능을 수행한다.

조건문은 프로그램의 논리적 사고력을 강화하고, 실생활 문제를 효과적으로 모델링하며, 코드의 유연성과 재사용성을 향상시키는 핵심 도구다. 이를 이해하고 활용함으로써 우리는 복잡한 문제를 단순화하고, 현실적인 해결책을 제시할 수 있다.

문제 해결의 언어, Python

## ③ 조건문 동작 과정

조건문은 단순히 조건을 평가하고 명령을 실행하는 것 이상의 의미를 지닌다. 그것은 프로그램이 상황에 따라 올바른 판단을 내릴 수 있도록 돕는 논리적 구조이며, 모든 프로그램의 핵심 흐름을 결정짓는 역할을 한다. 조건문의 동작 과정을 정확히 이해하는 것은 프로그래밍 사고력을 기르는 데 매우 중요하다.

**조건문 동작의 기본 원리**　조건문은 다음과 같은 단계를 통해 작동한다.

- **조건 평가**: 조건문이 실행되면 가장 먼저 주어진 조건을 평가한다. 이 조건은 비교 연산자(==, 〉, 〈 등) 또는 논리 연산자(and, or, not)를 사용해 작성된다. 조건식의 결과는 항상 True(참) 또는 False(거짓)로 나타난다. 예를 들어 다음 코드에서 x 〉 5는 True로 평가되며, 조건문 블록이 실행된다.

```
1 x = 10
2 if x > 5:
3     print("x는 5보다 큽니다.")
```

x는 5보다 큽니다.

- **조건에 따른 실행 경로 결정**: 조건이 True로 평가되면 해당 조건문 블록의 코드를 실행한다. 하지만 조건이 False일 경우, 다음 조건(예: elif)을 검사하거나, 조건이 없다면 else 블록의 코드를 실행한다. 이 과정은 조건에 따라 프로그램이 적절한 실행 경로를 선택하도록 돕는다. 예를 들어, 아래의 코드는 x의 값에 따라 두 가지 중 하나의 메시지를 출력한다.

```
1 if x > 5:
2     print("x는 5보다 큽니다.")
3 else:
4     print("x는 5보다 작거나 같습니다.")
```

x는 5보다 큽니다.

- **조건문 종료 및 흐름 이동**: 조건문이 실행된 후, 프로그램은 조건문의 영향을 받지 않는 다음 코드로 이동한다. 즉, 조건문은 분기를 통해 특정 작업을 수행한 뒤 프로그램의 흐름을 정상적으로 이어나가도록 돕는다. 예를 들어, 아래의 코드에서 print("조건문이 끝난 후 실행됩니다.")는 조건과 상관없이 실행된다.

```
1 if x > 5:
2    print("x는 5보다 큽니다.")
3 print("조건문이 끝난 후 실행됩니다.")

x는 5보다 큽니다.
조건문이 끝난 후 실행됩니다.
```

## 4 조건문을 위한 컴퓨팅 사고력

조건문은 프로그램의 흐름을 유연하게 제어하고, 다양한 상황에 맞는 해결책을 도출하기 위한 중요한 도구다. 이를 효과적으로 활용하려면 조건문에 필요한 컴퓨팅 사고력을 갖추는 것이 필수적이다. 다음은 조건문 설계와 구현에서 필요한 주요 컴퓨팅 사고력이다.

- **문제 분해(Decomposition)**: 복잡한 문제를 해결하기 위해 이를 작은 단위로 나누는 사고력이다. 조건문을 사용할 때, 여러 복잡한 조건을 하나씩 나눠 해결하면 보다 명확한 설계가 가능하다. 예를 들어, 학생의 점수를 기반으로 학점을 부여하는 문제는 "점수 입력", "조건 평가", "학점 출력"과 같은 세부 과정으로 나눌 수 있다. 이러한 분해 과정을 통해 문제를 체계적으로 접근하고 실행할 수 있다.

- **패턴 인식(Pattern Recognition)**: 유사한 조건이나 반복되는 패턴을 식별하는 사고력이다. 조건문 설계에서 공통된 규칙을 찾아 이를 재사용 가능하거나 단순화된 방식으로 처리할 수 있다. 예를 들어, 점수 기준으로 학점을 부여하거나 특정 조건에 따른 할인 정책을 설계할 때, 반복적으로 나타나는 패턴을 발견해 이를 효율적으로 처리할 수 있다.

- **추상화(Abstraction)**: 불필요한 정보를 제거하고 핵심 조건만 도출하는 사고력이다. 예를 들어 날씨 조건을 평가할 때 "비가 오면 우산을 쓴다"라는 조건만 도출하고, 바람 세기나 기온과 같은 부수적 정보는 배제한다. 이를 통해 복잡한 문제를 단순화하고 효율적으로 해결할 수 있다.

- **알고리즘적 사고(Algorithmic Thinking)**: 조건문 설계에서 논리적이고 순차적인 실행 흐름을 구성하는 사고력이다. 조건을 평가하고, 결과에 따라 올바른 경로를 설정하며, 다음 단계로 자연스럽게 이어지는 논리적 흐름을 설계하는 데 필수적이다. 알고리즘적 사고는 단순한 분기 조건뿐 아니라 여러 조건이 결합된 상황에서도 효율적이고 체계적인 해결책을 제시한다.

- **논리적 사고(Logical Thinking)**: 조건문 작성 시 복합적인 조건을 명확히 처리하고, 논리 연산자를 사용하여 오류 없이 문제를 해결하는 사고력이다. 주어진 조건이 상호 배타적인지, 또는 서로 연결되어 있는지를 판단하며, 이를 기반으로 조건문의 흐름을 설계한다. 논리적 사고는 특히 복잡한 문제 해결이나 다중 조건 처리에서 중요한 역할을 한다.

- **조건분기 사고력**: 조건문을 통해 여러 갈래로 분기되는 상황을 설계하고 처리하는 사고력이다. 예를 들어, 날씨 조건에 따라 행동이 달라지는 상황처럼 다양한 결과를 명확히 설계해야 하는 경우, 조건분기 사고력이 필요하다. 이를 통해 프로그램은 다양한 상황을 예측하고 그에 따라 적절히 동작할 수 있다.

- **창의적 사고(Creative Thinking)**: 조건문을 활용해 창의적이고 독창적인 해결책을 설계하는 사고력이다. 프로그램에 조건문을 추가하여 사용자 경험을 개선하거나, 문제를 해결하는 새로운 방식을 제안할 수 있다. 창의적 사고는 특히 게임 개발, 교육적 도구 설계, 예술적 프로그램 구현과 같은 분야에서 필수적이다.

- **최적화 사고(Optimization Thinking)**: 조건문의 효율성을 극대화하고 불필요한 평가를 줄이는 사고력이다. 조건문의 순서를 재배치하거나, 중첩된 조건을 간소화하

여 성능을 향상시킬 수 있다. 최적화 사고는 대규모 데이터 처리, 실시간 응답 프로그램, 복잡한 알고리즘 설계에서 중요한 역할을 한다.

- **메타인지적 사고(Metacognitive Thinking)**: 조건문 작성 과정에서 자신의 사고를 점검하고 개선하는 사고력이다. 조건문이 논리적으로 올바른지, 불필요한 복잡성이 있는지, 다른 사람이 코드를 쉽게 이해할 수 있는지를 스스로 평가하는 과정을 포함한다. 메타인지적 사고는 프로그래머가 더 나은 코드를 작성하고 문제를 깊이 이해하도록 돕는다.

- **통합적 사고(Holistic Thinking)**: 조건문을 여러 관점에서 결합하고, 각 조건이 전체 흐름에 어떤 영향을 미치는지를 고려하는 사고력이다. 다양한 조건을 단일한 설계로 통합하여 전체적인 맥락을 이해하고 프로그램의 일관성을 유지하는 데 유용하다. 통합적 사고는 복잡한 시스템 설계나 다중 조건 처리에서 매우 중요한 사고력이다.

조건문을 위한 컴퓨팅 사고력은 문제를 분석하고 해결하는 데 필요한 필수적인 기술이다. 문제 분해에서 메타인지적 사고, 통합적 사고에 이르기까지 이러한 사고력은 조건문 설계를 더욱 효과적이고 창의적으로 만들어준다. 이 모든 사고력을 종합적으로 활용하면 조건문은 단순한 제어 도구를 넘어, 복잡한 문제를 해결하고 유연한 프로그램을 설계하는 강력한 수단이 된다.

조건문이 프로그램의 흐름을 제어하는 도구라면, 조건식은 그 핵심이 되는 논리적 판단의 기초이다. 조건식은 주어진 데이터를 바탕으로 참(True)인지 거짓(False)인지 평가하며, 조건문이 동작하는 근본적인 원리를 제공한다. 이는 프로그램이 상황에 따라 올바른 결정을 내리고 적합한 작업을 수행할 수 있게 하는 중요한 요소다. 조건식은 단순한 비교 연산에서 시작해 복잡한 논리 연산에 이르기까지 다양한 형태로 사용된다. 예를 들어, 학생의 성적이 90점 이상인지 판단하거나, 특정 날씨 조건에 따라 행동을 결정하는 것 모두 조건식을 기반으로 동작한다. 조건식은 프로그램의 논리적 근거를 제공하며, 이를 통해 코드의 유연성과 정확성을 극대화할 수 있다.

이 단원에서는 조건식의 개념부터 작성법, 유의 사항, 다양한 연산자, 그리고 예외적 조건까지 폭넓게 다룬다. 조건식을 이해하는 것은 프로그래머로서 논리적 사고를 키우고, 더욱 정교하고 효율적인 프로그램을 설계하는 데 필수적인 단계다. 조건식을 깊이 이해하고 이를 활용하는 능력을 갖춘다면, 우리는 복잡한 문제를 논리적으로 해결할 수 있는 도구를 손에 넣게 될 것이다.

## ① 조건식의 개념

조건식은 프로그램에서 특정 조건을 평가하고, 그 결과에 따라 참(True) 또는 거짓(False)을 반환하는 논리적 표현이다. 이는 조건문이 올바르게 작동할 수 있도록 핵심적인 역할을 한다. 조건식은 단순한 비교에서부터 복잡한 논리 연산까지 다양하게 구성되며, 프로그래밍에서 논리적 사고와 의사결정을 가능하게 하는 근본 요소다.

- **비교 연산자**: 조건식은 주로 비교 연산자를 사용하여 두 값을 비교한다. 비교 연산자는 값들 간의 크기나 동등성을 평가하며, 대표적인 연산자로는 다음이 있다:
  - ✔ ==: 두 값이 같은지 비교
  - ✔ !=: 두 값이 다른지 비교
  - ✔ <, >, <=, >=: 값의 크기 비교

  예를 들어, x > 10은 x가 10보다 큰지를 평가하여 참 또는 거짓을 반환한다.

- **논리 연산자**: 논리 연산자는 여러 조건식을 결합하여 더 복잡한 조건을 표현할 수 있게 한다. 주요 논리 연산자는 다음과 같다.
  - ✔ **논리곱(and)**: 모든 조건이 참일 때만 참
  - ✔ **논리합(or)**: 하나의 조건이라도 참이면 참
  - ✔ **논리부정(not)**: 조건의 결과를 반전시킴

  예를 들어, (x > 5) and (x < 10)은 x가 5보다 크고 10보다 작은지를 평가한다. 이 조건은 x가 6~9의 값을 가질 때 참이 되고, 그 외의 값은 거짓이 된다.

**조건식의 결과**    조건식의 평가 결과는 항상 참(True) 또는 거짓(False)로 나타난다. 프로그래밍 언어에서는 참을 숫자 1로, 거짓을 숫자 0으로 표현할 수도 있다. 예는 다음과 같다.

- ✔ 3 < 5는 참(True) → 1
- ✔ 10 == 5는 거짓(False) → 0

True형을 int 변환한 결과 및 조건식 상황에 대한 결과 예시는 다음과 같다.

```
>>> int ( True )
1
>>> int ( False )
0
>>> float ( True )
```

```
1.0
>>> float ( False )
0.0
>>> if 1.0 :
        print ( "출력될까요?" )

출력될까요?
>>> if 0.0 :
        print ( "이건 출력될까요?" )


>>>
```

**논리식과 진리 값**　　조건식은 명제나 관계식을 조합하여 논리적 조건을 제시할 수 있다. 이를 통해 보다 복잡한 상황을 간결하게 표현할 수 있다. 예는 다음과 같다.

  ✔ (3 < 5) or (10 < 5)
    ― 첫 번째 조건은 참, 두 번째 조건은 거짓
    ― 논리합에 따라 참(True)
  ✔ not (10 - 4 == 5 + 1)
    ― (10 - 4 == 5 + 1)은 참
    ― 논리부정에 따라 거짓(False)
  ✔ ((3 < 5) or (10 < 5)) and not (10 - 4 == 5 + 1)
    ― (3 < 5) or (10 < 5)는 참
    ― not (10 - 4 == 5 + 1)은 거짓
    ― 복합 논리식으로 구성된 참 and 거짓은 거짓(False)

**조건식의 응용**　　조건식을 활용한 논리적 판단은 프로그램의 유연성과 효율성을 극대화한다. 사용자의 입력 값이 특정 범위에 포함되는지 확인하거나, 여러 가지 조건을 조합하여 복잡한 문제를 처리할 때 조건식은 필수적이다. 논리식의 올바른 사용은 프로그램의 가독성을 높이고, 오류를 줄이는 데 큰 도움이 된다.

**조건식의 중요성**　　조건식은 프로그래밍에서 다음과 같은 역할을 수행한다.

✔ **결정의 기초**: 조건식을 통해 프로그램은 상황에 맞는 판단을 내릴 수 있다.

✔ **복잡한 문제 해결**: 여러 조건을 조합하여 다양한 상황을 처리할 수 있다.

✔ **논리적 사고 훈련**: 조건식을 작성하는 과정에서 논리적이고 체계적인 사고를 배울 수 있다.

조건식은 프로그래밍의 핵심 논리를 형성하는 중요한 도구다. 이를 통해 프로그램은 데이터를 기반으로 논리적인 결정을 내릴 수 있으며, 복잡한 문제를 효과적으로 해결할 수 있다. 조건식을 잘 이해하고 활용하면, 더욱 효율적이고 창의적인 프로그램 설계가 가능하다.

## ② 조건식 작성법

조건식은 프로그램의 논리적 판단을 결정하는 중요한 요소다. 조건식을 명확하고 간결하게 작성하는 것은 코드의 가독성과 유지보수를 용이하게 만들며, 프로그램의 효율성을 높인다. 다음은 조건식을 작성하는 방법과 올바른 조건식 설계에 대한 원칙이다.

### 조건식 작성의 기본 원리

- **단순 조건식 사용**: 단순 조건식은 비교 연산자를 이용하여 두 값을 비교하는 조건식이다. 프로그램의 기본적인 판단을 수행하는 데 사용되며, 복잡한 조건보다 직관적으로 이해하기 쉽다. 예를 들어, x 〉 10은 x가 10보다 큰지 평가하며 참(True) 또는 거짓(False)을 반환한다.

- **복합 조건식 사용**: 복합 조건식은 논리 연산자를 활용해 여러 조건을 결합한다. 논리 연산자를 사용하면 복잡한 판단을 하나의 조건식으로 표현할 수 있다.

### 올바른 조건식 작성법

문제 해결의 언어, Python

- **불필요한 조건 중복 피하기**: 조건식 작성 시 동일한 조건을 여러 번 반복하지 않도록 주의해야 한다. 불필요한 조건 중복은 코드의 가독성을 떨어뜨리고, 프로그램의 실행 속도를 저하시킬 수 있다. 잘못된 예는 다음과 같다. x > 10 and x > 11는 x > 11 조건만 필요로 하는 것을 인지할 수 있어야한다.

```
1  x = 15
2  if x > 10:
3      print("x는 10보다 큽니다.")
4  if (x > 10 and x > 11):
5      print("x는 10보다 큽니다.")
6      print("x > 10 and x > 11: 잘못된 중복 조건")

x는 10보다 큽니다.
x는 10보다 큽니다.
x > 10 and x > 11: 잘못된 중복 조건
```

- **명확하고 간결한 조건 작성**: 조건식은 가능한 한 간결하고 명확하게 작성해야 한다. 복잡한 논리를 하나의 조건식에 모두 담으려 하면, 코드의 가독성이 떨어질 수 있다.

  - ☑ **좋은 예**: if(x > 10 and y < 20):
  - ☑ **나쁜 예**: if((x > 10) and(y < 20)): # 불필요하게 과도한 괄호 사용

- **괄호 사용으로 가독성 향상**: 복잡한 조건식은 괄호를 사용하여 조건 간의 우선순위를 명확히 표현할 수 있다. 괄호는 조건식의 구조를 명확히 하여 논리적 오류를 방지한다. 예를 들어,

$$(x > 5 \text{ and}(y < 10 \text{ or } z == 0))$$

조건식은 괄호를 통해 y < 10 or z == 0이 먼저 평가됨을 나타낸다.

- **명확성과 단순성을 중심으로 작성**: 조건식은 프로그래머뿐 아니라 다른 사람이 읽기 쉽게 작성해야 한다. 복잡한 논리를 단순화하고, 필요 없는 조건을 제거하며, 논리적 흐름을 따라 작성해야 한다.

- **조건의 순서를 고려하기**: 가장 가능성이 높은 조건을 먼저 배치하면 프로그램의 효율성이 향상된다. 예를 들어, 다중 조건에서 가장 자주 참이 되는 조건을 상단에 배치한다.

- **부정 조건 최소화하기**: 부정 조건(NOT)은 조건식을 이해하기 어렵게 만들 수 있다. 가능한 한 긍정 조건으로 변환하여 작성한다.
  - ✔ **부정 조건**: if not(x > 10):
  - ✔ **긍정 조건**: if x <= 10:

- **조건 묶기**: 관련 있는 조건을 하나로 묶어 코드를 더 읽기 쉽게 만든다. 논리적 연산자와 괄호를 함께 사용해 조건식을 간결하게 정리한다.

　　조건식 작성은 단순히 코드를 작성하는 과정이 아니라, 문제를 논리적으로 분석하고 해결하는 사고력을 기르는 중요한 단계다. 명확성과 단순성을 유지하며 조건식을 설계하면, 코드의 가독성과 효율성이 모두 향상된다. 이러한 원칙을 따라 조건식을 작성하면, 더욱 직관적이고 유지보수가 쉬운 프로그램을 만들 수 있다.

## ③ 조건식 유의 사항

조건식을 작성할 때는 논리적 오류를 방지하고, 가독성과 효율성을 높이기 위해 몇 가지 유의 사항을 반드시 고려해야 한다. 조건식은 프로그램의 흐름을 결정하는 중요한 요소인 만큼, 작은 실수 하나가 프로그램 전체에 영향을 미칠 수 있다. 아래는 조건식을 작성할 때 주의해야 할 주요 사항들이다.

**비교 연산자의 정확한 사용**　　비교 연산자는 조건식에서 가장 기본적으로 사용되는 요소다. 그러나 연산자의 잘못된 사용은 의도치 않은 결과를 초래할 수 있다.

- **==와 = 구분하기**: ==는 두 값이 같은지를 비교하는 연산자이고, =는 값을 대입하는 연산자다. 이 두 연산자를 혼동하면 논리적 오류는 물론 실행 오류를 발생시킬 수 있다.
  - ☑ **잘못된 예**: if score = 90:
  - ☑ **올바른 예**: if score == 90:

**조건 중복 최소화**　중복된 조건은 코드의 가독성을 떨어뜨리고, 유지보수를 어렵게 만든다. 조건식을 작성할 때는 동일한 조건을 반복하지 않도록 주의해야 한다. 중복 최소화 관련 잘못된 예와 올바른 예는 다음과 같다.

- ☑ **잘못된 예**: if score >= 90 and score <= 100:
- ☑ **올바른 예**: if 90 <= score <= 100:

아래 예시 코드에서 확인할 수 있듯이 2가지 조건식 표현에 대한 결과는 동일하다.

```
1 score = 95
2 if score >= 90 and score <= 100:
3     print("A 학점")
```

A 학점

```
1 if 90 <= score <= 100:
2     print("A 학점")
```

A 학점

**괄호를 사용해 우선순위 명확화**　복합 조건식에서는 괄호를 사용해 우선순위를 명확히 표현해야 한다. 논리 연산자의 조합은 읽는 사람에 따라 다르게 해석될 수 있으므로, 괄호를 통해 조건의 의도를 명확히 전달해야 한다. 예를 들면,

if(x > 5 and y < 10) or z == 0:

위 조건식에서 괄호는 x > 5 and y < 10이 하나의 조건 그룹임을 명확히 한다.

**논리 연산자 사용 주의**   논리 연산자는 조건을 결합하여 복합 조건식을 만드는 데 사용된다. 그러나 논리 연산자의 동작을 정확히 이해하지 못하면 의도와 다른 결과가 발생할 수 있다.

- ✔ **and 연산자**: 모든 조건이 참일 때만 참을 반환한다.
- ✔ **or 연산자**: 하나의 조건이라도 참이면 참을 반환한다.

논리 연산자를 사용할 때는 조건의 우선순위와 조합을 명확히 이해하고 작성해야 한다.

**불필요한 비교 제거**   불필요한 비교는 조건식을 복잡하게 만들 뿐만 아니라 코드의 가독성을 떨어뜨린다.

- ✔ **잘못된 예**: if x == True:
- ✔ **올바른 예**: if x:

x 자체가 참인지 거짓인지를 평가할 수 있기 때문에 추가적인 비교는 불필요하다.

**조건의 가독성 유지**   조건식이 복잡하거나 길어질 경우, 한 줄로 작성하지 말고 여러 줄로 나누어 가독성을 유지해야 한다. 또한 주석을 추가하여 각 조건의 의미를 명확히 설명하는 것이 좋다. 조건식이 다음과 같을 때,

score >= 70 and exam_passed and attendance >= 80

조건식을 한 줄로 표현하기보다는 조건식을 명확히 나누고, 각 조건의 역할을 주석으로 설명하면 코드의 이해도가 높아진다.

```
1 score = 80; exam_passed = True; attendance = 85
2 if (
3     score >= 70       # 점수가 70 이상인지 확인
4     and exam_passed   # 시험에 통과했는지 확인
5     and attendance >= 80  # 출석률이 80% 이상인지 확인
6 ):
7     print("합격")
```

```
합격
```

**is와 ==의 차이 이해하기** 'is'는 객체(Object)를 비교하며, 두 변수가 동일한 객체를 참조하고 있는지 확인한다. '=='는 값(Value)을 비교하며, 두 변수가 동일한 값을 가지는지 확인한다. 아래의 예시코드를 통하여 확인할 수 있다.

```
1 a = [1, 2, 3]
2 b = a
3 c = [1, 2, 3]
4
5 print('a is b :', a is b)
6 print('a == b :', a == b)
7 print('a is c :', a is c)
8 print('a == c :', a == c)
```

```
a is b : True
```

```
a == b : True
a is c : False
a == c : True
```

이 둘을 혼동하면 의도와 다른 결과가 나올 수 있음을 유의하자.

조건식을 작성할 때는 정확성과 명확성을 최우선으로 고려해야 한다. 비교 연산자의 올바른 사용, 중복 조건 최소화, 논리 연산자의 정확한 이해, 그리고 가독성을 고려한 설계는 조건식의 품질을 높이는 핵심 요소다. 이러한 유의 사항을 준수한다면, 오류를 줄이고 유지보수하기 쉬운 코드를 작성할 수 있다.

## 4  조건식 연산자

조건식 연산자는 조건문 작성의 기본이 되는 도구로, 비교와 논리적 판단을 가능하게 한다. 연산자는 조건식의 핵심 구성 요소로서, 관계 연산자와 논리 연산자를 중심으로 다양한 상황에 맞게 사용된다.

**관계 연산자**  관계 연산자는 두 값을 비교하여 그 관계를 평가하는 데 사용된다. 조건식에서 가장 기본적인 연산자이며, 결과는 항상 참(True) 또는 거짓(False)으로 반환된다.

### ● 관계 연산자의 종류와 설명

  ☑ <: 왼쪽 값이 오른쪽 값보다 작으면 참.

  ☑ >: 왼쪽 값이 오른쪽 값보다 크면 참.

  ☑ ==: 두 값이 같으면 참.

  ☑ !=: 두 값이 같지 않으면 참.

  ☑ >=: 왼쪽 값이 오른쪽 값보다 크거나 같으면 참.

  ☑ <=: 왼쪽 값이 오른쪽 값보다 작거나 같으면 참.

### ● 관계 연산자의 특징

  ☑ **숫자 비교**: 정수, 부동소수 등의 숫자 간 비교에 사용.

   **예**  x = 10; y = 20; x < y는 True.

  ☑ **문자열 비교**: 사전 순서를 기준으로 비교.

   **예**  'apple' < 'banana'는 True.

  ☑ **컬렉션 비교**: 리스트, 튜플 등에서 요소를 순차적으로 비교.

   **예**  [1, 2] == [1, 2]는 True.

**논리 연산자**  논리 연산자는 조건식을 결합하거나 조건의 결과를 반전시키는 데 사용된다. 조건식을 더욱 강력하고 유연하게 설계할 수 있도록 돕는 도구다.

- **논리 연산자의 종류와 설명**
  - ☑ and(논리곱): 모든 조건이 참일 때만 참을 반환한다.
  - ☑ or(논리합): 하나의 조건이라도 참이면 참을 반환한다.
  - ☑ not(논리부정): 조건의 결과를 반전시킨다.

- **논리 연산자의 특징**
  - ☑ 우선순위
    - ― not > and > or 순으로 평가된다.
    - ― 복잡한 조건식에서는 괄호를 사용해 우선순위를 명확히 한다.
  - ☑ 조건 단축 평가
    - ― and는 첫 번째 조건이 거짓이면 나머지 조건을 평가하지 않는다.
    - ― or는 첫 번째 조건이 참이면 나머지 조건을 평가하지 않는다. 이는 코드의 효율성을 높이는 데 기여한다.

- **논리 연산의 작동 원리**
  - ☑ 논리합(OR): 두 조건 중 하나만 참이면 참을 반환한다.
  - ☑ 논리곱(AND): 모든 조건이 참이어야 참을 반환한다.
  - ☑ 논리부정(NOT): 조건의 결과를 반전시킨다.

**연산자 사용 시 주의 사항**

- **값과 객체의 비교**: ==는 값을 비교하고, is는 객체를 비교한다. 값이 같더라도 객체가 다르면 is는 거짓을 반환한다.
- **우선순위 명확히 하기**: 복합 조건식에서는 괄호를 사용해 조건의 의도를 명확히 한다.
- **데이터 타입 일치**: 숫자와 문자열처럼 다른 데이터 타입을 비교하려면 주의가 필요하다.
  - **예** 10 == "10"은 False.

조건식 연산자는 조건문 설계의 기본을 이루는 도구다. 관계 연산자와 논리 연산자의 동작 원리를 정확히 이해하고 활용하면, 더욱 강력하고 효율적인 조건문을 작성할 수 있다. 또한, 연산자 사용 시 주의 사항을 숙지하면 논리적 오류를 예방하고, 코드의 가독성을 향상시킬 수 있다.

## ⑤ 예외적 조건

조건식은 일반적으로 관계 연산자나 논리 연산자를 사용하여 구성되지만, 예외적으로 다양한 데이터 유형 자체를 조건으로 사용할 수도 있다. 이러한 예외적 조건은 코드의 간결함과 유연성을 높이는 데 중요한 역할을 한다. 조건식에서 데이터 자체를 평가하는 방식과 이에 대한 활용법을 살펴보자.

**데이터의 참(True)과 거짓(False)**　　조건식에서 특정 값이 참(True) 또는 거짓(False)으로 평가되는 방식은 데이터의 유형과 내용에 따라 결정된다. 아래는 주요 데이터 유형과 참/거짓 평가 기준이다.

- ☑ **숫자**: 0 이외의 모든 숫자는 참, 0은 거짓.
- ☑ **문자열**: 빈 문자열(" ")은 거짓, 하나 이상의 문자가 포함된 문자열은 참.
- ☑ **리스트**: 빈 리스트([])는 거짓, 한 개 이상의 요소가 있는 리스트는 참.
- ☑ **튜플**: 빈 튜플(())은 거짓, 한 개 이상의 값을 포함한 튜플은 참.
- ☑ **딕셔너리**: 빈 딕셔너리({})는 거짓, 한 개 이상의 키-값 쌍이 있는 딕셔너리는 참.

**예외적 조건의 동작 예시**　　아래의 예시를 통하여 연산자 없이 작성되는 예외적 조건문을 확인할 수 있다.

```
>>> if 1 : print ( " 참 " )
참
>>> if -1 : print ( " 참 " )
참
>>> if 0 : print ( " 참 " )
>>> if " a " : print ( " 참 " )
```

문제 해결의 언어, Python

```
참
>>> if " " : print ( " 참 " )
>>> if [ 1 ] : print ( " 참 " ) #1개의 값을 갖는 리스트
참
>>> if [ ] : print ( " 참 " ) #값을 갖지 않은 리스트
>>> if (1, ) : print ( " 참 " ) #1개의 값을 갖는 튜플
참
>>> if ( ) : print ( " 참 " ) #값을 갖지 않은 튜플
>>> if { 1 : "가" } : print ( " 참 " ) #1개의 값을 갖는 딕셔너리
참
>>> if { } : print ( " 참 " ) #값을 갖지 않은 딕셔너리
>>>
```

**데이터 포함 여부 확인**   리스트, 튜플, 문자열과 같은 데이터 구조에서는 in 또는 not in 연산자를 사용해 특정 값이 포함되어 있는지 조건식으로 확인할 수 있다.

- ☑ **in 연산자**: 값이 데이터에 포함되어 있으면 참.
- ☑ **not in 연산자**: 값이 데이터에 포함되어 있지 않으면 참.

다음의 예시를 통하여 in과 not in에 대하여 이해할 수 있다.

```
>>> if ( 1 in [1, 2, 3] ) : print ( " 참 " )
참
>>> if ( 1 not in [1, 2, 3] ) : print ( " 참 " )

>>> if ( "가" in ( "가", "나", "다" ) ) : print ( " 참 " )
참
>>> if ( "가" not in ( "가", "나", "다" ) ) : print ( " 참 " )

>>> if ( "가" in "선택문" ) : print ( " 참 " )

>>> if ( "가" not in "선택문" ) : print ( " 참 " )
참
```

**예외적 조건 활용의 장점**   예외적 조건을 활용하면 조건식을 더욱 간결하게 작성할 수 있다. 예를 들어, 다음과 같은 코드를 작성할 수 있다:

✔ **값이 존재하는지 확인할 때:**

if data: → 데이터가 비어 있지 않은 경우 실행.

✔ **특정 값 포함 여부를 확인할 때:**

if "가" in text: → text에 "가"가 포함된 경우 실행.

이러한 방식은 조건문을 단순화하고, 코드의 가독성과 효율성을 높이는 데 기여한다. 예외적 조건은 데이터 자체를 활용해 조건식을 작성하는 유연한 방법이다. 데이터의 참과 거짓 평가 기준, 포함 여부 연산자(in, not in) 등을 잘 이해하면 조건식 작성이 더욱 간결해지고 효율적이 된다. 이러한 기법은 프로그램의 논리적 구조를 단순화하고, 코드의 품질을 향상시키는 데 유용하다.

조건식은 프로그램이 다양한 상황에 따라 올바른 결정을 내릴 수 있도록 돕는 핵심 도구다. 조건식의 개념을 명확히 이해하고, 작성법을 익히며, 사용 시 유의 사항과 연산자의 특성을 잘 활용하는 것은 프로그래머로서 반드시 갖춰야 할 기본 역량이다. 조건식은 단순히 참과 거짓을 판단하는 논리를 넘어서, 문제를 해결하는 사고력을 키우는 데 중요한 역할을 한다. 비교 연산자와 논리 연산자를 적절히 결합하면 복잡한 문제를 간결하게 표현할 수 있으며, 이를 통해 프로그램의 유연성과 가독성을 높일 수 있다. 또한, 조건식을 작성할 때 명확성과 간결함을 유지하면 코드의 품질이 크게 향상된다.

조건식의 개념과 작성법, 유의 사항, 그리고 연산자 활용법은 이후 프로그래밍에서 논리적 판단을 수행하는 모든 과정의 기반이 된다. 조건식을 잘 다룰 수 있게 되면, 더욱 복잡하고 도전적인 문제를 창의적으로 해결할 수 있는 도구를 갖추게 되는 것이다. 이제 조건식의 다양한 종류를 학습하여 폭 넓은 문제 해결로 한 걸음 더 나아가 보자. 다양한 조건 상황에 따른 조건식을 활용해 다양한 문제를 해결하며 실질적인 능력을 기르는 방법을 탐구해보자.

# 03 | 다양한 if문

조건문은 프로그램이 상황에 따라 올바른 판단을 내리고 적합한 작업을 수행할 수 있도록 돕는 도구다. 특히, if문은 이러한 조건문 중에서도 가장 기본적이고 널리 사용되는 형태로, 다양한 방식으로 활용될 수 있다. 단순히 조건을 평가하는 기본 구조부터 복잡한 논리를 처리하는 중첩 구조까지, if문은 프로그램의 유연성과 가독성을 크게 향상시킨다.

if문은 조건식의 결과에 따라 코드의 실행 흐름을 변경한다. 기본적인 단순 조건문은 물론, 조건에 따라 분기를 처리하는 if-else, 여러 가지 경우를 다룰 수 있는 if-elif-else, 그리고 조건문 내부에 또 다른 조건문을 포함하는 중첩 if문 등 다양한 형태로 발전시킬 수 있다. 이제 if문의 다양한 형태를 배우고, 각각의 구조가 실제 프로그램에서 어떻게 사용되는지 살펴본다. 이를 통해 조건문을 더 효과적으로 활용하고, 복잡한 논리를 단순하게 처리하는 방법을 이해할 수 있을 것이다.

## ① 단순 조건문

단순 조건문은 가장 기본적인 형태의 조건문으로, 프로그램의 흐름을 조건에 따라 제어하는 데 사용된다. 단순 조건문은 주어진 조건식이 참(True)인지 거짓(False)인지 평가하고, 참일 경우에만 특정 명령어를 실행한다. 조건식이 거짓일 경우, 조건문 내부의 명령어는 실행되지 않고 다음 코드로 넘어간다.

**단순 조건문의 기본 구조**  단순 조건문은 if 키워드와 조건식으로 구성되며, 조건식이 참일 때만 실행되는 종속 명령어 집합을 포함한다. Python에서 단순 조건문의 기본 문법은 다음과 같다.

    if <조건식>:
        <종속 명령어 집합>

- ✔ **조건식**: 관계 연산자와 논리 연산자를 사용해 작성된다.
- ✔ **종속 명령어 집합(블록문)**: 조건식이 참일 때 실행되는 코드 집합으로, 반드시 들여쓰기를 통해 구분된다.

**단순 조건문의 작동 원리**   단순 조건문은 다음과 같은 흐름으로 동작한다.

1. 조건식을 평가한다.
2. 조건식이 참(True)이면 블록문을 실행한다.
3. 조건식이 거짓(False)이면 블록문을 건너뛰고 다음 문장을 실행한다.

이러한 단순 조건문의 작동 방식은 순서도로 표현하면 다음과 같다.

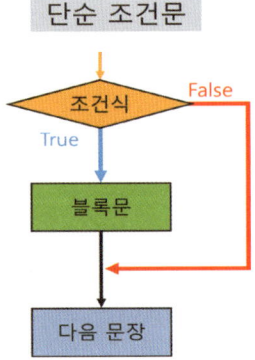

**단순 조건문 작성 시 유의 사항**

- **조건식의 작성**: 조건식은 프로그램의 핵심 논리를 담고 있으므로 명확하고 간결하게 작성해야 한다. 관계 연산자(==, !=, ⟨, ⟩)와 논리 연산자(and, or, not)를 적절히

문제 해결의 언어, Python

활용해 조건을 설정할 수 있다.

- **블록문과 들여쓰기**: Python에서는 들여쓰기를 통해 블록문을 구분한다. 블록문을 들여쓰지 않으면 문법 오류가 발생하거나, 논리적으로 잘못된 동작을 유발할 수 있다.

- **단축 if문(Short Hand if)**: 단순 조건문은 한 줄로도 작성 가능하다. 조건식과 실행문이 간단할 경우, 코드의 간결성을 위해 단축 if문을 사용할 수 있다.

```
1 x = 1
2 if x > 0: print('양수입니다.')
```
양수입니다.

---

### 단순 조건문의 활용 예제

- **관계 연산자 활용**: 3의 배수를 확인하는 조건문

```
1 x = 2571
2 if x % 3 == 0:
3     print(f'{x}는 3의 배수입니다.')
```
2571는 3의 배수입니다.

- **관계 연산자와 논리 연산자 결합**: 3자리 수인지 확인하는 조건문

```
1 x = 251
2 if 100 <= x <= 999:
3     print('x는 3자리 수입니다.')
```
x는 3자리 수입니다.

단순 조건문은 프로그램의 흐름을 제어하는 가장 기본적인 도구다. 이를 통해 조건에 따라 특정 작업을 수행하거나 건너뛸 수 있다. 들여쓰기를 통해 블록문을 명확히 구분하고, 간결한 조건식을 작성하는 습관은 프로그래머로서 필수적인 역

량이다. 단순 조건문을 이해하고 활용하면, 더욱 논리적이고 효율적인 프로그램을 설계할 수 있다.

## 2  if-else

프로그램은 단순히 참(True) 또는 거짓(False)만으로 모든 상황을 처리할 수 없다. 특정 조건이 만족되지 않을 경우, 대체 작업을 수행해야 하는 상황이 자주 발생한다. 이러한 경우, if-else 조건문이 유용하다. if-else 조건문은 조건이 참일 때와 거짓일 때 각각의 실행 경로를 명확히 분리하여 프로그램의 논리적 흐름을 유연하게 만들어준다.

### if-else 조건문의 기본 구조

- **문법**: if-else 조건문의 기본 문법은 다음과 같다.

```
if <조건식>:
        <블록문 1: 조건이 참일 때 실행할 명령어 집합>
else:
        <블록문 2: 조건이 거짓일 때 실행할 명령어 집합>
```

  ☑ **if 키워드**: 조건식을 평가하고, 참일 경우 특정 명령어를 실행한다.
  ☑ **else 키워드**: 조건식이 거짓일 경우 실행되는 명령어 집합을 정의한다.
  ☑ **콜론(:)**: if와 else의 끝에는 반드시 콜론이 붙어야 한다. 이는 종속 명령어가 시작됨을 나타낸다.
  ☑ **블록문**: if와 else의 명령어 집합은 들여쓰기를 통해 구분된다.

- **특징**
  ☑ **단일 else 블록**: if 조건문에 매칭되는 else 블록은 하나만 존재할 수 있다.

문제 해결의 언어, Python

☑ **조건식 없음**: else 뒤에는 조건식이 올 수 없다. 이는 else가 모든 조건이 거짓일 때 실행되기 때문이다.

**if-else 조건문의 작동 원리**   if-else 조건문은 다음의 순서로 작동한다.

1. **조건식 평가**: if의 조건식을 평가한다.
2. **True일 경우**: 조건식이 참(True)일 경우, if 블록(처리 1)의 명령어가 실행된다.
3. **False일 경우**: 조건식이 거짓(False)일 경우, else 블록(처리 2)의 명령어가 실행된다.
4. **다음 문장으로 이동**: if 또는 else 블록의 실행이 완료되면 다음 명령어로 진행된다.

순서도로 표현하면 다음과 같다.

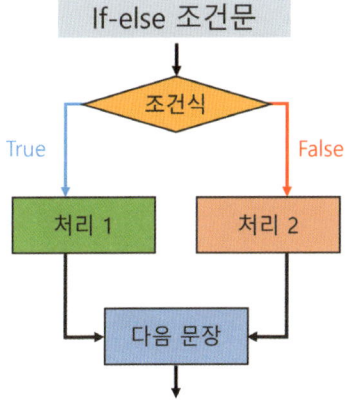

**if-else 조건문 작성 시 유의 사항**

• **명확한 조건식 작성**: 조건식은 프로그램의 논리를 표현하는 핵심이다. 불필요하게 복잡한 조건은 피하고, 간결하고 명확하게 작성해야 한다.

• **블록문과 들여쓰기**: Python에서 if와 else의 블록문은 반드시 동일한 수준으로 들여쓰기를 해야 한다. 들여쓰기가 잘못되면 문법 오류가 발생한다.

- **pass 키워드 활용**: 조건식의 참(True) 또는 거짓(False)일 때 특별히 처리할 작업이 없을 경우, pass를 사용하여 명시적으로 빈 블록임을 나타낼 수 있다.

```
1 x = -10
2 if x > 0:
3     pass  # 아무 작업도 하지 않음
4 else:
5     print(f"{x}은 0 이하입니다.")
```
```
-10은 0 이하입니다.
```

- **삼항 연산자(Ternary Operator)**: if-else 문은 한 줄로도 작성할 수 있다. 간단한 조건식은 삼항 연산자를 사용해 더 간결하게 표현할 수 있다.

문법: <실행문1> if <조건식> else <실행문2>

```
1 result = "양수" if x > 0 else "음수 또는 0"
2 print(f"{x}은 {result}입니다.")
```
```
-10은 음수 또는 0입니다.
```

## if-else 조건문의 활용 예제

- **예제 1: 관계 연산자 활용**

사용자가 입력한 점수에 따라 게임 결과를 확인하는 조건문

```
1 score = int(input("게임 점수를 입력하세요: "))
2
3 if score >= 80:
4     print("축하합니다! 승리하셨습니다!")
5 else:
6     print("아쉽지만 패배했습니다. 다음 번에 더 높은 점수를 노려보세요!")
```
```
게임 점수를 입력하세요: 75
아쉽지만 패배했습니다. 다음 번에 더 높은 점수를 노려보세요!
```

문제 해결의 언어, Python

● **예제 2: in 연산자 활용**

리스트에서 특정 값의 포함 여부를 확인하는 조건문

```
1 fruits = ["apple", "banana", "cherry"]
2 if "apple" in fruits:
3     print("사과가 리스트에 있습니다.")
4 else:
5     print("사과가 리스트에 없습니다.")
사과가 리스트에 있습니다.
```

    if-else 조건문은 조건식이 만족되지 않을 때 대체 작업을 수행할 수 있는 강력한 도구다. 이를 통해 프로그램의 논리적 흐름을 더욱 유연하게 설계할 수 있다. 조건식 작성 시 명확성과 간결성을 유지하며, 들여쓰기와 같은 문법적 규칙을 준수하면 오류를 줄이고 가독성을 높일 수 있다. 이러한 기법을 충분히 학습하면, 보다 정교하고 논리적인 프로그램 설계가 가능해질 것이다.

## ③ if-elif-else

프로그램이 복잡한 상황을 처리해야 할 때, 단순한 조건문으로는 한계가 있다. 이럴 때 유용한 것이 바로 if-elif-else 조건문이다. 이 구조는 여러 조건을 순차적으로 평가하며, 참(True)인 조건에 따라 특정 블록을 실행한다. 이를 통해 복잡한 논리를 깔끔하고 효율적으로 처리할 수 있다.

### if-elif-else 조건문의 기본 구조

● **문법**: if-elif-else 조건문의 기본 문법은 다음과 같다.

    if <조건식1>:
        <조건식1이 참일 때 실행할 명령어 집합>
    elif <조건식2>:

<조건식2가 참일 때 실행할 명령어 집합>

else:

<위 조건이 모두 거짓일 때 실행할 명령어 집합>

- 특징
  - ☑ **복수개의 elif 사용 가능**: 필요한 만큼 elif를 추가할 수 있다.
  - ☑ **마지막 else는 선택 사항**: 모든 조건이 거짓일 때 실행하는 블록이 필요 없다면 else는 생략할 수 있다.

조건은 위에서 아래로 순차적으로 평가되며, 첫 번째로 참인 조건이 발견되면 나머지 조건은 평가하지 않는다.

**if-elif-else 조건문의 작동 원리**　if-elif-else 조건문은 다음의 순서로 작동한다.

1 **조건식1 평가**: 참이면 if 블록 실행.

2 **조건식2 평가**: 조건식1이 거짓이면 조건식 2 평가. 조건식2가 참이면 elif 블록 실행.

3 **모든 조건이 거짓일 경우**: else 블록 실행.

4 실행 종료 후 다음 명령어로 이동.

순서도로 표현하면 다음과 같다.

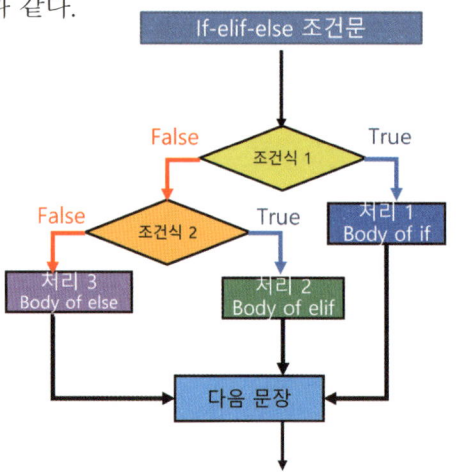

문제 해결의 언어, Python

## if-elif-else 조건문 작성 시 유의 사항

- **조건식의 순서**: if, elif 조건식은 논리적 순서에 따라 배치해야 한다. 일반적으로 가능성이 높은 조건을 상단에 배치하면 효율적이다.
- **중복 조건 방지**: 중복된 조건을 피하도록 조건식을 명확히 설계해야 한다.
- **조건식의 간결함 유지**: 불필요하게 복잡한 조건식을 피하고, 간결하고 명확하게 작성해야 한다.

## if-elif-else 조건문의 활용 예제

- **예제 1: 관계 연산자 활용**

  사용자가 입력한 점수에 따라 게임 결과를 확인하는 조건문

```
1 score = int(input("점수를 입력하세요: "))
2
3 if score >= 90:
4     print("훌륭합니다! 승리하셨습니다.")
5 elif score >= 60:
6     print("아쉽지만 패배했습니다. 더 나은 결과를 위해 도전하세요!")
7 else:
8     print("점수가 너무 낮습니다. 다음에 다시 도전해보세요.")

점수를 입력하세요: 85
아쉽지만 패배했습니다. 더 나은 결과를 위해 도전하세요!
```

- **예제 2: 논리 연산자 활용**

  구매에 따라 다양한 할인율을 적용하는 조건문

```
1 price = 175000
2
3 if price >= 100000 and price <= 200000:
4     print("10% 할인이 적용되었습니다!")
5 elif price > 200000:
6     print("20% 할인이 적용되었습니다!")
7 else:
8     print("할인이 적용되지 않습니다.")

10% 할인이 적용되었습니다!
```

## 예제 3: 입력 값 확인

사용자가 입력한 값을 기준으로 음료를 추천하는 조건문

```
1 favorite = input("어떤 음료를 선호하시나요? (커피/차): ")
2
3 if favorite == "커피":
4     print("시원한 아이스 아메리카노 한 잔 추천드릴게요!")
5 elif favorite == "차":
6     print("따뜻한 허브티 한 잔 추천드릴게요!")
7 else:
8     print("그럼 물 한 잔 어떠신가요?")

어떤 음료를 선호하시나요? (커피/차): 차
따뜻한 허브티 한 잔 추천드릴게요!
```

## 예제 4: 리스트 활용

사용자가 입력한 과일이 특정 상태(충분, 부족, 품절)에 따라 다른 메시지를 출력하는 조건문

```
1 inventory = {
2     "사과": "충분",
3     "바나나": "부족",
4     "오렌지": "품절"
5 }
6
7 fruit = input("원하는 과일을 입력하세요: ").strip()
8
9 if fruit in inventory and inventory[fruit] == "충분":
10     print(f"{fruit}는 재고가 충분합니다.")
11 elif fruit in inventory and inventory[fruit] == "부족":
12     print(f"{fruit}는 재고가 부족합니다. 서둘러 구매하세요!")
13 elif fruit in inventory and inventory[fruit] == "품절":
14     print(f"{fruit}는 품절되었습니다. 다음 입고를 기다려주세요.")
15 else:
16     print(f"{fruit}는 재고 목록에 없는 품목입니다.")

원하는 과일을 입력하세요: 오렌지
오렌지는 품절되었습니다. 다음 입고를 기다려주세요.
```

if-elif-else 조건문은 복잡한 상황을 간결하고 논리적으로 처리할 수 있는 강력한 도구다. 다양한 조건을 순차적으로 평가하여 적절한 작업을 수행할 수 있으므로, 프로그램의 유연성과 가독성을 크게 향상시킬 수 있다. 이러한 조건문을 잘 이해하

문제 해결의 언어, Python

고 활용하면, 더 복잡한 문제를 효율적으로 해결할 수 있는 기반을 마련할 수 있다.

## ④ 중첩 if문

현실의 문제는 종종 단순한 조건으로 해결되지 않는다. 조건 안에 또 다른 조건이 존재하는 경우가 많으며, 이를 논리적으로 처리하기 위해 중첩 if문이 필요하다. 중첩 if문은 조건문 내부에 또 다른 조건문을 포함하는 구조로, 복잡한 논리를 체계적으로 다룰 수 있는 강력한 도구다.

### 중첩 if문의 기본 구조

• **문법**: 중첩 if문의 기본 문법은 다음과 같다.

```
if <조건식1>:
    if <조건식2>:
        <조건식1과 조건식2가 모두 참일 때 실행할 명령어>
    else:
        <조건식1이 참이고 조건식2가 거짓일 때 실행할 명령어>
else:
    <조건식1이 거짓일 때 실행할 명령어>
```

• **특징**: 조건문 내부에 또 다른 조건문을 배치하여 논리적 흐름을 세분화한다.
   ☑ if-else와 if를 조합하여 다양한 경우를 처리할 수 있다.
   ☑ 들여쓰기로 블록을 명확히 구분해야 한다.

### 중첩 if문의 작동 원리
중첩 if문은 다음과 같은 방식으로 동작한다.

① **조건식1 평가**: 조건식1이 참(True)이면 내부의 조건식2를 평가한다.

조건식1이 거짓(False)이면 외부 else 블록 실행.

**2** **조건식2 평가**: 조건식2가 참(True)이면 해당 중첩 if 블록 실행.

조건식2가 거짓(False)이면 해당 중첩 else 블록 실행.

**3** **다음 단계로 이동**: 모든 조건문 실행이 완료된 후 다음 명령어로 이동.

순서도로 표현하면 다음과 같다.

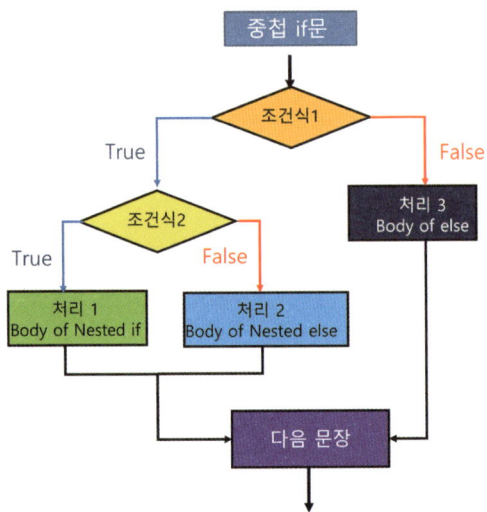

**중첩 if문 작성 시 유의 사항**

- **들여쓰기와 가독성**: 중첩 if문은 들여쓰기가 많아질수록 코드의 가독성이 떨어질 수 있다. 따라서 들여쓰기를 일관되게 유지하고, 지나치게 복잡한 중첩은 피해야 한다.
- **논리적 순서**: 조건식을 논리적으로 배치하여 중복된 조건을 방지해야 한다. 예를 들어, 내부 조건이 외부 조건과 독립적이지 않은 경우에는 논리적 오류가 발생할 수 있다.
- **조건 단축**: 중첩 조건문을 간단히 표현할 수 있는 방법이 있다면, and와 같은 논리 연산자를 활용하여 단일 조건문으로 변환할 수 있다.

문제 해결의 언어, Python

## • 예제 1: 학생의 성적 및 출석률 평가

학생의 점수와 출석률을 평가하여 합격 여부를 판단하는 중첩 if문

```python
1 score = int(input("점수를 입력하세요: "))
2
3 if score >= 70:
4     attendance = int(input("출석률을 입력하세요 (%): "))
5     if attendance >= 80:
6         print("합격입니다!")
7     else:
8         print("출석률이 부족하여 불합격입니다.")
9 else:
10    print("점수가 부족하여 불합격입니다.")
```

```
점수를 입력하세요: 92
출석률을 입력하세요 (%): 78
출석률이 부족하여 불합격입니다.
```

## • 예제 2: 쇼핑몰 배송 옵션 결정

고객의 지역과 구매 금액에 따라 배송 옵션을 결정하는 중첩 if문

```python
1 region = input("배송 지역을 입력하세요 (국내/해외): ")
2
3 if region == "국내":
4     amount = int(input("구매 금액을 입력하세요 (원): "))
5     if amount >= 50000:
6         print("무료 배송이 적용됩니다.")
7     else:
8         print("배송비는 3,000원입니다.")
9 else:
10    print("해외 배송은 별도의 요금이 책정되어 부과됩니다.")
```

```
배송 지역을 입력하세요 (국내/해외): 해외
해외 배송은 별도의 요금이 책정되어 부과됩니다.
```

중첩 if문은 조건문 내부에서 추가 조건을 평가하고 처리할 수 있는 강력한 도구다. 이를 활용하면 복잡한 논리를 간결하게 설계하고, 다양한 상황을 체계적으로 처리할 수 있다. 다만, 지나치게 복잡한 중첩 구조는 가독성을 떨어뜨릴 수 있

으므로, 조건식의 단순화와 논리적 배치를 항상 염두에 두어야 한다. 중첩 if문을 적절히 활용하면, 더욱 정교하고 유연한 프로그램 설계가 가능해진다. 조건문은 프로그램이 상황에 따라 올바른 결정을 내릴 수 있도록 돕는 가장 기본적이고 강력한 도구다. 특히, 이 단원에서 다룬 다양한 if문의 형태는 프로그래머가 다양한 문제를 논리적이고 체계적으로 해결하는 데 필수적인 기반을 제공한다. 단순 조건문은 가장 기본적인 형태로, 특정 조건이 참일 때만 동작을 수행하며, 프로그램의 흐름을 간결하게 제어한다. if-else 조건문은 조건이 거짓일 때 대체 작업을 명확히 지정함으로써 더욱 유연한 흐름을 제공한다. if-elif-else 조건문은 여러 경우의 수를 효과적으로 처리할 수 있는 구조로, 복잡한 상황에서도 직관적인 코드 작성을 가능하게 한다. 마지막으로, 중첩 if문은 다단계 조건을 논리적으로 설계하는 데 강력한 도구가 된다.

이 단원을 통해 조건문의 다양한 형태와 활용 방법을 학습하면서, 복잡한 논리를 프로그램에 담아내는 방법을 체계적으로 익힐 수 있었다. 다양한 if문은 문제 해결의 기반이 되는 동시에, 코드를 더욱 직관적이고 가독성 높게 만드는 열쇠이기도 하다.

문제 해결의 언어, Python

조건문은 프로그래밍에서 데이터를 기반으로 결정을 내리고, 상황에 따라 프로그램의 흐름을 제어하는 가장 기본적인 구조다. 그러나 조건문은 단순히 프로그래밍 문법의 일부로 학습되고 끝나는 것이 아니다. 조건문은 현실 세계의 복잡한 문제를 해결하고, 데이터 기반 의사결정을 구현하는 데 그 진정한 가치를 발휘한다.

우리가 사용하는 검색 엔진의 결과 정렬, 모바일 앱에서의 추천 알고리즘, 온라인 게임의 규칙과 동작 모두 조건문의 활용으로 이루어진다. 조건문은 데이터와 논리를 연결하며, 다양한 상황에 맞는 유연한 해결책을 제시할 수 있는 강력한 도구다. Python에서 조건문을 학습하고 직접 코드를 작성해보는 과정은 단순히 코드의 흐름을 이해하는 것을 넘어, 문제를 분석하고 해결하는 컴퓨팅 사고력을 키우는 중요한 단계다. 조건문을 통해 데이터의 상태를 판단하고, 적합한 논리적 흐름을 설계하며, 상황에 맞는 결정을 내리는 능력을 기를 수 있다.

이제 학습한 내용을 바탕으로, 조건문이 우리의 일상에서 어떻게 활용될 수 있는지 체험해보자. 조건문을 사용하여 데이터에 기반한 의사결정을 구현하고, 다양한 상황에서 올바른 동작을 수행하는 프로그램을 설계하는 과정을 통해, 조건문의 강력함을 직접 경험할 수 있다. 예를 들어, 날씨에 따라 옷차림을 추천하는 간단한 프로그램을 작성하거나, 사용자의 점수를 입력받아 성적을 출력하는 프로그램을 만들어보며, 조건문이 데이터 중심의 문제 해결에 얼마나 중요한 역할을 하는지 느껴볼 수 있을 것이다. 조건문은 단순한 선택의 구조를 넘어, 복잡한 문제를 체계적으로 해결하고 데이터를 효율적으로 처리하는 사고의 도구다. 학습한 내용을 기반으로 도전 과제를 풀며, 조건문의 진정한 가치를 느껴보자.

**나만의 대화 챗봇을 만들어 볼까!**　요즘 세상, 챗봇 없는 생활은 상상하기 어렵다. 아침에는 날씨를 알려주고, 점심엔 추천 메뉴를 제안하고, 저녁엔 하루를 마무리하며 대화를 나눌 수 있는 챗봇. 그런데 이런 챗봇을 직접 만들어볼 수 있다면 어떨까? 너무 어려운 일이라고 생각할 수도 있지만, 사실 조건문만 제대로 활용하면 기본적인 챗봇 정도는 뚝딱 만들어낼 수 있을 것이다.

생각해보자. 사용자가 "안녕"이라고 입력하면, 챗봇이 "안녕하세요! 오늘도 즐거운 하루 되세요!"라고 답한다면 어떨까? 또 "도움"이라고 하면 챗봇이 "필요한 도움을 말씀해주세요. 제가 할 수 있는 한 돕겠습니다!"라고 대답하고, "끝"이라고 하면 "프로그램을 종료합니다. 좋은 하루 보내세요!"라고 깔끔히 마무리한다면, 이 정도면 챗봇 기본은 충분히 갖춘 것 아닐까?

조건문이면 충분하다. 다양한 반응을 만드는 데 복잡한 기술이 필요한 건 아니다. 조건문만 제대로 활용하면 사용자의 입력에 따라 적절히 반응하는 대화형 챗봇을 만들 수 있다. 사용자가 입력한 내용을 조건문으로 판단하고, 이에 따른 응답을 출력하면 된다. 이제 단계별로 나만의 대화 챗봇 프로그램을 설계해보자.

- **1단계: 문제 정의**

  **문제**: 사용자가 입력한 명령어에 따라 챗봇이 적절한 반응을 출력한다.
  - ☑ **입력 데이터**: 사용자가 입력한 명령어(예: "안녕", "도움", "끝").
  - ☑ **출력 결과**: 명령어에 따라 다른 메시지를 출력하거나 프로그램을 종료한다.
  - ☑ **목표**: 사용자가 기대하는 응답을 제공하는 간단한 대화형 챗봇 구현.
    조건문을 활용하여 사용자 입력을 논리적으로 처리.

- **2단계: 조건문 형태 결정**
  - ☑ **조건문 형태**: 입력 명령어에 따라 서로 다른 동작을 수행해야 하므로 if-elif-else 조건문이 적합하다.

- **3단계: 조건식 구성**

  조건식은 사용자가 입력한 명령어를 비교하여 논리적으로 동작을 결정해야 한다.

- **4단계: 각 조건에 따라 처리 내용 설계**

문제 해결의 언어, PYTHON

입력 내용에 따라 적절한 출력 문구를 작성하여 처리한다.

- **5단계: 전체 코드 흐름 설계**

  전체 코드의 흐름을 알고리즘적 사고력을 기반으로 설계한다.

- **6단계: 테스트와 검증**

  다양한 입력 데이터를 사용해 프로그램이 예상대로 작동하는지 테스트한다.

  간단한 예시 프로그램은 다음과 같다.

```
1 while True:
2     command = input("무엇을 하고 싶으신가요? (안녕/도움/끝): ")
3
4     if command == "안녕":
5         print("안녕하세요! 오늘도 좋은 하루 되세요.")
6     elif command == "도움":
7         print("제가 도와드릴 수 있는 목록입니다. 무엇을 도와드릴까요?")
8     elif command == "끝":
9         print("프로그램을 종료합니다. 좋은 하루 보내세요.")
10        break
11    else:
12        print("알 수 없는 명령입니다. 다시 시도해주세요.")

무엇을 하고 싶으신가요? (안녕/도움/끝): 안녕
안녕하세요! 오늘도 좋은 하루 되세요.
무엇을 하고 싶으신가요? (안녕/도움/끝): 도움
제가 도와드릴 수 있는 목록입니다. 무엇을 도와드릴까요?
무엇을 하고 싶으신가요? (안녕/도움/끝): 끝
프로그램을 종료합니다. 좋은 하루 보내세요.
```

조건문을 활용하여 사용자 입력을 논리적으로 처리하고, 다양한 반응을 제공하는 프로그램을 구현할 수 있다. 조건문의 강력함은 간단한 논리부터 시작해 복잡한 동작까지 확장할 수 있다는 데 있다. 이제 다음의 도전 과제를 통하여 자신만의 조건문 활용을 경험해보자.

## 🎯 도전 과제

생각하기 1: 숫자 맞추기 게임

"컴퓨터가 선택한 숫자를 내가 맞출 수 있을까? 아니면 컴퓨터가 나를 이길까?" 1부터 100 사이의 비밀 숫자를 맞추는 게임에 도전해보자! 컴퓨터는 정답을 알고 있고, 나는 최대 5번의 기회 안에 그 숫자를 맞춰야 한다. 조건문을 활용해 컴퓨터가 "더 큽니다" 또는 "더 작습니다"와 같은 힌트를 주고, 내가 정답에 점점 가까워질 수 있도록 돕는다. 이 단순하지만 강력한 게임으로 조건문의 힘을 느껴보고, "내가 컴퓨터를 이겼다!"라는 짜릿한 성취감을 맛보자.

참고로, 이 게임을 시작하려면, 컴퓨터가 비밀 숫자를 랜덤으로 선택해야 한다. 다음 코드를 활용해 컴퓨터의 비밀 숫자를 생성할 수 있다.

```
1 import random
2
3 # 컴퓨터가 1부터 100 사이의 숫자를 선택
4 secret_number = random.randint(1, 100)
5 print(f"컴퓨터가 비밀 숫자 {secret_number} 선택했습니다!")

컴퓨터가 비밀 숫자 72 선택했습니다!
```

물론 위의 코드는 확인용으로 생성된 코드를 출력하였다. 실제 도전에서는 선택된 숫자를 출력하면 의미가 없을 것이다. 정답을 맞추는 도전 속에서 조건문의 강력함을 체험할 수 있을 것이다!

생각하기 2: 나이에 따른 영화 등급을 확인해보자!

"내 나이에 맞는 영화는 무엇일까? 조건문으로 쉽게 알아보자!" 영화 등급제를 기반으로, 사용자의 나이에 따라 관람 가능한 영화 등급을 확인하는 프로그램을 만들어 보자.

✔ **전체 관람가(ALL):** 모든 연령이 관람 가능하다.

✔ **12세 관람가(12):** 12세 이상만 관람 가능.

✔ **15세 관람가(15):** 15세 이상만 관람 가능.

☑ **청소년 관람불가(19)**: 19세 이상만 관람 가능.

조건문을 활용해 사용자가 입력한 나이를 평가하고, 적합한 등급을 추천하는 프로그램이다. 전체 관람가 영화부터 청소년 관람불가 영화까지 관람할 수 있는 영화는 무엇인지 알아보는 간단하지만 조건문에 대하여 확실하게 경험할 수 있는 프로그램이 될 것이다. 재미와 실용성을 모두 갖춘 이 도전에 함께해보자.

### 생각하기 3: '오늘 뭐 먹지?' 메뉴 추천 프로그램 도전!

매일 고민되는 점심 메뉴! "오늘은 뭘 먹어야 할까?" 이제 조건문을 활용해 컴퓨터가 나를 대신해 메뉴를 추천하도록 만들어보자. 간단한 입력만으로 한식, 중식, 일식, 양식, 그리고 분식 중 오늘 먹을 메뉴를 결정하고, 추천 메시지를 출력하는 프로그램을 작성할 수 있다. 또는 시간적 여유를 입력 받아 그에 따른 메뉴를 추천할 수도 있다. "오늘 점심 메뉴는 무엇이 좋을까?" 같은 일상 속 고민을 해결하는 유용한 프로그램을 만들어보며, 조건문의 활용성을 재미있게 체감해보자.

조건문은 단순한 코드의 흐름 제어를 넘어, 데이터와 문제를 다루는 강력한 도구다. 우리는 조건문을 통해 다양한 입력을 분석하고, 논리적 판단을 기반으로 적합한 결과를 도출하는 과정을 배웠다. 이제 이러한 조건문을 활용해, 복잡한 문제를 해결하거나 일상적인 도전을 프로그램으로 구현해보는 단계에 도달했다. 일상의 문제를 떠올려 보자. 예를 들어, 날씨에 따라 옷차림을 추천하거나, 영화 등급을 안내하거나, 숫자 맞추기 게임을 구현할 수 있다. 이 모든 것이 조건문으로 가능하다. 조건문은 우리의 논리를 코드로 구현하는 강력한 도구이며, 이를 통해 문제를 더욱 체계적으로 해결할 수 있다.

이제 여러분의 컴퓨팅 사고력을 발휘할 차례다. 조건문을 활용하여 일상 속 작은 도전을 프로그램으로 만들어보자. "내가 직접 만든 프로그램이 나의 문제를 해결한다"는 성취감은 단순한 학습 이상의 가치를 선사할 것이다. 조건문은 단지 코드를 작성하는 기술이 아니라, 문제를 분석하고, 데이터를 기반으로 최적의 결정을 내리는 사고방식의 도구다. 여러분만의 논리와 창의력을 더해, 조건문을 활용한 창의적인 해답을 만들어 가며 새로운 문제 해결의 가능성을 열어보자!

조건문은 단순히 코드의 흐름을 제어하는 기능을 넘어, 데이터와 문제를 다루는 사고방식의 첫걸음이다. 조건문을 학습하며 우리는 데이터와 논리를 연결하고, 문제를 분석하고, 상황에 맞는 결정을 내리는 과정을 체험했다. 이는 프로그래밍의 가장 기본적이고도 강력한 도구다. 조건문의 이해를 위하여 조건문의 기본 개념을 시작으로, 단순 조건문, if-else, if-elif-else, 그리고 중첩 if문까지 다양한 형태와 활용 방법을 학습했다. 이를 통해 복잡한 상황을 논리적으로 처리하고, 코드의 가독성과 유연성을 향상시키는 방법을 배울 수 있었다.

이 단원을 통해 독자는 다음과 같은 능력을 갖추게 되었다.

— **조건식을 설계하는 논리적 사고력**: 문제의 핵심을 파악하고, 조건식을 통해 이를 명확히 표현할 수 있는 능력을 익혔다.
— **다양한 조건문 활용 능력**: 단순한 분기부터 복잡한 다중 조건, 그리고 중첩된 논리까지 다양한 조건문을 설계하고 구현할 수 있게 되었다.
— **유연하고 가독성 높은 코드 작성**: 명확한 조건식 작성, 불필요한 중복 제거, 들여쓰기와 구조적인 코딩 습관을 통해 효율적이고 직관적인 프로그램 설계 능력을 갖췄다.

조건문은 단순히 프로그램의 흐름을 제어하는 도구를 넘어, 문제를 해결하는 방법을 탐구하고 사고력을 확장하는 기회를 제공했다. 조건문을 제대로 이해하고 활용할 수 있다는 것은 단순한 코딩 기술을 넘어, 복잡한 현실 문제를 체계적으로 분석하고 해결할 수 있는 능력을 의미한다. 이제 독자는 논리적 문제 해결의 기본기를 갖추었으며, 이를 바탕으로 더욱 창의적이고 정교한 프로그램을 설계할 준비가 되었다. 조건문은 프로그래밍의 첫 걸음이지만, 이 단원의 여정은 단순히 시작이 아니라 프로그래밍 사고를 다지는 중요한 전환점이다. 조건문을 통해 배운 것들을 기반으로, 독자는 이제 더 복잡한 논리와 도전을 즐기며 성장할 수 있다. 다음 단계로 나아갈 때, 조건문에서 배운 논리적 사고와 명확한 표현 방법이 계속해서 강력한 도구가 되어줄 것이다.

프로그래밍은 단순한 코드 작성을 넘어 사고의 예술이다. 조건문을 통해 확장된 여러분의 사고력은 더 나은 해결책을 찾아가는 여정의 시작이다. 멈추지 않고 앞으로 나아가기를 응원한다.

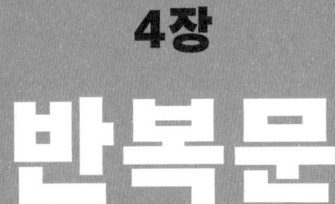

# 4장

# 반복문

```
>>> num_list = [ 5, 10, 15 ]
>>> print( num_list [1] + 34)
44
>>> print( num_list)
[5, 10, 15]
```

Python

☑ 인간은 반복을 통해 성장한다. 학습도, 연습도, 습관도 반복이라는 과정을 통해 우리의 몸과 마음에 새겨진다. 컴퓨터 또한 다르지 않다. 반복은 프로그래밍 언어의 핵심이자, 문제를 효율적으로 해결하는 데 없어서는 안 될 도구이다. 일상 속에서 반복의 개념을 쉽게 찾아볼 수 있다. 매일 아침 일어나 세수하고, 식사하고, 출근하거나 등교하는 일련의 과정을 떠올려 보자. 우리는 의식하지 못하지만, 동일한 행동을 반복하며 우리의 삶을 이어가고 있다. 컴퓨터가 문제를 해결할 때도 이와 같은 반복적인 패턴을 활용한다. 그리고 이러한 반복을 프로그래밍적으로 표현하는 방법이 바로 반복문이다.

☑ 반복문은 동일한 작업을 여러 번 수행할 수 있도록 설계된 도구로, 단순한 계산 작업부터 대규모 데이터 처리, 복잡한 알고리즘 구현까지 폭넓게 사용된다. 반복문을 통해 컴퓨터는 우리의 지시를 효율적으로 수행하며, 우리가 가진 문제를 논리적이고 체계적으로 해결할 수 있다.
그러나 반복문은 단순한 기능 이상이다. 문제를 분석하고, 핵심 구조를 파악하며, 실행 과정을 설계하는 컴퓨팅 사고(Computational Thinking, CT)의 근본적인 요소를 포함한다. 이를 통해 반복문을 단순히 코드 작성 도구로만 바라보는 것이 아니라, 더 나아가 문제 해결의 도구로 활용할 수 있어야 한다.

☑ 이번 단원에서는 반복문의 기본 개념부터 시작해, 대표적인 두 가지 반복문인 for문과 while문, 그리고 반복문 제어를 위한 구문을 학습하게 된다. 이를 통해 반복문의 원리를 이해하고, 반복문을 활용해 효율적이고 강력한 코드를 작성할 수 있는 능력을 키우게 될 것이다. 더불어 반복문 학습을 통해 문제 해결 능력을 더욱 깊이 있게 확장하는 계기가 될 것이다. 지금부터 반복문의 세계로 뛰어들어 보자. Python의 힘을 활용해 문제를 해결하고, 컴퓨팅 사고와 프로그래밍 스킬을 한 단계 더 도약시키는 여정이 시작된다!

반복문은 프로그래밍에서 마치 숨겨진 마법과도 같다. 같은 작업을 여러 번 수행해야 할 때, 모든 과정을 하나하나 작성하지 않고도 효율적이고 간결하게 해결할 수 있는 방법을 제공한다. 반복문은 프로그래밍 언어의 기본 도구로, 코드의 가독성을 높이고, 실행 시간을 줄이며, 복잡한 문제를 단순한 방식으로 풀어내도록 돕는다. 컴퓨팅 사고에서도 반복문은 중요한 역할을 한다. 반복의 본질은 패턴을 찾는 것이다. 문제를 해결하기 위해 반복적으로 발생하는 규칙성을 파악하고 이를 코딩으로 구현함으로써, 단순한 작업을 넘어 창의적이고 복잡한 문제 해결 능력을 키울 수 있다. 이제 반복문의 기본 개념과 필요성, 동작 원리, 그리고 다양한 형태를 살펴보며 반복문에 대한 기초적인 이해를 다질 것이다. 또한, 반복문을 통해 컴퓨팅 사고(Computational Thinking, CT)를 어떻게 적용하고 확장할 수 있는지도 탐구할 것이다. 반복문의 세계를 이해하는 것은 프로그래밍의 첫걸음을 넘어, 문제를 바라보는 새로운 관점을 여는 길이 된다. 지금부터 반복문의 핵심 개념을 함께 탐구하며 효율과 논리를 마스터할 준비를 해보자.

## 1 반복문이란?

반복문은 프로그래밍에서 특정 작업을 여러 번 수행해야 할 때 사용하는 강력한 도구이다. 이를 통해 같은 코드를 반복해서 작성하는 수고를 덜고, 효율적이고 간결한 프로그램을 작성할 수 있다. 반복문은 컴퓨터가 반복적으로 동일한 작업을 수행하도록 제어하는 구조이며, 이는 데이터 처리, 알고리즘 구현, 패턴 출력 등 다양한 상황에서 필수적으로 사용된다.

**반복문의 기본 개념**　반복문은 조건이나 횟수에 따라 특정 코드 블록을 여러 번 실행하는 구조이다. 프로그래밍에서 반복문은 코드의 재사용성을 높이고, 작업의 자동화를 가능하게 하며, 생산성을 극대화한다. 단순한 루프에서부터 복잡한 알고리즘까지, 반복문은 다양한 방식으로 활용된다.

반복문을 제대로 사용하기 위해서는 다음의 특징을 이해해야 한다.

- ☑ **동일한 작업 반복 시 코드 최소화**: 반복문을 사용하면 동일한 코드를 반복해서 작성할 필요가 없다.
- ☑ **작업 자동화 및 효율성 증가**: 반복문은 수동 작업을 줄이고 프로그램의 효율을 높여준다.
- ☑ **종료 조건 설정의 중요성**: 반복 구조에 명확한 종료 조건이 없으면 무한 루프가 발생할 수 있으므로, 종료 조건을 명확히 정의하는 것이 중요하다.

**반복문의 주요 특징**　반복문은 다음과 같은 특징으로 강력한 문제 해결 도구로 자리 잡는다.

- ☑ **코드 재사용**: 동일한 동작을 여러 번 반복하기 위해 새로운 코드를 작성하지 않아도 된다.
- ☑ **조건 제어**: 특정 조건을 만족할 때까지 반복적으로 실행하거나, 주어진 횟수만큼 반복 수행이 가능하다.
- ☑ **중첩 가능**: 반복문 안에 반복문을 삽입해 복잡한 구조를 구현할 수 있다.
- ☑ **조건문과 결합**: 조건문과 결합하여 복잡한 로직을 손쉽게 처리할 수 있다.

**반복문의 실질적 활용**　반복문은 단순히 코드 작성의 편리함을 넘어 다음과 같은 다양한 용도로 활용된다.

- ☑ **데이터 처리**: 대량의 데이터를 처리할 때 반복문은 필수적이다.
- ☑ **패턴 출력**: 원하는 형식의 패턴이나 텍스트를 출력할 때 유용하다.
- ☑ **알고리즘 구현**: 반복적인 계산이나 조건 기반의 알고리즘 구현에서 핵심 역할을 한다.

문제 해결의 언어, Python

반복문은 프로그래머가 효율적으로 문제를 해결하도록 돕는 동시에, 컴퓨팅 사고(Computational Thinking)를 실질적으로 훈련할 수 있는 도구이다. 반복적으로 발생하는 문제의 패턴을 발견하고, 이를 프로그래밍적으로 표현하는 과정을 통해 문제 해결 능력과 논리적 사고를 동시에 키울 수 있다.

**예시로 살펴보는 반복문**   가령, 1부터 10까지의 숫자를 출력하는 프로그램을 작성한다고 생각해 보자. 이를 반복문 없이 작성하려면 왼쪽과 같은 코드를 써야 할 것이다. 그러나 반복문을 활용하면 오른쪽과 같이 단 몇 줄의 코드로 같은 결과를 얻을 수 있다.

```
1 print(1)
2 print(2)
3 print(3)
4 print(4)
5 print(5)
6 print(6)
7 print(7)
8 print(8)
9 print(9)
10 print(10)
```

```
1 for i in range(1, 11):
2     print(i)
```

반복문 미사용                  반복문 사용

이처럼 반복문은 코드의 길이를 줄이고, 가독성을 높이며, 확장성을 제공한다. 이는 반복문이 프로그래밍에서 없어서는 안 될 중요한 개념임을 보여준다. 반복문의 세계를 이해하는 것은 소프트웨어 리터러시를 높이는 첫걸음이다. 이를 통해 단순한 작업을 넘어 복잡한 문제를 효율적으로 해결할 수 있는 능력을 키울 수 있다. 이제 반복문을 본격적으로 탐구하며, 컴퓨터와 함께 문제를 해결하는 창의적 여정을 시작해 보자.

## ② 반복문 필요성

반복문은 효율적인 문제 해결을 가능하게 하는 프로그래밍의 필수 요소다. 프로그래머가 동일한 작업을 반복적으로 수행해야 하는 상황은 무수히 많다. 하지만 매번 같은 코드를 일일이 작성하는 것은 시간과 자원의 낭비이며, 유지보수의 어려움까지 초래한다. 이런 문제를 해결하고 코드의 품질을 높이는 데 반복문은 핵심 역할을 한다.

**효율성과 생산성의 향상**   반복문을 사용하면 단순한 작업을 자동화하여 시간과 노력을 절약할 수 있다. 동일한 동작을 반복 실행해야 할 때, 반복문은 프로그래머가 수작업으로 작성해야 할 코드를 대폭 줄여준다. 이는 코드 작성 시간을 단축시키고, 프로그램의 실행 효율성을 극대화한다. 앞선 설명과 같이, 100개의 숫자를 출력해야 하는 작업을 생각해 보자. 반복문 없이 작성한다면, 코드를 100줄이나 써야 할 것이다. 하지만 반복문을 활용하면 단 몇 줄로 동일한 작업을 수행할 수 있다. 이처럼 반복문은 코드의 효율성을 혁신적으로 높이는 도구다.

**가독성과 유지보수성의 강화**   코드의 길이가 줄어들수록 가독성이 좋아지고 유지보수가 쉬워진다. 반복문을 사용하면 복잡하고 긴 코드를 간결하고 이해하기 쉽게 작성할 수 있다. 이는 팀 프로젝트나 장기적인 소프트웨어 개발에서 매우 중요한 요소다. 코드가 간결할수록 다른 개발자가 내용을 이해하기 쉽고, 오류를 수정하거나 기능을 추가하는 작업도 수월해진다.

**작업 자동화와 성능 최적화**   반복문은 단순히 작업을 반복하는 것을 넘어, 데이터 처리나 알고리즘 구현과 같은 고도화된 작업에서 그 필요성이 더욱 빛난다. 반복문을 통해 데이터 필터링, 패턴 출력, 복잡한 수학 계산 등 다양한 작업을 자동화할 수 있으며, 프로그램의 성능을 최적화하는 데 기여한다. 예를 들어, 대규모 데이터를 분석하거나, 알고리즘을 설계하고 실행해야 할 때 반복문은 핵심적인 역할을 한다. 데이터가 수천, 수만 개에 달할지라도 반복문을 활용하면 이를 효율적으로 처리할 수 있다.

문제 해결의 언어, Python

반복문은 알고리즘 구현의 기초다. 반복적인 계산이 필요한 알고리즘이나, 조건에 따라 동작이 달라지는 알고리즘은 반복문 없이는 작성하기 어렵다. 반복문을 통해 복잡한 문제를 단계적으로 해결하며, 프로그래밍의 논리와 구조를 심화시킬 수 있다.

반복문은 단순해 보이지만 그 활용 범위는 무궁무진하다. 반복문이 없다면 프로그래밍의 많은 영역에서 비효율이 발생할 수밖에 없다. 반복문은 단순한 코딩 도구를 넘어, 문제 해결을 위한 핵심적 사고 방식을 제공한다. 결국 반복문의 필요성은 단순히 "코드를 줄인다"는 데 그치지 않는다. 반복문은 프로그래머가 작업을 효율적으로 자동화하고, 코드를 읽기 쉽게 만들며, 데이터와 알고리즘을 다루는 능력을 극대화하는 데 없어서는 안 될 도구다. 반복문을 통해 우리는 단순함 속에서 강력함을 발견하고, 더 나은 문제 해결로 나아갈 수 있다.

# ③ 반복문 동작 과정

반복문의 동작 과정은 마치 기계의 작동 원리처럼 논리적이고 명확하다. 조건을 확인하고, 조건이 참일 때 실행하며, 조건이 거짓이 되면 종료한다는 단순한 원칙에 따라 반복문은 작동한다. 이 과정은 데이터 처리부터 알고리즘 구현까지 모든 영역에서 핵심적인 역할을 한다.

반복문은 항상 조건 확인으로 시작한다. 이는 반복문의 가장 중요한 기둥으로, 어떤 코드가 실행되어야 하는지를 결정한다. 조건은 참(True) 또는 거짓(False)으로 평가되며, 그 결과에 따라 반복문의 다음 단계가 결정된다. 조건은 데이터 값, 비교 연산, 또는 특정 함수의 결과로 정의될 수 있다.

조건이 참으로 평가되면 반복문 내부에 작성된 명령문(Statement)이 실행된다. 이 명령문은 단순한 출력부터 복잡한 계산, 데이터 처리, 또는 알고리즘 구현 등 다양한 작업을 포함할 수 있다. 이 단계는 반복문의 핵심 작업 단계라 할 수 있으며, 반복문이 목적을 수행하는 단계다.

**Step 3. 조건 재확인과 반복**　명령문이 실행된 후, 반복문은 다시 조건을 확인한다. 조건이 여전히 참이라면, 같은 작업을 반복하여 실행한다. 이처럼 반복문은 조건이 거짓이 될 때까지 계속해서 순환하며 작업을 수행한다. 이를 루프(loop)라 하며, 반복문이 가진 가장 큰 장점이자 핵심 기능이다.

**Step 4. 조건이 거짓일 경우: 반복문 종료**　반복문은 조건이 거짓으로 평가되는 순간 종료된다. 반복이 끝난 뒤에는 반복문 이후에 작성된 코드로 진행되며, 프로그램의 흐름은 정상적으로 이어진다. 이는 반복문의 유연성을 보여주는 부분으로, 필요에 따라 반복 작업을 종료하고 다음 작업으로 넘어가도록 설계할 수 있다.

**동작 과정을 그림으로 이해하기**

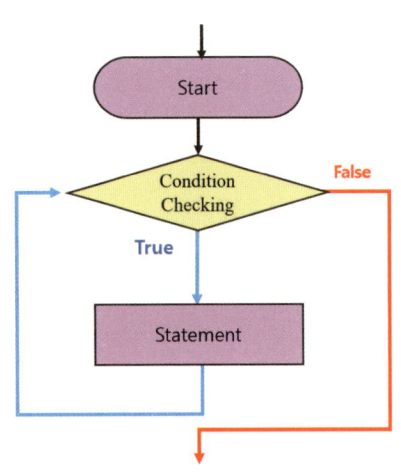

1 단계. Start: 반복문 시작
2 단계. Condition Checking: 조건 확인
　▶ 조건이 참(True)일 경우, 3 단계로 진행.
　▶ 조건이 거짓(False)일 경우, 반복문 종료.
3 단계. Statement: 반복문의 본체 코드 실행
4 단계. 다시 2 단계로 돌아가 조건 확인

**반복문의 효율성: 동작 과정의 의미**　반복문의 동작 과정은 반복문이 효율적이고 강력한 도구로 자리잡은 이유를 잘 보여준다. 조건을 기반으로 반복 작업을 수행하는 구조 덕분에, 반복문은 코드의 길이를 줄이고 오류를 최소화하며 작업의 자동화를 가능하게 한다. 이러한 과정 덕분에 반복문은 프로그래밍에서 없어서는 안 될 중요한 개념으로 자리잡고 있다.

문제 해결의 언어, Python

반복문은 단순한 구조 안에 무한한 가능성을 품고 있다. 이 동작 과정을 이해하는 것은 반복문을 능숙하게 활용하기 위한 첫걸음이다. 프로그램의 논리적 흐름을 설계하고, 반복문을 통해 효율적인 문제 해결의 길을 열어보자.

## 4️⃣ 반복문의 형태

반복문은 다양한 형태를 가지고 있어 문제의 성격과 요구사항에 맞게 유연하게 사용할 수 있다. 주로 조건 반복과 횟수 반복의 두 가지 형태로 나뉘며, 각 형태는 특정한 상황에서 더 효과적으로 활용된다. 이 두 가지는 프로그래밍 세계에서 반복 작업을 설계하는 데 핵심적인 역할을 한다. 다음은 반복문의 두 가지 대표적인 형태인 for문과 while문을 현실적인 예로 보여준다.

**횟수 반복(for문): 정해진 횟수만큼 반복** 횟수 반복은 반복 횟수가 미리 정해져 있는 경우 사용한다. for문은 주로 리스트, 튜플, 문자열 같은 반복 가능한 객체 (iterable)의 각 요소를 순차적으로 처리하거나, 특정 범위의 숫자를 반복적으로 순회할 때 사용된다. 앞의 예시에서, "40분 동안 달린다!"라는 트레이너의 명령처럼 명확한 반복 횟수나 범위가 정의된 경우에 적합하다. 이는 우리가 처리해야 할 데이터의 양이나 실행해야 할 작업의 횟수가 사전에 명확히 주어졌을 때 매우 유용하다. 실제 코드를 구현하면 다음과 같다.

```
1 for minute in range(1, 41):  # 1부터 40까지 반복
2     print(f"{minute}분", end='...')
3 print('Wn40분 달리기를 완료했습니다!')

1분...2분...3분...4분...5분...6분...7분...8분...9분...
40분 달리기를 완료했습니다!
```

for문의 특징은 다음과 같이 정리된다.

✔ 정해진 범위나 데이터 집합을 순회하며 반복.

✔ 코드의 가독성을 높이고, 실행 흐름을 명확히 파악 가능.

✔ 데이터 처리, 리스트 순회, 정해진 패턴의 출력 등 다양한 작업에 사용.

**while문: 조건이 성립될 때까지 반복**    조건 반복은 특정 조건이 참(True)인 동안 반복적으로 코드를 실행하는 방식이다. 이 형태는 반복 횟수가 미리 정해져 있지 않을 때 유용하다. 조건이 더이상 참이 아니라면 반복이 종료되며, 프로그램은 다음 작업으로 넘어간다. 예를 들어, 트레이너가 "과체중이라면 계속 달리세요!"라고 말하는 상황처럼 반복 횟수가 정해지지 않고, 조건에 따라 실행 여부가 결정될 때 사용된다. 이는 데이터 상태가 동적으로 변하거나, 종료 조건이 사전에 명확하지 않은 경우 유용하다. while문의 특징은 다음과 같다.

✔ 조건이 동적으로 변할 때 적합.

✔ 예를 들어, 특정 데이터가 준비될 때까지 기다리거나, 사용자의 입력에 따라 종료 여부를 결정할 때 사용.

✔ 종료 조건이 명확히 정의되지 않으면 무한 루프가 발생할 수 있음.

앞선 현실 속 while문의 예시 코드는 다음과 같이 구현 가능하다.

```
1 overweight = True
2
3 while overweight:
4     print("운동 중입니다. 과체중 상태를 점검하세요.")
5     # 과체중 상태 확인
6     user_input = input("현재 과체중 상태인가요? (yes/no): ")
7     if user_input == "no":
8         overweight = False  # 조건이 해제되면 루프 종료
9
```

문제 해결의 언어, Python

```
10 print("축하합니다! 과체중 상태를 벗어났습니다.")
```

```
운동 중입니다. 과체중 상태를 점검하세요.
현재 과체중 상태인가요? (yes/no): yes
운동 중입니다. 과체중 상태를 점검하세요.
현재 과체중 상태인가요? (yes/no): yes
운동 중입니다. 과체중 상태를 점검하세요.
현재 과체중 상태인가요? (yes/no): no
축하합니다! 과체중 상태를 벗어났습니다.
```

물론 앞에서의 40분 반복의 for문을 다음과 같이 while문으로도 구현할 수 있다.

```
1 minute = 1  # 초기 값 설정
2
3 while minute <= 40:  # 1부터 40까지 반복
4     print(f"{minute}분", end='...')
5     minute += 1  # 1씩 증가
6
7 print('₩n40분 달리기를 완료했습니다!')
```

```
1분...2분...3분...4분...5분...6분...7분...8분...9분...
40분 달리기를 완료했습니다!
```

for문과 while문 코드의 차이점은 다음과 같다.

- ✔ for문은 범위가 주어질 때 적합하고 간결하게 표현 가능.
- ✔ while문은 범위 대신 조건을 사용하며, 반복 횟수를 제어하기 위해 별도의 변수 초기화 및 증감이 필요.

앞선 코드처럼 두 반복문의 동작 결과는 동일하지만, 상황에 따라 적합한 반복문을 선택해 사용할 수 있다. 반복문의 형태를 선택하는 것은 단순히 문법을 따르는 것을 넘어, 문제 해결에 가장 적합한 도구를 고르는 일이다. 조건 반복은 불확실성과 변동성이 있는 상황에 적합하며, 횟수 반복은 정해진 범위 내에서 효율적인 작업을 보장한다.

반복문은 프로그래밍 세계에서 다양한 문제를 해결하는 데 없어서는 안 될 강력한 도구다. 조건 반복과 횟수 반복이라는 두 가지 형태를 이해하고 이를 자유롭게 활용할 수 있다면, 복잡한 문제도 보다 간결하고 명확하게 해결할 수 있을 것이다.

반복문의 형태는 단순한 선택지가 아니라, 효율성과 창의성을 극대화하는 열쇠다.

## ⑤ 반복문을 위한 CT

반복문은 단순한 코딩 도구를 넘어, 문제를 분석하고 해결하며 논리적으로 사고하는 능력을 키우는 데 중요한 역할을 한다. 이를 위해 컴퓨팅 사고력(Computational Thinking, CT)은 필수적이다. 반복문과 결합된 컴퓨팅 사고력은 더 나은 문제 해결과 창의적 아이디어를 실현하는 발판이 된다.

### 반복문과 컴퓨팅 사고력의 연결

- **논리적 사고력**: 반복문은 특정 조건이 만족될 때 작업을 반복한다. 이는 명확한 논리를 통해 문제를 분석하고, 그에 따라 프로그램의 흐름을 설계하는 능력을 필요로 한다.

  **예** "학생들의 평균 점수를 구하라"는 문제에서, 각 학생의 점수를 하나씩 더한 뒤 학생 수로 나누는 과정을 반복문으로 표현할 수 있다.

```
1 scores = [80, 90, 70, 85]
2 total = 0
3 for score in scores:
4     total += score
5 average = total / len(scores)
6 print(f"평균 점수: {average}")
```

평균 점수: 81.25

- **패턴 인식**: 반복문은 반복되는 작업 속에서 패턴을 발견하고 이를 코드로 구현한다.

  **예** "삼각형 모양의 별 패턴을 출력하라"는 문제를 해결하기 위해 패턴을 인식하고 반복문을 활용한다.

```
1 rows = 5
2 for i in range(1, rows + 1):
```

```
3      print("*" * i)
*
**
***
****
*****
```

- **알고리즘적 사고력**: 복잡한 문제를 해결하기 위해 단계적으로 접근하는 알고리즘적 사고는 반복문의 핵심이다.

  **예** 숫자 리스트에서 최대값을 찾는 알고리즘을 반복문으로 구현한다.

```
1 numbers = [3, 7, 2, 9, 5]
2 max_num = numbers[0]
3 for num in numbers:
4     if num > max_num:
5         max_num = num
6 print(f"최대값: {max_num}")

최대값: 9
```

- **추상화 사고력**: 반복문은 문제의 본질적인 패턴을 추출하고, 복잡한 세부 사항을 단순화하는 데 사용된다.

  **예** 여러 학생의 시험 점수를 분석하여 합격 여부를 판별하는 프로그램.

```
1 scores = [75, 50, 90, 65]
2 for score in scores:
3     if score >= 70:
4         print(f"{score}점: 합격")
5     else:
6         print(f"{score}점: 불합격")

75점: 합격
50점: 불합격
90점: 합격
65점: 불합격
```

- **데이터 수집과 분석**: 반복문은 대량의 데이터를 처리하고 분석하는 데 없어서는 안 될 도구다.

  **예** 사용자의 입력을 반복적으로 받아 저장한 뒤 평균을 계산.

```
1 data = []
2 for _ in range(5):
3     value = int(input("숫자를 입력하세요: "))
4     data.append(value)
5 print(f"입력된 데이터 평균: {sum(data) / len(data)}")

숫자를 입력하세요: 35
숫자를 입력하세요: 57
숫자를 입력하세요: 514
숫자를 입력하세요: 352
숫자를 입력하세요: 142
입력된 데이터 평균: 220.0
```

## 반복문을 통한 사고력 확장

• **병렬화 처리 능력**: 여러 작업을 동시에 처리하는 능력은 반복문에서 자연스럽게 학습된다. 예를 들어, 다중 데이터 세트를 병렬로 분석하는 과정을 반복문으로 처리할 수 있다.

> **예** 3명의 학생들의 시험 점수를 처리하여 평균 점수를 계산하려고 한다. 각 학생은 여러 과목을 수강했으며, 각 학생의 평균 점수를 구하는 병렬 처리를 반복문으로 구현.

```
1 students_scores = [
2     [80, 90, 85],  # 첫 번째 학생의 점수
3     [75, 85, 95],  # 두 번째 학생의 점수
4     [70, 80, 90]   # 세 번째 학생의 점수
5 ]
6
7 averages = []  # 각 학생의 평균 점수를 저장
8
9 # 학생별 점수 처리
10 for scores in students_scores:
11     student_avg = sum(scores) / len(scores)  # 평균 점수 계산
12     averages.append(student_avg)
13
14 # 결과 출력
15 for i, avg in enumerate(averages, start=1):
16     print(f"학생 {i}의 평균 점수: {avg:.2f}")

학생 1의 평균 점수: 85.00
학생 2의 평균 점수: 85.00
학생 3의 평균 점수: 80.00
```

문제 해결의 언어, Python

- **시뮬레이션**: 반복문을 사용해 현실 세계의 문제에 대하여 랜덤성, 시간 흐름 등을 조건으로 모델링하거나 시뮬레이션할 수 있다. 예를 들어, 주식 시장의 변화를 시간 단위로 시뮬레이션하는 코드 작성이 가능하다.

> **예** 주식의 초기 가격이 100으로 시작하여, 매 시간마다 1~10%의 랜덤한 변화를 겪는 시뮬레이션을 10시간 동안 실행.

```python
1  import random
2
3  stock_price = 100  # 초기 주식 가격
4  hours = 10  # 시뮬레이션 시간
5
6  print("시간Wt주식 가격")
7  print("----------------")
8
9  # 시간 단위로 시뮬레이션
10 for hour in range(1, hours + 1):
11     change = random.uniform(-0.1, 0.1)  # -10% ~ 10% 변화
12     stock_price += stock_price * change  # 가격 변화 반영
13     print(f"{hour}시Wt{stock_price:.2f}")
```

```
시간    주식 가격
----------------
1시     98.67
2시     89.17
3시     82.41
4시     74.77
5시     71.32
6시     72.27
7시     66.29
8시     69.51
9시     68.85
10시    65.07
```

## 반복문을 통한 계산 능력과 최적화 추론

- **계산 능력**: 반복문은 반복적인 계산을 자동화하여 복잡한 수학적 문제나 데이터를 효율적으로 처리할 수 있는 도구다. 계산 능력은 특히 수치 데이터를 다룰 때 중요하며, 반복문을 통해 다양한 상황에서 활용 가능하다.

> **예** 숫자 1부터 100까지의 합을 계산하는 프로그램.

```
1 total = 0
2 for num in range(1, 101):
3     total += num
4 print(f"1부터 100까지의 합: {total}")
```

1부터 100까지의 합: 5050

- **최적화 추론**: 반복문은 동일한 작업을 여러 번 수행할 때 효율적인 방법을 찾는 데 유용하다. 반복 작업 중 불필요한 계산이나 처리 시간을 줄이는 방향으로 프로그램을 개선할 수 있다. 이는 최적화 추론의 과정과 직결된다.

  예  리스트에서 중복된 요소를 제거하는 프로그램.

```
1 data = [1, 2, 2, 3, 4, 4, 5]
2 unique_data = []
3 for item in data:
4     if item not in unique_data:
5         unique_data.append(item)
6 print(f"중복 제거된 데이터: {unique_data}")
```

중복 제거된 데이터: [1, 2, 3, 4, 5]

**반복문 활용으로 키워지는 CT의 핵심**    반복문을 구성하는 것은 사고력이 필수적으로 요구된다.

- ✔ 문제의 논리적 구조를 파악하고, 그에 따라 프로그램을 설계하는 능력.
- ✔ 반복되는 패턴을 찾아내어 단순화하고 추상화하는 기술.
- ✔ 데이터를 수집, 처리, 분석하여 유의미한 결과를 도출하는 능력.

반복문은 컴퓨팅 사고력을 강화하고, 프로그래밍뿐 아니라 다양한 문제를 해결하는 능력을 확장하는 데 중요한 도구다. 이를 통해 복잡한 문제를 간결하고 효율적으로 해결할 수 있는 잠재력을 키울 수 있다. 반복문을 배우는 것은 단순한 코딩을 넘어, 사고의 확장을 경험하는 여정이다.

문제 해결의 언어, Python

# 02 | for문

프로그래밍은 많은 경우, 우리가 지루하게 반복해야 하는 작업을 대신 처리해 주는 도구다. 그리고 그 중심에는 for문이라는 반복문의 대표적 형태가 자리잡고 있다. for문은 단순히 반복을 실행하는 것을 넘어, 데이터를 탐색하고, 패턴을 추출하며, 문제를 구조적으로 해결하는 데 있어 필수적인 역할을 한다.

for문은 명확한 범위나 반복 가능한 데이터 집합을 순회하며 작업을 수행하는 강력한 도구다. 예를 들어, 학생들의 시험 점수를 분석하거나, 파일의 각 줄을 읽거나, 복잡한 알고리즘을 구현할 때 for문은 그 유용함을 여실히 보여준다. 한마디로, for문은 데이터 중심의 사고를 가능하게 하며, 프로그래머가 문제를 더 직관적으로 해결할 수 있도록 돕는다.

**for문, 논리적 사고를 넘어 창의적 도구로**    for문은 프로그래밍 언어의 문법적 단순함 속에서도 무궁무진한 가능성을 열어 준다. 데이터의 크기와 관계없이, 특정 작업을 효율적으로 처리할 수 있는 구조를 제공한다. 반복 작업이 단순한 루틴에서 벗어나, 다양한 자료형과 함수, 구조와 결합될 때, for문은 더 강력한 문제 해결의 무기로 변모한다.

이제 우리는 함께 for문을 다양한 관점에서 탐구하게 된다. 단순한 문법의 이해를 넘어, 실제로 데이터를 다루고 분석하는 데 어떻게 활용할 수 있는지를 배우게 된다. 또한, Python의 고유한 기능인 range()와 enumerate() 함수, 그리고 리스트 내포 등 Python만의 독창적인 반복 구조도 자세히 다룬다. 마지막으로, 중첩 for문과 같은 고급 주제를 통해 복잡한 문제를 단계적으로 해결하는 방법을 배울 것이다. 이 과정에서 우리는 단순히 for문을 배우는 것에 그치지 않고, 데이터를 사고하는 방식과 코드를 설계하는 능력을 함께 키울 것이다. 이제 반복문의 대표 주자, for문을 본격적으로 탐구할 시간이다. 간결하고 명확한 문법을 기반으로 다양한 활용 방식을 익히며, 문제 해결의 도구로서 for문이 가진 진정한 가치를 발견해 보자. 반복의 아름다움과 데이터를 다루는 즐거움을 동시에 느낄 수 있는 여정을 시작한다!

## 1 for문 이해

for문은 프로그래밍에서 가장 기본적이면서도 강력한 반복문의 형태 중 하나다. 특정 범위 내에서 반복 작업을 수행하거나, 순회 가능한 데이터를 처리할 때 for문은 단순성과 효율성을 제공한다. 이를 이해하는 것은 프로그래밍의 첫걸음을 넘어, 더 복잡한 문제를 해결하는 데 필수적인 사고력을 기르는 과정이다.

**for문의 본질: 정의된 반복**   for문은 정해진 횟수나 범위 내에서 작업을 수행한다. 이는 "몇 번 반복할지", 또는 "어떤 데이터를 순회할지"가 명확히 정의된 경우에 가장 적합하다. 이 명확성 덕분에 코드의 흐름이 예측 가능하고, 디버깅과 유지보수가 용이하다.

**for문과 순회 가능한 객체**   Python의 for문은 단순히 숫자 범위를 반복하는 것뿐 아니라, 리스트, 튜플, 딕셔너리, 문자열 등 순회 가능한 객체(iterable)를 대상으로 작업할 수 있다. 이 기능은 데이터를 처리하거나 분석할 때 for문이 필수적인 이유 중 하나다.

**예** 문자열 순회

```
1 word = "Python"
2 for char in word:
3     print(char, end=' - ')

P - y - t - h - o - n -
```

**for문의 구성 요소**   for문은 일반적으로 다음의 세 가지 요소로 구성된다.

- ☑ **초기화**: 반복할 대상을 지정하거나 시작 값을 설정.
- ☑ **조건식**: 반복할 범위나 조건을 정의.
- ☑ **증감 연산**: 반복이 진행될 때마다 값을 변경.

이 흐름은 다음과 같은 구조로 시각화할 수 있다.

초기화 → 조건 확인 → 처리 실행 → 증감 → 다시 조건 확인

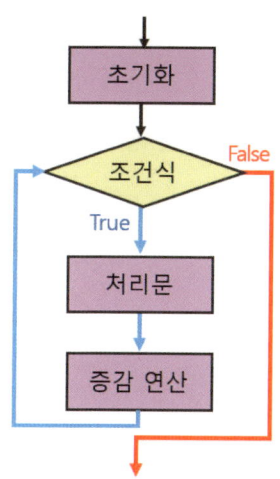

**for문의 장점**   for문은 다음의 장점을 가지고 있다.

- ☑ **명확성**: 범위와 반복 대상이 코드에서 직관적으로 드러남.
- ☑ **유연성**: 숫자뿐 아니라 다양한 데이터 구조와 결합 가능.
- ☑ **간결성**: 반복 작업을 최소한의 코드로 표현.

**현실 속의 for문**   for문은 단순히 반복을 수행하는 것 이상으로, 데이터를 탐구하고 구조를 파악하며 문제를 해결하는 도구로 활용된다. 예를 들어, 학생들의 성적을 분석하거나, 대규모 데이터에서 특정 조건을 찾는 작업 등 실생활의 많은 문제에서 for문은 유용하다.

**예**  리스트에서 특정 조건에 맞는 데이터 찾기

```
1 scores = [45, 78, 88, 92, 67]
2 for score in scores:
3     if score >= 90:
4         print(f"우수한 점수: {score}")
```

```
우수한 점수: 92
```

**for문, 반복 이상의 가치를 담다**    for문은 프로그래밍에서 단순 반복을 넘어, 데이터를 다루는 사고 방식을 키우고 문제를 구조적으로 접근하는 방법을 가르친다. 이를 이해하고 활용하는 것은 효율적인 코드 작성뿐 아니라, 더 나은 문제 해결로 나아가는 첫걸음이다. 이제 for문의 문법과 다양한 활용법을 탐구하며, 그 진정한 가치를 발견해 보자. for문은 단순한 반복문이 아니라, 데이터를 이해하고 다루는 강력한 도구다.

## ② for문 문법

for문은 Python에서 반복 작업을 수행하는 가장 기본적이고 효율적인 방법이다. 그 문법은 단순하면서도 직관적이어서 초보자도 쉽게 익힐 수 있다. 하지만 단순함 뒤에 숨겨진 강력한 기능을 이해하면, 훨씬 더 창의적이고 효율적인 문제 해결이 가능하다.

**for문의 기본 문법**    Python의 for문은 다음과 같은 구조를 가진다.

> for 변수명 in 순회 가능한 객체(sequence):
>     명령문 블록

구성 내용의 설명은 다음과 같다.
- ☑ **변수명**: 반복할 때마다 순회 가능한 객체에서 하나의 요소를 가져와 저장하는 변수.
- ☑ **in**: 순회 가능한 객체를 대상으로 반복 작업을 수행하도록 지시.

문제 해결의 언어, Python

- ✔ **sequence**: 리스트, 튜플, 문자열, range() 등 순회 가능한 데이터 구조.
- ✔ **명령문 블록**: 반복 작업 중 실행할 코드. 들여쓰기로 구분되며, 들여쓰기를 생략하면 문법 오류가 발생. Python에서 들여쓰기는 코드의 구조를 나타내므로 반드시 지켜야 함.

**for문이 가지는 힘**　　for문은 단순히 반복 작업을 수행하는 문법에 그치지 않는다. 데이터를 순회하며 처리하고, 복잡한 문제를 해결하는 데 있어 강력한 도구로 활용된다. Python의 간결한 문법 덕분에 프로그래머는 데이터 중심의 사고를 통해 더 나은 문제 해결 능력을 기를 수 있다. for문 문법을 이해하는 것은 반복 작업의 기초를 다지는 것과 같다. 이제 다음 단계에서는 다양한 자료형과 결합된 for문 활용법을 배워, 반복 상황에서 더 강력한 문제 해결 방법을 익혀보자!

## ③ 자료형 활용 for문

for문은 단순히 숫자 범위만을 반복하는 것이 아니라, Python의 다양한 자료형과 결합되어 강력한 도구로 사용된다. 리스트, 튜플, 딕셔너리, 문자열, 그리고 다른 이터러블(iterable) 객체를 순회하며, 데이터를 처리하고 조작하는 데 필수적인 역할을 한다. 이번 섹션에서는 다양한 자료형과 함께 for문을 활용하는 방법을 다룬다.

**Iterables(순회 가능한 객체)의 종류**　　for문은 순회 가능한 객체에 대해 반복을 수행한다. 아래는 주요 iterable 자료형의 예시다.

- ✔ 리스트(list)
- ✔ 튜플(tuple)
- ✔ 딕셔너리(dict)
- ✔ 문자열(string)
- ✔ 집합(set)
- ✔ range 객체(range())

우선 자료형에 해당하는 내용에 대하여 검토해보기로 하자.

**리스트(List)와 for문**   리스트는 Python에서 가장 많이 사용되는 자료형 중 하나다. for문과 결합하면 리스트의 모든 요소를 순차적으로 처리할 수 있다. 예시 코드는 다음과 같다.

```
1 test_list = ['인문과학', '사회과학', '경영', '경제', '예술']
2 for subject in test_list:
3     print(subject)

인문과학
사회과학
경영
경제
예술
```

리스트를 활용하면, 데이터를 반복적으로 처리하거나 특정 조건에 맞는 데이터를 추출할 수 있다.

**튜플(Tuple)과 for문**   튜플은 리스트와 비슷하지만, 불변(immutable) 속성을 가진 자료형이다. for문을 사용하면 튜플의 각 요소에 접근할 수 있다. 예시 코드는 다음과 같다.

```
1 char_tuple = ('가', '나', '다', '라')
2 for char in char_tuple:
3     print(char, end=' ')

가 나 다 라
```

튜플은 데이터가 변경되지 않아야 하는 경우 유용하며, for문과 함께 안전하게 데이터를 처리할 수 있다.

**딕셔너리(Dictionary)와 for문**   딕셔너리는 key: value 형태의 데이터를 저장한다. for문을 사용하면 딕셔너리의 키(key)를 기본적으로 순회하며, 값을 함께 처리하려면 추가 메서드가 필요하다. 예시 코드는 다음과 같다.

문제 해결의 언어, Python

```
1 data = {'sun': '해', 'moon': '달', 'cloud': '구름'}
2 for key in data:
3     print(key, end='; ')

sun; moon; cloud;


1 # 키와 값을 함께 출력
2 for key, value in data.items():
3     print(f"{key}: {value}")

sun: 해
moon: 달
cloud: 구름
```

딕셔너리는 데이터를 효율적으로 저장하고 검색할 때 유용하며, for문과 함께 유연한 데이터 처리가 가능하다.

**문자열(String)과 for문**   문자열은 각 문자를 순회 가능한 객체로 간주된다. for문을 사용하면 문자열의 각 문자를 하나씩 처리할 수 있다. 예시 코드는 다음과 같다.

```
1 for c in "python":
2     print(c, end='/')

p/y/t/h/o/n/
```

문자열과 for문을 활용하면 텍스트 분석이나 문자열 조작 작업을 효율적으로 수행할 수 있다.

**집합(set)과 for문**   집합(set)은 Python에서 중복 없는 고유한 값들의 집합을 나타내는 자료형이다. 순서가 없는 자료형이지만, for문을 통해 각 요소를 하나씩 순회하며 작업을 수행할 수 있다. 데이터의 중복을 제거하고, 고유 값을 처리해야 할 때 매우 유용하다. 집합은 순서가 없으므로, for문으로 순회할 때 출력 순서는 예측할 수 없다. 즉, 집합과 for문의 주의점은 다음과 같다.

☑ **순서가 없다**: 집합의 요소를 순회할 때 출력 순서는 예측할 수 없다.

☑ **중복된 값은 제거된다**: 리스트나 튜플을 집합으로 변환하면 중복된 값은 자동으로 제거된다.

예시 코드는 다음과 같다.

```
1 my_set = {10, 20, 30, 40, 50}
2 for num in my_set:
3     print(num)


50
20
40
10
30
```

**다중 컬렉션 처리** for문은 다중 데이터를 한 번에 처리할 수도 있다. 예를 들어, 튜플의 리스트처럼 컬렉션 내부에 다수의 요소가 있는 경우 for문을 확장하여 사용할 수 있다.

● **예시 1: 튜플의 리스트 순회**

```
1 a = [(1, 2), (3, 4), (5, 6)]
2 for first, last in a:
3     print(first + last)


3
7
11
```

● **예시 2: 평균 계산**

```
1 test_scores = [(77, 82, 100), (80, 71, 98)]
2 for test1, test2, test3 in test_scores:
3     average = (test1 + test2 + test3) / 3
4     print(f"평균 점수: {average:.2f}")

평균 점수: 86.33
평균 점수: 83.00
```

문제 해결의 언어, Python

**이터러블(Iterable) 객체 확인**　　collections.Iterable을 사용하면 객체가 순회 가능한지 확인할 수 있다. 리스트, 튜플, 딕셔너리, 문자열 등은 모두 이터러블 객체에 해당한다. 이터러블 객체가 아닌 경우 for문에서 사용할 수 없으며, 오류가 발생하므로 유의해야 한다. 이터러블 객체 여부 확인 방법은 다음과 같다.

```
1 from collections.abc import Iterable
2
3 my_list = [1, 2, 3]
4 print(isinstance(my_list, Iterable))

True
```

**컬렉션 자료가 아니면?**　　for문은 이터러블 자료형만 처리할 수 있다. 숫자와 같은 순회 불가능한 객체는 오류를 발생시킨다. 이터러블 자료형에 해당하지 않는 int형 데이터를 for문에 적용하여 오류 발생된 예시는 다음과 같다.

```
1 my_int = 12345
2 for i in my_int:
3     print(i)

-----------------------------------------------------------------
TypeError                              Traceback (most recent call last)
<ipython-input-30-a24951b02f3d> in <cell line: 0>()
      1 my_int = 12345
----> 2 for i in my_int:
      3     print(i)

TypeError: 'int' object is not iterable
```

　　다양한 자료형과 결합한 for문은 데이터를 효율적으로 처리하는 데 필수적이다. 리스트, 튜플, 딕셔너리, 문자열 등 각각의 자료형에 맞는 활용법을 익히면 더 복잡한 작업도 간결하고 명확하게 구현할 수 있다. for문의 강력함을 이해하고, 다양한 자료형과 함께 사용하는 연습을 통해 프로그래밍의 본질을 더욱 깊이 탐구해보자!

# ❹ range() 함수 활용 for문

Python의 range() 함수는 반복문에서 특정 범위를 쉽게 지정할 수 있는 도구이다. 숫자의 연속된 범위를 생성하여 for문과 함께 사용할 때 가장 일반적으로 활용되며, 반복의 유연성과 가독성을 높인다.

**range() 함수의 기본 문법**  range() 함수는 다음 세 가지 인자로 구성된다.

range(start, stop, step)

✔️ **시작 값(start)**: 반복이 시작될 값. 생략 시 기본값은 0.

✔️ **끝 값(stop)**: 반복이 종료될 값. stop-1까지 진행하며 끝 값은 포함되지 않음.

✔️ **증감 값(step)**: 반복 간격. 생략 시 기본값은 1.

range(시작 값, 끝 값, 증감 값): 적용은 다음과 같이 정리된다.

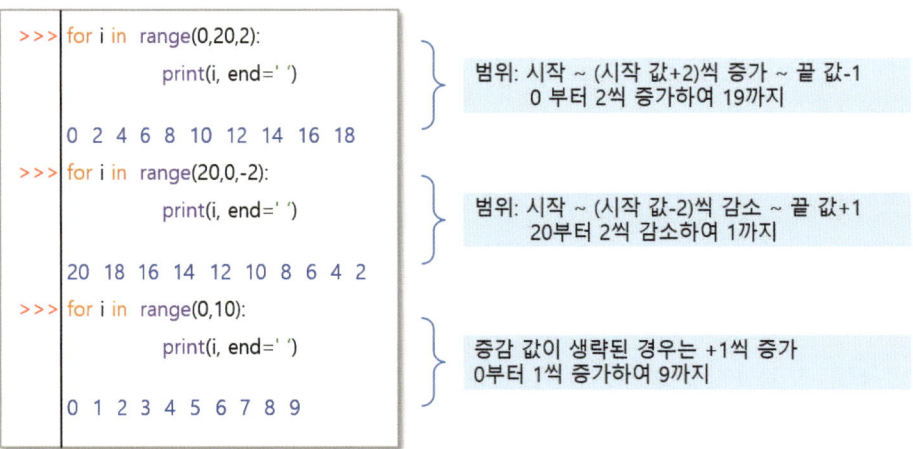

시작 값과 증감 값은 생략 가능하지만, 끝 값은 필수 인자에 해당하므로 반드시 값을 입력해야 한다.

**range()와 len() 함수의 조합**  len() 함수는 리스트, 문자열 등의 길이, 즉 요소의 개수를 반환하며, range()와 함께 사용하면 효율적인 반복문을 작성할 수 있다.

```
1 marks = [90, 25, 67, 45, 80]
2 for idx in range(len(marks)):
3     if marks[idx] >= 60:
4         print(f"{idx+1}번 학생 합격입니다.")
5     else:
6         print(f"{idx+1}번 학생 불합격입니다.")

1번 학생 합격입니다.
2번 학생 불합격입니다.
3번 학생 합격입니다.
4번 학생 불합격입니다.
5번 학생 합격입니다.
```

range() 함수는 Python에서 반복 작업의 유연성과 단순함을 제공하는 강력한 도구다. 가독성 높은 코드 작성과 효율적인 데이터 처리를 위해 꼭 숙지해야 할 필수 개념이다. 다양한 반복 상황에 range()를 활용하여 프로그래밍을 통한 문제 해결을 한 단계 더 발전시켜 보자!

## ⑤ enumerate() 함수 활용 for문

Python의 enumerate() 함수는 반복문에서 컬렉션 데이터와 함께 인덱스 번호를 동시에 처리해야 할 때 매우 유용한 도구다. 일반적인 for문과 비교하여 코드를 더 간결하고 가독성 높게 작성할 수 있도록 도와준다.

**enumerate() 함수의 특징**  enumerate() 함수는 다음과 같은 특징을 가지고 있다.

- ✔ 인덱스 번호와 값을 한 번에 제공.
- ✔ 리스트, 튜플, 문자열 등 순회 가능한 객체에서 활용 가능.
- ✔ 튜플 형태로 반환:(index, value)

enumerate() 기본 문법은 다음과 같다.

```
for 인덱스, 값 in enumerate(컬렉션):
    실행할 코드
```

- **기본 사용**: 기본적인 사용의 예시는 다음과 같다.

```
1 data = ['Python', 'Java', 'C++', 'JavaScript']
2 for idx, lang in enumerate(data):
3     print(f"순서 {idx + 1}: {lang}")

순서 1: Python
순서 2: Java
순서 3: C++
순서 4: JavaScript
```

- **인덱스 기반 조건 처리**: 특정 조건에 따라 인덱스를 활용하는 경우의 예시는 다음과 같다.

```
1 scores = [88, 76, 90, 62, 85]
2 for idx, score in enumerate(scores):
3     if score >= 80:
4         print(f"{idx + 1}번 학생은 우수 학생입니다!")

1번 학생은 우수 학생입니다!
3번 학생은 우수 학생입니다!
5번 학생은 우수 학생입니다!
```

- **리스트 값 업데이트**: 인덱스를 활용하여 리스트 값을 변경하는 것이 가능하며, 그에 대한 예시는 다음과 같다.

```
1 prices = [100, 200, 300, 400]
2 for idx, price in enumerate(prices):
3     prices[idx] = float(f'{price * 1.1:.2f}')  # 가격 10% 인상
4 print(prices)

[110.0, 220.0, 330.0, 440.0]
```

- **문자열의 인덱스와 문자 출력**: 문자열에 대하여 인덱스 번호와 그에 해당하는 값을 함께 출력하는 예시는 다음과 같다.

```
1 word = "python"
2 for idx, char in enumerate(word):
3    print(f"index {idx}: {char}")
```

```
index 0: p
index 1: y
index 2: t
index 3: h
index 4: o
index 5: n
```

- **딕셔너리에서 키와 값 출력**: enumerate()는 딕셔너리의 키와 값을 효율적으로 처리할 때도 유용하다. 예시는 다음과 같다.

```
1 fruits = {'apple': 3, 'banana': 5, 'cherry': 2}
2 for idx, (fruit, count) in enumerate(fruits.items()):
3    print(f"{idx + 1}. {fruit}: {count}개")
```

```
1. apple: 3개
2. banana: 5개
3. cherry: 2개
```

enumerate()는 다음과 같은 장점을 가진다.

✓ **코드 가독성 향상**: 인덱스와 값을 동시에 처리할 때 반복문 코드가 간결해진다.

✓ **범용성**: 문자열, 리스트, 튜플, 딕셔너리 등 모든 순회 가능한 객체에서 사용 가능.

✓ **오류 방지**: 수동으로 인덱스를 관리하지 않아도 돼 실수를 줄인다.

enumerate() 함수는 Python에서 인덱스와 값을 동시에 다루는 강력한 도구다. 이를 통해 반복문의 효율성과 가독성을 동시에 높일 수 있다. 다양한 상황에서 enumerate()를 활용하여 복잡한 작업을 더 쉽고 명확하게 처리해 보자!

## ⑥ list 안의 for문

리스트 안의 for문(리스트 내포)은 Python에서 제공하는 간결하고 강력한 기능으로, 새로운 리스트를 기존 리스트의 데이터로부터 쉽고 빠르게 생성할 수 있다. 아래에서 리스트 내포의 문법과 사용 예시를 통해 그 개념을 이해해보자.

**리스트 내포 문법**　사용 문법은 다음과 같다.

[표현식 for 카운터_변수명 in sequence]

- ✔ **표현식**: 각 요소에 적용할 작업(연산, 조건 등)
- ✔ **카운터_변수명**: 반복문에서 사용할 변수
- ✔ **sequence**: 반복 가능한 데이터(리스트, 문자열 등)

기본 예시는 다음과 같다.

```
1 a = [1, 2, 3, 4]
2 final = [num * 3 for num in a]
3 print(final)

[3, 6, 9, 12]
```

같은 결과를 위한 일반 for문의 코드는 다음과 같다.

```
1 a = [1, 2, 3, 4]
2 final = []
3 for num in a:
4     final.append(num * 3)
5 print(final)

[3, 6, 9, 12]
```

리스트 내포 방식을 적용하여 코드를 훨씬 간결하게 정리할 수 있음을 예시를 통하여 확인할 수 있다.

**조건문 활용**　리스트 내포에서는 조건문을 추가해 특정 조건에 맞는 요소만 처리할 수 있다. 조건문 포함 예시는 다음과 같다.

```
1 value = [32, 530, 899, 90]
2 percent = [x * 0.01 for x in value if x > 100]
3 print(percent)

[5.3, 8.99]
```

value 리스트에서 if문을 통하여 100보다 큰 요소만 선택한 후, 그 값에 0.01을 곱한 값으로 새로운 리스트를 생성하였다. 이 코드를 일반적인 for문으로 구현하면 다음과 같다.

```
1 value = [32, 530, 899, 90]
2 percent = []
3 for x in value:
4     if x > 100:
5         percent.append(x * 0.01)
6 print(percent)

[5.3, 8.99]
```

출력 결과는 동일하나, 일반 for문 사용이 코드의 길이가 더 긴 것을 확인할 수 있다.

**리스트 내포의 장점**   리스트 내포 방식으로 for문을 작성하는 경우의 장점은 다음과 같다.

- ✔ **간결함**: 짧고 명료한 코드 작성 가능.
- ✔ **효율성**: 한 줄로 복잡한 리스트 생성 작업 처리.
- ✔ **가독성**: 데이터 변환 및 필터링 과정을 직관적으로 표현.

리스트 내포는 반복 작업을 간소화하고, 조건에 따라 데이터를 변환하는 데 강력한 도구가 된다. 다양한 데이터 처리를 할 때 적극 활용해보자!

# 7 중첩 for문

중첩 for문은 하나의 for문 안에 또 다른 for문을 포함하여 반복 작업을 수행하는 구문이다. 주로 2차원 데이터 처리나 다차원 배열의 요소를 다룰 때, 또는 반복적인 패턴을 생성할 때 사용된다.

**중첩 for문의 구조**   중첩 for문의 기본 문법은 다음과 같다.

```
for 변수1 in 반복가능객체1:
    for 변수2 in 반복가능객체2:
        # 내부 for문에서 실행할 명령문
    # 외부 for문에서 실행할 명령문
```

외부 for문이 먼저 실행되고, 각 반복에서 내부 for문이 시작된다. 내부 for문이 모든 반복을 마치면 외부 for문은 다음 단계로 넘어간다.

**중첩 for문 예제: 구구단 출력**   구구단은 중첩 for문의 대표적인 활용 예이다. 다음 코드는 2단부터 9단까지의 구구단을 출력한다.

```
1 for i in range(2, 10):  # 2단부터 9단까지
2    for j in range(1, 10):  # 각 단의 곱셈 범위
3        print(f"{i} x {j} = {i * j}")
4    print("=" * 7)  # 각 단 사이 구분선 출력
```

여기서 3번째 줄의 print(f"{i} x {j} = {i * j}")는 총 72번 실행된다. 이를 계산하는 방식은 다음과 같다.

✔ **외부 for문**: for i in range(2, 10)
　2부터 9까지 총 8번 반복.
✔ **내부 for문**: for j in range(1, 10)
　1부터 9까지 각 단마다 9번 반복.

문제 해결의 언어, Python

☑ **총 반복 횟수:**

외부 반복(8번) × 내부 반복(9번) = 72번

72번의 출력문을 구분선 출력하는 내용을 제외하면 3줄로 완성하였으니 매우 효율적인 문제 해결 방법에 해당한다.

**중첩 for문에서 주의할 점**  중첩 for문에서는 다음의 사항을 주의해야 한다.

☑ **명령문의 범위**: 중첩된 for문의 블록 구조는 들여쓰기로 구분되므로, 들여쓰기에 유의해야 한다. 잘못된 들여쓰기는 논리적 오류를 유발할 수 있다.

☑ **복잡도 증가**: 중첩된 반복문은 실행 시간이 기하급수적으로 증가할 수 있으므로 효율적인 알고리즘 설계가 필요하다.

중첩 for문 활용 팁을 참고하여 사용하는 것을 권장한다.

☑ **가독성 유지**: 중첩된 코드가 복잡해질수록 가독성이 떨어지므로, 필요한 경우 함수를 활용하여 코드를 분리하면 좋다.

☑ **3중 이상 중첩 피하기**: 3중 이상의 중첩은 코드의 복잡도를 크게 증가시키므로, 가능한 경우 리스트 컴프리헨션이나 itertools 같은 라이브러리를 활용해 대체한다.

중첩 for문은 데이터 분석, 시뮬레이션, 시각화 등 다양한 분야에서 중요한 도구로 활용된다. 이를 활용한 창의적인 문제 해결을 시도해볼 만하다!

# 03 | while문

프로그래밍에서 while문은 마치 열린 가능성을 가진 문처럼, 조건이 충족되는 동안 반복을 지속할 수 있는 강력한 도구다. for문이 반복 횟수가 명확한 작업에 적합하다면, while문은 반복 횟수가 정해지지 않았거나 실행 조건에 따라 변화하는 작업에 더욱 적합하다. 예를 들어, 게임에서 플레이어가 특정 목표를 달성할 때까지 계속 실행되는 루프나, 사용자 입력에 따라 계속 동작하는 프로그램은 while문의 대표적인 활용 사례다. 이처럼 while문은 반복의 시작과 끝을 조건으로 유연하게 제어하며, 이를 통해 다양한 시나리오를 다룰 수 있다.

while문은 조건식이 참(True)인 동안 코드를 반복 실행한다. 조건이 충족되지 않으면 반복은 즉시 종료되므로, 프로그램의 흐름을 역동적으로 제어할 수 있다. 이를 통해 코드의 효율성과 가독성을 높이고, 불필요한 계산을 최소화할 수 있다. 다만, while문은 조건의 변화를 명확히 설계해야 한다. 그렇지 않으면 무한 반복에 빠질 위험이 있다. 따라서 while문을 활용할 때는 반복 조건이 어떻게 변화하고, 종료될지를 항상 염두에 두어야 한다. 이번에는 while문의 기본 개념과 문법, 그리고 다양한 활용법을 다룬다. 이를 통해 반복 구조를 더 깊이 이해하고, 문제 해결의 유연성을 키우는 데 도움이 될 것이다.

## ① while문 이해

while문은 프로그래밍에서 조건식이 참(True)인 동안 반복 작업을 수행하는 제어문이다. 조건식이 거짓(False)이 되면 반복을 즉시 종료한다는 점에서, 반복 횟수가 정해져 있는 for문과는 다르게 동적으로 반복 작업을 수행할 수 있다.

문제 해결의 언어, Python

**while문이 필요한 이유**　while문은 다음과 사항으로 인하여 필요성을 확인할 수 있다.

- ✅ **유연성**: 반복 횟수가 명확하지 않은 작업에서 사용하기 적합하다. 예를 들어, 특정 사용자 입력을 기다리거나 조건이 충족될 때까지 반복해야 하는 경우 while문이 유리하다.
- ✅ **조건 기반 작업**: 주식 시장의 실시간 가격 변동 모니터링, 사용자 인증 등의 작업처럼 조건에 따라 반복을 중단하거나 지속해야 하는 경우 while문이 효과적이다.
- ✅ **동적 종료 조건**: 종료 시점을 코드 내에서 동적으로 결정할 수 있다.

**for문의 기본 문법**　while문은 다음의 특징을 가지고 있다.

- ✅ **조건 기반 반복**: while문은 매 반복 전에 조건을 검사한다. 조건이 참(True)이면 내부 코드를 실행하고, 거짓(False)이면 즉시 종료한다.
- ✅ **종료 조건 설정의 중요성**: 종료 조건을 명확히 설정하지 않으면 무한 루프가 발생할 수 있다. 따라서 조건을 잘못 설정하거나, 조건 변화 로직을 구현하지 않으면 프로그램이 멈추지 않고 계속 실행된다.
- ✅ **유연한 반복**: 반복 횟수가 미리 정해지지 않았거나, 실시간 데이터에 따라 반복 실행 여부를 결정해야 할 때 적합하다. 예를 들어, 사용자 입력 기반으로 작업을 처리하거나 센서 데이터를 처리하는 경우에 유용하다.
- ✅ **무한 반복 처리**: 종료 조건이 필요 없는 경우, 무한 반복을 의도적으로 사용할 수 있다. 이는 break 명령어와 함께 활용하여 특정 상황에서만 반복을 종료하도록 구현할 수 있다.

**while문 흐름도**　while문의 구조는 조건식 평가를 중심으로 반복이 이루어진다. 아래는 while문의 동작 과정을 나타낸 흐름도이다.

- ✅ **조건식이 참(True)일 경우**: 명령문 블록 실행 → 조건식 재검사
- ✅ **조건식이 거짓(False)일 경우**: 반복 종료

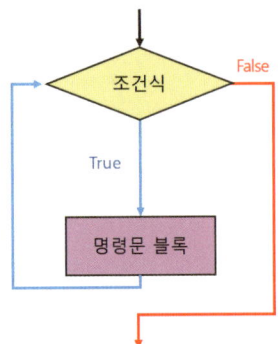

**while문의 예시**

● **사용자 입력에 따른 반복**

```
1 user_input = ""
2 while user_input != "Quit":
3     user_input = input("명령을 입력하세요 ('Quit' 입력 시 종료): ")
4     print(f"입력한 명령: {user_input}")
5 print("프로그램 종료")

명령을 입력하세요 ('Quit' 입력 시 종료): while문 학습
입력한 명령: while문 학습
명령을 입력하세요 ('Quit' 입력 시 종료): 무한 반복
입력한 명령: 무한 반복
명령을 입력하세요 ('Quit' 입력 시 종료): Quit
입력한 명령: Quit
프로그램 종료
```

● **센서 데이터 기반 작업**: 센서로 온도가 입력되고 있는 경우를 시뮬레이션

```
1 import random
2 temperature = random.randint(20, 25)
3 print(f"현재 온도: {temperature}")
4 while temperature < 25:
5     temperature = random.randint(20, 30)
6     print(f"현재 온도: {temperature}")
7 print("온도가 기준치를 초과했습니다!")

현재 온도: 23
현재 온도: 22
현재 온도: 30
온도가 기준치를 초과했습니다!
```

- **무한 루프와 break 활용**: 원하는 값이 입력되지 않으면 무한 반복

```
1 while True:
2     user_input = input("숫자를 입력하세요 (0 입력 시 종료): ")
3     if user_input == "0":
4         print("종료합니다.")
5         break
6     print(f"입력한 숫자: {user_input}")
```

```
숫자를 입력하세요 (0 입력 시 종료): 22
입력한 숫자: 22
숫자를 입력하세요 (0 입력 시 종료): 11
입력한 숫자: 11
숫자를 입력하세요 (0 입력 시 종료): 7
입력한 숫자: 7
숫자를 입력하세요 (0 입력 시 종료): 3
입력한 숫자: 3
숫자를 입력하세요 (0 입력 시 종료): 0
종료합니다.
```

## ❷ while문 문법

while문은 조건식이 참(True)인 동안 특정 명령문 블록을 반복적으로 실행하는 반복 제어문이다. 주로 반복 횟수를 미리 알 수 없거나 조건에 따라 동적으로 반복해야 할 때 활용된다. 아래는 while문의 기본 문법이다.

> while <조건식>:
>     <명령문 블록>

- ☑ **조건식**: 반복 실행 여부를 결정하는 논리식이다. 조건이 참인 동안 명령문 블록이 실행된다.
- ☑ **명령문 블록**: 조건이 참일 때 실행되는 코드로, 들여쓰기로 블록을 구분한다.

**핵심 문법 요소**

- **조건식 평가**

☑ while문이 실행되기 전, 조건식이 평가된다.

☑ 조건이 True이면 명령문 블록이 실행되고, 다시 조건식으로 돌아가 평가를 반복한다.

☑ 조건이 False가 되면 반복을 종료한다.

- **무한 루프 주의**

  ☑ 조건식이 항상 참으로 유지되면 프로그램이 무한 루프에 빠질 수 있다.

  ☑ 이를 방지하려면 반복을 종료할 수 있는 적절한 조건과 논리적 설계가 필요하다.

- **조건의 동적 변화**

  ☑ 반복문 내부에서 조건에 영향을 미치는 코드가 반드시 포함되어야 한다. 이를 통해 조건
  이 언젠가 False로 변하며 반복이 종료된다.

## while문 활용 예제

- **예제 1**: 사용자 입력 기반 반복

```
1 choice = 'Y'
2
3 while choice == 'Y':
4     print("프로그램이 실행 중입니다.")
5     choice = input("계속 실행하시겠습니까? (Y/N): ").upper()
6
7 print("프로그램이 종료되었습니다.")

프로그램이 실행 중입니다.
계속 실행하시겠습니까? (Y/N): y
프로그램이 실행 중입니다.
계속 실행하시겠습니까? (Y/N): Y
프로그램이 실행 중입니다.
계속 실행하시겠습니까? (Y/N): y
프로그램이 실행 중입니다.
계속 실행하시겠습니까? (Y/N): n
프로그램이 종료되었습니다.
```

코드 설명

☑ choice 변수는 초기값으로 'Y'를 설정하여 while문의 조건식을 참으로 만든다.

☑ 사용자가 'N'을 입력하면 조건식이 거짓이 되어 반복이 종료된다.

문제 해결의 언어, Python

☑ .upper() 메서드를 사용하여 대소문자 입력에 관계없이 조건식을 평가한다.

● **예제 2**: 숫자 합계 계산

```
1 total = 0
2
3 while True:
4     num = int(input("숫자를 입력하세요 (0을 입력하면 종료): "))
5     total += num
6     if num == 0: break
7
8 print(f"입력된 숫자의 총합은 {total}입니다.")

숫자를 입력하세요 (0을 입력하면 종료): 10
숫자를 입력하세요 (0을 입력하면 종료): 8
숫자를 입력하세요 (0을 입력하면 종료): 6
숫자를 입력하세요 (0을 입력하면 종료): 4
숫자를 입력하세요 (0을 입력하면 종료): 2
숫자를 입력하세요 (0을 입력하면 종료): 0
입력된 숫자의 총합은 30입니다.
```

코드 설명

☑ 초기값으로 total을 0으로 설정하고, 첫 번째 숫자를 입력받는다.

☑ 사용자가 0을 입력할 때까지 숫자를 입력받아 합계를 계산한다.

**while문 활용 팁**   다음의 사항을 기억하며 while문 사용에 유의해야 한다.

☑ **종료 조건 설정**: 반복이 끝날 수 있는 종료 조건을 명확히 정의해야 한다.

☑ **디버깅 주의**: 무한 루프에 빠지지 않도록 조건식의 변화 여부를 디버깅 과정에서 확인한다.

☑ **break 문 사용**: 필요시 break를 사용하여 강제적으로 반복을 종료할 수 있다.

**③ 무한 반복**

무한 반복이란, 조건식이 항상 True로 유지되어 반복문이 끝나지 않고 계속 실행되는 상태를 말한다. 일반적으로 무한 반복은 의도적으로 프로그램의 특정 작업을 지속적으로 수행하도록 설계된 경우에 사용되지만, 잘못된 설계로 인해 발생할 수도 있다. 아래에서는 무한 반복의 원리와 활용 방법, 그리고 방지 방법에 대해 알아본다.

**무한 반복의 원리**  while 반복문에서 조건식이 항상 참(True)일 경우, 반복문은 종료되지 않고 계속 실행된다. 예를 들어 다음과 같은 코드는 종료 조건이 없기 때문에 무한 루프에 빠진다.

```
1 while True:
2     print("외롭다!")
```

```
외롭다!
외롭다!
외롭다!
외롭다!
외롭다!
외롭다!
```

이 코드는 "외롭다!"라는 문장을 끊임없이 출력한다. 이는 조건식이 명시적으로 True로 설정되어 있기 때문에 반복문이 끝날 수 없음을 의미한다.

**무한 반복의 활용**  무한 반복은 특정 작업을 지속적으로 수행해야 하는 경우 유용하다. 예를 들어, 서버와 클라이언트 간의 통신을 유지하거나, 사용자 입력을 기다리는 프로그램에서 무한 반복이 사용된다. 아래는 무한 반복을 활용한 간단한 프로그램이다.

```python
1 import  random
2 word_list = ["해", "달", "구름", "바람", "비", "무지개" ]
3 word_dic = {"해" : "sun" , "달" : "moon", "구름" : "cloud",
4             "바람" : "wind", "비" : "rain", "무지개" : "rainbow" }
5
6 while True :
7     word = random.choice ( word_list )
8     print ( f"{word}에 해당하는 영어는? ( 종료 : Q ) " )
9     answer = input ( ">>> " )
10    if answer in [ 'Q', 'q'  ] :
```

문제 해결의 언어, Python

```
11              print ( "프로그램을 종료합니다." )
12              break
13      if word_dic[word] == answer :
14              print ( "Correct! " )
15      else :
16              print ( f"Wrong! 정답은 {word_dic[word]} 입니다." )
```

```
달에 해당하는 영어는? ( 종료 : Q )
>>> moon
Correct!
달에 해당하는 영어는? ( 종료 : Q )
>>> moon
Correct!
비에 해당하는 영어는? ( 종료 : Q )
>>> rain
Correct!
바람에 해당하는 영어는? ( 종료 : Q )
>>> claud
Wrong! 정답은 wind 입니다.
무지개에 해당하는 영어는? ( 종료 : Q )
>>> Q
프로그램을 종료합니다.
```

- **설명**

  ☑ 조건식이 항상 True이므로 단어 입력을 계속 요청한다.

  ☑ 사용자가 'Q' 또는 'q'를 입력하면 break 문을 통해 반복문을 종료한다.

  ☑ break 문이 없었다면 프로그램은 종료되지 않고 계속 실행되므로 유의해야 한다.


**무한 반복 방지 방법**   무한 반복은 의도적으로 설계된 경우가 아니라면 방지해야 한다. 이를 위해 다음과 같은 요소를 고려해야 한다.


  ☑ **종료 조건 추가**

  — 조건식이 특정 시점에서 거짓(False)이 될 수 있도록 설계한다.

  — 예를 들어, 반복문 내부에서 변수의 값이 변화하도록 한다.

  ☑ **디버깅 도구 활용**

  — 반복문 실행 중에 조건이 올바르게 변화하는지 확인하기 위해 디버깅 도구를 사용한다.

  — 특정 조건에 따라 로그를 출력하거나 디버거를 통해 변수를 추적한다.

✔ **강제 종료 옵션**
　— break 문을 사용하여 조건에 관계없이 반복문을 즉시 종료할 수 있도록 설계한다.

　무한 반복은 제대로 활용하면 강력한 도구가 될 수 있지만, 잘못 사용하면 프로그램이 비정상적으로 작동할 위험이 있다. 종료 조건과 반복문의 흐름을 명확히 이해하는 것이 중요하다.

## ❹ 중첩 while문

　중첩 while문은 하나의 while문 안에 또 다른 while문을 포함하는 형태를 말한다. 이 구조는 반복문 안에서 또 다른 조건을 점검하거나 세부적인 작업을 처리해야 할 때 유용하게 사용된다. 이러한 구조를 통해 반복 작업을 보다 정교하게 설계할 수 있다.

　**중첩 while문의 기본 구조**　중첩 while문의 기본 문법은 다음과 같다.

```
while 조건식1:
    # 외부 처리를 위한 반복문 블록
    while 조건식2:
        # 내부 처리를 위한 반복문 블록
```

✔ 외부 처리를 위한 반복문은 조건식1이 참(True)인 동안 반복 실행된다.
✔ 내부 처리를 위한 반복문은 조건식2가 참(True)인 동안 반복 실행된다. 내부 처리를 위한 반복문이 종료되면 외부 처리를 위한 반복문으로 돌아가 다시 조건식1을 검사한다.

　중첩 while문의 흐름도는 다음과 같다.

문제 해결의 언어, Python

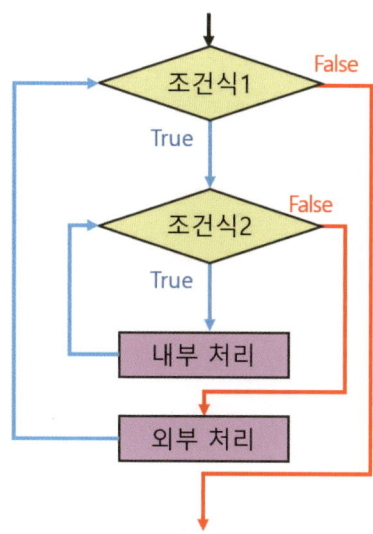

**중첩 while문 예시**   조건식1 다음에 바로 조건식2가 따라야하는 것은 아니다. 아래의 예시도 중첩 while문에 해당한다.

- **설명**
  - ☑ **외부 반복문:**
    — while balance > 0: 잔액이 0보다 큰 동안 사용자와의 상호작용을 반복한다.
    — 조건에 따라 사용자 작업(인출, 입금, 종료)을 제어한다.
  - ☑ **내부 반복문:**
    — while True: 사용자가 올바른 금액을 입력할 때까지 반복한다.
    — 조건에 따라 유효하지 않은 입력에 대해 다시 입력을 요구한다.

```
1 balance = 100000  # 초기 잔액
2 while balance > 0:  # 잔액이 남아 있는 동안 반복
3    print(f"현재 잔액: {balance}원")
4    action = input("작업을 선택하세요 (1: 인출, 2: 입금, 3: 종료): ")
5
6    if action == '1':  # 사용자가 인출을 선택
7        while True:  # 올바른 금액이 입력될 때까지 반복
8            amount = int(input("인출할 금액을 입력하세요: "))
9            if amount > balance:  # 인출 금액이 잔액보다 클 경우
10               print("잔액이 부족합니다. 다시 입력하세요.")
11           elif amount <= 0:  # 유효하지 않은 금액
```

```
12                    print("올바른 금액을 입력하세요.")
13            else:
14                    balance -= amount  # 인출 후 잔액 차감
15                    print(f"{amount}원이 인출되었습니다.")
16                    break  # 유효한 금액 입력 후 반복 종료
17    elif action == '2':  # 입금을 선택
18        amount = int(input("입금할 금액을 입력하세요: "))
19        balance += amount  # 입금 금액 반영
20        print(f"{amount}원이 입금되었습니다.")
21    elif action == '3':  # 종료를 선택
22        print("이용해 주셔서 감사합니다.")
23        break
24    else:
25        print("올바른 선택을 입력하세요.")
```

```
현재 잔액: 100000원
작업을 선택하세요 (1: 인출, 2: 입금, 3: 종료): 2
입금할 금액을 입력하세요: 50000
50000원이 입금되었습니다.
현재 잔액: 150000원
작업을 선택하세요 (1: 인출, 2: 입금, 3: 종료): 1
인출할 금액을 입력하세요: 120000
120000원이 인출되었습니다.
현재 잔액: 30000원
작업을 선택하세요 (1: 인출, 2: 입금, 3: 종료): 3
이용해 주셔서 감사합니다.
```

- **이 코드에서 while문이 유용한 이유**
  - ☑ **조건식 기반 반복**: for문은 주로 고정된 반복 횟수를 처리하지만, 이 예제는 반복 횟수를 미리 알 수 없는 상황(잔액과 사용자 입력에 따라 달라짐)에 적합하다.
  - ☑ **상황별 유연성**: 잘못된 입력을 처리하는 내부 반복문을 통해 사용자와의 상호작용을 보다 세밀하게 제어할 수 있다.

**중첩 while문의 장점**    예제에서 확인할 수 있듯이 중첩 while문만의 장점이 있다.

- 사용자 입력에 따라 유동적으로 반복을 제어할 수 있다.
- 외부 반복문과 내부 반복문의 조건식을 서로 다르게 설정하여 유연성을 극대화할 수 있다.

**중첩 while문 사용 시 주의점**

문제 해결의 언어, Python

- **종료 조건 설정**
  - ☑ 내부 반복문과 외부 반복문 모두 명확한 종료 조건을 설정해야 한다.
  - ☑ 종료 조건이 없다면 무한 루프에 빠질 위험이 있다.
- **반복문 간 독립성 유지**
  - ☑ 외부 반복문과 내부 반복문에서 사용하는 변수는 독립적으로 관리하는 것이 좋다.
  - ☑ 동일한 변수를 사용하면 예기치 않은 결과가 발생할 수 있다.
- **가독성 고려**
  - ☑ 중첩된 반복문이 많아지면 코드의 가독성이 떨어질 수 있다.
  - ☑ 반복문 내부에서 함수 호출이나 주석을 통해 가독성을 높인다.

중첩 while문은 복잡한 반복 작업을 처리하는 데 강력한 도구가 될 수 있다. 다만, 코드의 구조와 가독성을 유지하기 위해 적절히 설계하고 관리하는 것이 중요하다.

## ⑤ while ~ else

반복문에는 다양한 형태가 있으며, 그중 while ~ else 구조는 특정 조건이 거짓(False)이 되어 반복이 종료되었을 때, 추가적인 작업을 처리할 수 있는 방식을 제공한다. while의 조건이 만족되지 않으면 else 블록이 실행되는 특징이 있으며, 조건 기반 작업을 명확하게 정의하는 데 유용하다.

**while ~ else 개념**   while ~ else는 다음과 같은 상황에서 활용된다.
- ☑ 반복 조건이 거짓이 되면서 자연스럽게 루프가 종료될 때 else 블록을 실행한다.
- ☑ 반복이 예외적인 상황(예: break 문)에 의해 종료되었을 경우에는 else 블록이 실행되지 않는다.

while ~ else의 흐름은 다음과 같다.

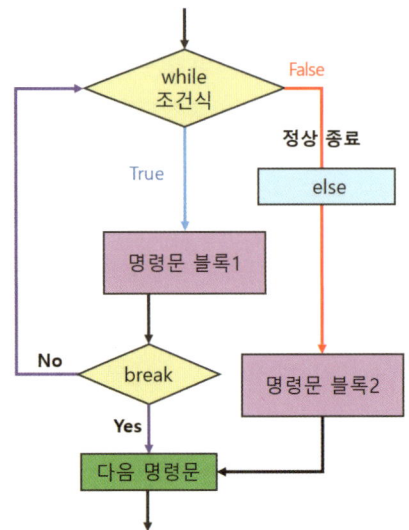

**while ~ else 문법**    while ~ else 문법은 다음과 같다.

    while 조건식:
        명령문 블록1
    else:
        # while문 조건식이 거짓이 된 경우
        명령문 블록2

☑ **while 조건식**: 조건식이 참(True)일 동안 루프를 실행한다.

☑ **else**: while 반복문이 정상적으로 종료되었을 경우 실행된다. 하지만 break로 종료
   되었을 경우에는 실행되지 않는다.

**예시**    다음은 사용자가 입력한 숫자에 따라 반복을 종료하거나, 조건을 충족하
지 못하면 추가 작업을 수행하는 예시다.

```
 1 a = 1
 2
 3 while a <= 5:
 4     b = int(input("숫자 입력: "))
 5     if b == 0:
 6         print("입력 값이 0이어서 반복을 끝냅니다.")
 7         print(f'a값은 {a} 입니다.')
 8         break
 9     a += 1
10 else:
11     print("5번 정상 반복 완료하여 반복문을 끝냅니다.")
12     print(f'a값은 {a} 입니다.')
13 print('반복문 종료 후 확인!')

숫자 입력: 1
숫자 입력: 2
숫자 입력: 3
숫자 입력: 4
숫자 입력: 5
5번 정상 반복 완료하여 반복문을 끝냅니다.
a값은 6 입니다.
반복문 종료 후 확인!
```

else에 의한 종료

```
 1 a = 1
 2
 3 while a <= 5:
 4     b = int(input("숫자 입력: "))
 5     if b == 0:
 6         print("입력 값이 0이어서 반복을 끝냅니다.")
 7         print(f'a값은 {a} 입니다.')
 8         break
 9     a += 1
10 else:
11     print("5번 정상 반복 완료하여 반복문을 끝냅니다.")
12     print(f'a값은 {a} 입니다.')
13 print('반복문 종료 후 확인!')

숫자 입력: 5
숫자 입력: 3
숫자 입력: 0
입력 값이 0이어서 반복을 끝냅니다.
a값은 3 입니다.
반복문 종료 후 확인!
```

break문에 의한 종료

**활용: 특정 조건 기반 데이터 처리**    while ~ else 구조는 반복이 정상적으로 끝났을 때와 비정상적으로 끝났을 때를 구분하여 처리할 수 있다는 장점이 있다. 예를 들어,

✔ 파일 처리에서 모든 파일을 정상적으로 읽었다면 else에서 로그를 저장하거나 후처리를 수행한다.

✔ 네트워크 연결 상태를 체크하는 루프에서 특정 조건으로 연결이 실패했을 경우에는 break로 종료하고, 그렇지 않으면 추가 작업을 진행한다.

while ~ else는 반복의 종료 이유에 따라 작업을 세분화할 수 있는 유용한 구조다. 특히 비정상적인 종료와 정상적인 종료를 구별해야 하는 시나리오에서 코드의 가독성을 높이고, 유지보수를 용이하게 만든다. 이 구조는 조건식과 논리적 흐름을 설계하는 데 유용하므로, 적절히 활용해 코드 품질을 향상시킬 수 있다.

## ❻ for문과 while문 비교

for문과 while문은 Python의 반복문으로, 특정 작업을 반복적으로 수행할 때 사용된다. 두 문법은 겉보기에는 비슷하지만, 활용 목적과 작동 방식에서 차이가 있

다. for문은 주로 정해진 범위의 반복에 적합하고, while문은 조건에 따라 반복을 결정해야 하는 상황에서 유용하다. 다음의 예를 살펴보자. 주의할 점은 for 문은 반복 시작 시 리스트의 길이를 고정된 상태로 참조한다. 리스트 크기를 동적으로 변경하는 작업이 필요하면 while 문 사용을 권장한다.

```
1 num_list = [10, 20, 30]
2 for _ in num_list:
3     print(num_list.pop(), end=' ')  # 뒤에서부터 요소 제거

30 20
```

for문

```
1 num_list = [10, 20, 30]
2 while num_list:
3     print(num_list.pop(), end=' ')  # 뒤에서부터 요소 제거

30 20 10
```

while문

다음의 경우는 문장의 단어를 반복적으로 확인하여 특정 단어를 탐색하는 문제의 예시이다.

```
1 text = "Python programming is fun and challenging."
2 word_to_find = "fun"
3 for word in text.split():
4     if word == word_to_find:
5         print(f"'{word_to_find}' 단어를 찾았습니다!")
6         break
7 else:
8     print(f"'{word_to_find}' 단어를 찾지 못했습니다.")

'fun' 단어를 찾았습니다!
```

for문

**특징**
- 문장을 단어 단위로 나누어 탐색하는 경우 for문이 적합
- split()과 같은 데이터 분할 작업과 조합하여 효율적으로 사용 가능

```
1 text = "Python programming is fun and challenging."
2 word_to_find = "fun"
3 index = 0
4 while index < len(text):
5     if text[index:index+len(word_to_find)] == word_to_find:
6         print(f"'{word_to_find}' 단어를 찾았습니다!")
7         break
8     index += 1
9 else:
10    print(f"'{word_to_find}' 단어를 찾지 못했습니다.")

'fun' 단어를 찾았습니다!
```

while문

**특징**
- 조건을 만족하면 반복을 종료하며 단어를 찾을 때까지 작업을 진행
- 동적 탐색 상황에 적합

이 경우 for문은 텍스트를 단어 단위로 나눠서(split()) 반복적으로 탐색하는 구조가 간단하고 직관적인 반면, while문은 문자열의 인덱스를 하나씩 확인하며 특정 단어를 탐색하는 구조로, 조건 설정과 반복 횟수 제어를 수동으로 처리해야 하므로 상대적으로 복잡하게 구현되었다. 그럼에도 불구하고, while문이 적합한 경우도 있다.

☑ **특정 조건에 따라 반복 제어가 필요한 경우**
　— 텍스트가 단어로 나눠지지 않은 상태에서 인덱스를 활용해야 하는 상황에서는

while문이 유용할 수 있다.

☑ **복잡한 탐색 조건**

— 단순히 단어를 탐색하는 것이 아니라, 패턴 매칭이나 특정 부분 문자열 탐색 등의 조건이 추가된다면 while문이 더 적합할 수 있다.

즉, 이 경우 for문은 주어진 문제에서 텍스트를 단어 단위로 나누고 탐색하는 간단한 작업에 매우 적합하다. 따라서 설명한 바와 같이 for문이 더 효율적이고 직관적인 선택이다. while문은 더 세밀한 제어나 복잡한 탐색 조건이 필요한 상황에서 사용하면 적합하다.

**차이점 요약** for문과 while문의 차이점을 주요 기준에 따라 요약하면 다음과 같다.

| 기준 | for문 | while문 |
|---|---|---|
| 사용 목적 | 범위 기반 반복 | 조건 기반 반복 |
| 반복 횟수 정의 | 명확하게 설정 가능 | 명확하지 않거나 동적으로 결정됨 |
| 구조 간결성 | 반복 범위를 간결하게 표현 | 조건식에 따라 유연한 구조 제공 |
| 주요 활용 예시 | 리스트, 문자열 등 시퀀스 처리 | 사용자 입력, 실시간 데이터 처리 |

다음의 실전 팁을 기억하고 for문과 while문을 구별하여 사용하면 된다.

☑ 반복 횟수가 명확하거나 시퀀스 데이터를 처리할 때는 for문을 사용하는 것이 좋다.

☑ 종료 조건이 복잡하거나 동적인 상황에서는 while문이 더 적합하다.

☑ 두 문법을 적절히 조합하면 코드의 효율성과 가독성을 동시에 높일 수 있다.

요약하자면, 다음과 같다.

☑ **while문**: 조건 기반 반복 작업에 적합하며 유연성이 높다.

☑ **for문**: 범위나 시퀀스 기반 반복 작업에서 간결하고 효율적이다.

☑ **선택 기준**: 반복 작업의 종료 조건이 명확한지, 동적으로 결정되는지에 따라 반복문을 선택한다.

반복문은 코드의 특정 부분을 반복적으로 실행하는 강력한 도구이다. 하지만 모든 반복이 항상 동일한 흐름으로 진행되지는 않는다. 상황에 따라 반복을 멈추거나, 다음 반복으로 건너뛰거나, 아무 작업 없이 단순히 넘어가야 할 때가 있다. 이러한 다양한 흐름을 제어하기 위해 Python은 break, continue, 그리고 pass와 같은 제어문을 제공한다.

　이 제어문들은 반복문의 실행 흐름을 유연하게 조작할 수 있도록 해주며, 이를 통해 보다 복잡한 조건을 효과적으로 처리할 수 있다. 이번 단원에서는 각각의 제어문이 무엇을 의미하는지, 어떻게 활용되는지 구체적인 예제와 함께 살펴보자.

## ① break

반복문을 사용할 때 종종 특정 조건에서 반복을 중단하고 싶을 때가 있다. break 문은 이를 가능하게 해주는 제어문이다. break 문은 반복문 내부에서 특정 조건이 충족되었을 때 실행되어, 반복문의 흐름을 즉시 종료하고 그 다음 코드로 넘어가게 한다. 이는 효율적이고 깔끔한 코드 작성을 돕는 강력한 도구로, 특히 무한 루프나 특정 상황에서 반복문을 빠져나가야 할 때 유용하다.

**문법**　다음은 while 반복문에서 break 문이 사용되는 간단한 문법이다.

```
while <조건식>:
    <명령문 블록>
```

```
    if <조건식>:  # 반복문을 종료하는 조건
        break
    <명령문 블록>
<다음 명령문>
```

break 문이 실행되면 반복문을 벗어나 다음 명령문으로 즉시 이동한다. for문에서도 반복하는 명령문 블록 안에 if문을 활용하여 특정 조건이 만족될 때, break 문을 적용하여 반복문을 끝낼 수 있다.

**break 문의 흐름**   break 문의 흐름은 반복문 내에서 특정 조건이 충족되었을 때 즉시 반복문을 종료하고 다음 명령문으로 이동하는 방식으로 작동한다. break 문의 흐름은 다음과 같다.

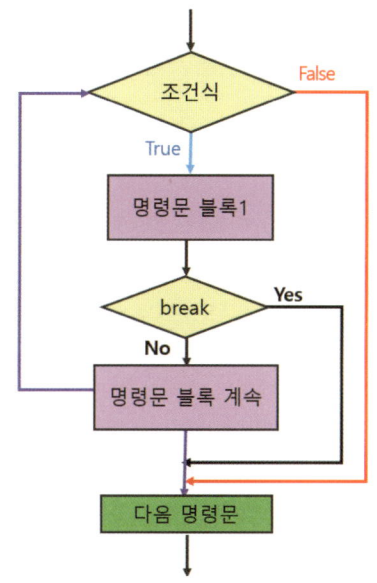

• **단계별 설명**
  ① **조건식 평가**: 반복문이 실행되기 전에 조건식이 평가된다. 조건식이 True인 경우 반복문 내 명령문 블록을 실행하며, False라면 반복문을 종료하고 다음 명령문으로 넘어간다.
  ② **명령문 블록 실행**: 조건식이 True일 경우, 반복문 안에 정의된 명령문 블록(명령문 블록 1)이 실행된다. 명령문 블록 실행 중 break 조건에 도달할 가능성이 있다.

③ **break 조건 확인**: 명령문 블록 실행 중 break 조건이 나타나면 해당 조건을 평가한다. 조건이 충족(Yes)되면 반복문 실행을 즉시 종료하고 다음 명령문으로 이동한다. 조건이 충족되지 않는 경우(No), 반복문 내부의 나머지 명령문 블록(명령문 블록 계속)이 실행된다.

④ **다음 반복**: 반복문 내 명령문 블록이 모두 실행된 후, 다시 조건식을 평가하여 반복 여부를 결정한다. 조건식이 계속 True라면 반복문이 다시 실행되며, 그렇지 않으면 반복문이 종료된다.

⑤ **다음 명령문 실행**: break 조건이 충족되거나 조건식이 False가 되면 반복문을 벗어나 다음 명령문을 실행한다.

> **break 문의 활용성**  다음 상황을 위하여 break 문을 활용할 수 있다.
> ☑ **조건 기반 종료**: 반복문 내에서 특정 조건이 충족될 때 반복을 빠르게 종료할 수 있다.
> ☑ **효율성 향상**: 불필요한 연산을 방지하여 코드 실행 속도를 최적화한다.
> ☑ **코드 가독성 향상**: 명확한 종료 조건을 제공해 코드의 목적을 쉽게 이해할 수 있다.

break 문은 반복문을 더 유연하고 강력하게 만들어주는 도구이다. 그러나 남용할 경우 코드의 흐름이 복잡해질 수 있으니, 필요한 곳에 신중히 사용하는 것이 중요하다.

## ② continue

반복문을 제어하는 명령문 중 하나인 continue는 반복문의 흐름을 건너뛰고 다음 반복으로 넘어가게 하는 기능을 한다. 이는 특정 조건을 제외하고 반복 작업을 계속 진행해야 할 때 유용하다. 현재 반복 중 남은 명령문들을 생략하고, 다시 반복문의 조건 검사 단계로 돌아간다.

> **문법**  continue 문은 for문이나 while문에서 사용되며, 조건문과 함께 적용된다. 사용을 위한 문법은 다음과 같다.

```
for 변수 in 시퀀스:
    명령문 블록  # 실행 가능한 코드
    if 조건식:
        continue  # 특정 조건에 따라 아래 명령문 블록 생략
    나머지 명령문 블록  # 조건에 따라 생략되지 않는 부분
```

**continue 문의 흐름**    continue 문은 반복문에서 특정 조건을 만족했을 때, 해당 반복 주기의 남은 명령문을 건너뛰고 다음 반복으로 넘어가도록 제어하는 명령문이다. continue 문의 흐름은 다음과 같다.

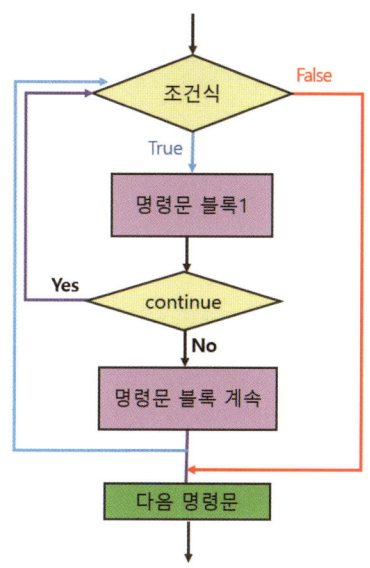

• **단계별 설명**

① **조건식 평가**: 반복문이 실행될 때마다 조건식이 먼저 평가된다. 조건식이 True일 경우 반복문 블록이 실행되고, False일 경우 반복이 종료된다.

② **명령문 블록 실행**: 조건식이 참이라면 반복문 블록(명령문 블록 1)이 실행된다. 이 블록에서 특정 조건에 따라 continue 문이 실행될 수 있다.

③ **continue 실행 여부**

— 조건 만족(Yes): continue 문이 실행되면 해당 반복 주기의 남은 명령문 블록(명령문 블록 계속)을 생략하고, 반복문의 시작 지점으로 돌아간다.

— 조건 불만족(No): continue 문이 실행되지 않으면 반복문의 나머지 명령문 블록을
  실행한 뒤 반복문의 다음 루프로 넘어간다.

**4** **다음 반복 또는 종료**: 조건식을 다시 평가하여 참이라면 다음 반복이 시작되고, 거짓이
라면 반복문이 종료된다.

이 흐름을 통해 continue 문은 특정 조건에서 반복문의 작업을 효율적으로
건너뛰게 하여, 불필요한 명령문 실행을 줄이고 논리적으로 간결한 코드를 작성할
수 있도록 돕는다.

**continue 문 예시**  1부터 42까지 3의 배수를 출력하는 코드를 작성해보자.

```python
1 print('3의 배수: ', end='')
2 for x in range(1, 43):
3    if x % 3 != 0:  # 3의 배수가 아닌 경우
4        continue    # 출력 생략
5    print(x, end=" ")  # 3의 배수 출력

3의 배수: 3 6 9 12 15 18 21 24 27 30 33 36 39 42
```

• **실행 과정 흐름**

    x = 1: 조건 x % 3 != 0은 참 → continue 실행 → print 생략

    x = 2: 조건 참 → continue 실행 → print 생략

    x = 3: 조건 거짓 → print 실행

    x = 4: 조건 참 → continue 실행 → print 생략

    x = 5: 조건 참 → continue 실행 → print 생략

이 과정을 x=1부터 42까지 반복하여 실행한다.

**continue 문의 활용성**  continue 문의 활용 팁은 다음과 같다.

☑ **조건 필터링 작업**: 데이터 처리 중 특정 값만 제외하고 싶을 때 유용하다. 예를 들어,
  큰 데이터 집합에서 결측값이 있는 데이터를 건너뛰는 경우에도 사용할 수 있다.

문제 해결의 언어, Python

☑ **효율적인 반복문 제어**: 반복문 내에서 불필요한 계산을 줄이고, 원하는 조건만 처리할 수 있어 코드의 가독성과 성능을 향상시킨다.

continue 문은 반복문을 유연하게 제어할 수 있는 중요한 도구이다. 반복 과정에서 예외를 설정하여 필요한 데이터만 처리하고 싶을 때 이를 적절히 활용하면 코드를 단순하고 명확하게 작성할 수 있다.

**③ pass**

반복문을 사용할 때, 코드의 특정 조건에서 아무 작업도 하지 않으면서 반복 흐름을 이어가야 하는 경우가 있다. 이럴 때, pass 문은 간단하고도 강력한 역할을 한다. pass는 Python에서 아무 작업도 수행하지 않는 명령문으로, 반복문 내에서 실행을 생략하거나 임시로 자리를 채우는 데 사용된다.

pass 문은 반복문의 구조를 유지하면서도 특정 조건에서 실행을 무시할 수 있도록 도와준다. 반복문이 복잡한 논리를 처리하거나 조건문과 결합되어 있을 때, pass는 코드의 논리적 흐름을 방해하지 않으면서 필요한 유연성을 제공한다. 이를 통해 반복문 내에서 다양한 조건 처리 및 예외 처리가 가능해진다.

**문법** pass 문은 다른 명령문처럼 작성할 수 있으며, 반복문 내부에서 조건문과 함께 주로 사용된다. 반복문의 문법과 함께 사용하는 방식은 다음과 같다.

```
while 조건식:
    if 내부조건:
        pass  # 내부조건이 참일 경우 반복을 건너뛰고 진행
    else:
        print("반복 중")
```

물론 for문에서도 적용할 수 있다. for문의 명령문 블록 안에 if문을 포함하여

작성하면 된다.

반복문 내에서 pass의 흐름은 다음과 같다.

- ☑ 반복문이 시작되고 조건을 평가한다.
- ☑ 조건에 따라 반복문 블록 내부로 진입한다.
- ☑ 특정 조건을 충족하면 pass가 실행되어 아무 작업 없이 다음 반복으로 넘어간다.
- ☑ 조건이 거짓이 되거나 반복 대상이 소진될 때까지 반복된다.

**pass 문의 예시**  만약 int형으로 변환할 수 없는 문자열을 다음과 같이 형변환하는 경우, 오류가 발생된다.

```
1 num = int('삼')
--------------------------------------------------------------------
ValueError                              Traceback (most recent call last)
<ipython-input-7-ff104400a639> in <cell line: 0>()
----> 1 num = int('삼')

ValueError: invalid literal for int() with base 10: '삼'
```

이러한 오류 상황에서는 다음과 같이 pass 문을 try/except에서 자리 채우기 역할로 활용하면 전체 프로그램의 흐름을 유지할 수 있다.

```
1 # 값 중에서 숫자인 데이터만 처리
2 data = ["10", "20", "사십오", "30"]
3 for value in data:
4     try:
5         number = int(value)
6         print(f"숫자 변환 성공: {number}")
7     except ValueError:
8         pass # 변환 실패 시 아무 작업도 하지 않음

숫자 변환 성공: 10
숫자 변환 성공: 20
숫자 변환 성공: 30
```

**pass 문의 활용성**  pass 문은 프로젝트 개발 초기에 코드의 골격을 설계할 때 유용하다. pass를 사용하면 실행 중 오류를 방지하면서 전체 구조를 한눈에 파악

할 수 있기 때문이다. 또한, 테스트 목적으로 사용된다. 함수나 메서드가 아직 작성되지 않았지만 테스트 목적으로 구조만 유지해야 할 때 적절히 사용된다.

다음의 상황에서 pass문이 활용된다.

- ☑ **구문 오류 방지**: 반복문 설계 중 작업이 비어있을 때 오류 없이 코드 실행 가능.
- ☑ **조건별 작업 제외**: 특정 조건에서 작업을 제외하고 나머지 반복 흐름 유지 가능.
- ☑ **가독성 향상**: 명시적으로 "아무 작업도 하지 않음"을 표현하여 코드 의도를 명확히 전달.

pass 문은 단순하지만, 반복문에서 특정 조건을 유연하게 처리하거나 추후 작업을 준비하는 데 매우 유용하다. 이를 적절히 활용하면 코드의 논리적 흐름을 유지하면서도 명확하고 읽기 쉬운 반복문을 작성할 수 있다.

**pass vs. continue**   pass와 continue는 모두 반복문 내에서 특정 상황에 따라 실행 흐름을 제어하기 위해 사용된다. 그러나 이 둘은 목적과 동작 방식에서 뚜렷한 차이를 가진다. pass는 단순히 아무 작업도 하지 않고 반복문 구조를 유지하기 위한 도구로 사용된다. 반면, continue는 현재 반복 작업을 중단하고 다음 반복으로 즉시 넘어가는 역할을 한다.

이 차이는 코드 작성 시 활용 목적에 따라 선택적으로 사용할 수 있으며, 코드의 가독성과 논리적 흐름을 유지하는 데 중요한 역할을 한다. 아래 표는 pass와 continue의 주요 기능과 차이를 정리한 것이다.

| 구분 | pass | continue |
|------|------|----------|
| 기능 | 아무 작업도 하지 않고 코드 유지 | 현재 반복을 건너뛰고 다음 반복 실행 |
| 활용 목적 | 코드 자리 채우기, 구문 오류 방지 | 조건 제외 및 반복 흐름 제어 |
| 실행 흐름 | 이후 코드 실행 그대로 진행 | 이후 코드 실행 생략, 바로 다음 반복 |

이 표를 통해 pass와 continue의 차이를 명확히 이해하고, 반복문에서 적절히 활용할 수 있다.

pass 문은 단순히 "아무것도 하지 않음"이라는 의미를 가지지만, 실제 코드를 작성할 때 그 활용도는 매우 크다. 반복문을 비롯한 다양한 코드 구조에서 pass는 구문 오류를 방지하고, 코드의 논리적 흐름을 유지하며, 미래에 구현할 기능의 자리 표시 역할을 한다. 특히 복잡한 반복문을 다루거나, 조건에 따라 작업을 생략해야 할 때 pass는 간결하고 명확한 표현을 가능하게 한다.

# 05 | 생각하기

반복문은 프로그래밍에서 동일한 작업을 효율적으로 처리하고, 데이터의 패턴을 탐색하며, 복잡한 문제를 체계적으로 해결하는 데 핵심적인 역할을 한다. 그러나 반복문은 단순히 코드를 반복 실행하는 도구로만 이해해서는 안 된다. 반복문은 논리와 창의력을 결합해 복잡한 문제를 단순하고 명료한 코드로 해결할 수 있는 강력한 프로그래밍 구조다.

우리가 사용하는 음악 스트리밍 앱의 재생 목록 순환, 온라인 쇼핑몰의 상품 리스트 출력, 그리고 모바일 게임의 점수 계산 알고리즘 모두 반복문을 활용한 사례다. 반복문은 데이터를 효율적으로 처리하며, 대규모 연산이나 구조를 단순화하는 데 없어서는 안 될 도구다. Python에서 반복문을 학습하고 직접 코드를 작성해 보는 과정은 단순히 문법을 익히는 것을 넘어, 데이터를 다루고 패턴을 설계하며 문제를 해결하는 능력을 기르는 중요한 단계다. 반복문은 데이터의 흐름을 제어하고, 일정한 조건에 맞춰 작업을 반복하거나, 종료 조건을 설정하여 유연한 실행 흐름을 설계할 수 있다.

이제 학습한 내용을 바탕으로, 반복문이 우리의 일상과 문제 해결에 어떤 가치를 더할 수 있는지 체험해보자. 예를 들어, 피라미드 모양의 별을 출력하는 프로그램을 작성하거나, 1부터 100까지의 숫자 중 특정 조건에 맞는 값을 탐색하는 프로그램을 만들어보며, 반복문의 진정한 힘을 느껴볼 수 있다. 더 나아가, 간단한 알고리즘을 설계하거나 데이터를 구조적으로 출력하는 프로그램을 작성하며, 반복문이 제공하는 무한한 가능성을 직접 경험할 수 있을 것이다.

반복문은 단순한 작업을 넘어서, 데이터를 탐색하고 복잡한 구조를 설계하며, 효율성을 극대화하는 데 필수적인 사고 도구다. 학습한 내용을 활용해 도전 과제를 해결하며, 반복문의 힘과 가능성을 직접 느껴보자. 반복문을 통해 프로그래밍이 얼마나 창의적이고 논리적인 활동이 될 수 있는지 발견하는 즐거움을 경험해보자.

**for문으로 나만의 10단 피라미드를 만들어 볼까?** 피라미드는 고대 이집트를 떠올리게 하지만, 프로그래밍에서는 정렬된 텍스트 패턴으로 재탄생할 수 있다. 이번 도전에서는 반복문을 사용해 화면에 멋진 10단 피라미드를 출력해보자. 이를 통해 반복문과 문자열 조작 능력을 함께 익히며 논리적 사고를 훈련할 수 있다. 반복문의 핵심은 규칙을 정의하고, 그 규칙을 통해 원하는 결과를 만들어내는 데 있다. 한 줄 한 줄 더해가는 과정을 상상하며 우리의 코드를 피라미드처럼 쌓아가 보자.

- **피라미드를 설계해 보자**: 피라미드는 줄마다 별(*)의 개수가 증가하는 구조를 가진다. 이를 구현하려면.
  - ☑ 첫 번째 줄에서는 별 하나를 출력한다.
  - ☑ 두 번째 줄부터는 별의 개수를 홀수로 늘리면서 출력한다.
  - ☑ 각 줄의 별은 공백으로 정렬하여 가운데에 배치한다.

- **단계별 코드 설계**: 먼저, 피라미드를 구현하기 위한 코드의 논리를 생각해보자. 피라미드의 중심을 맞추기 위해 공백과 별을 적절히 배치해야 한다. 이를 위해 다음과 같은 방법을 사용할 수 있다.

  - ☑ **반복문 설정**: range(1, n + 1)은 1부터 10까지(포함) 반복하며, i는 현재 출력 중인 단을 나타낸다. i는 1단부터 시작해 마지막 10단까지 반복문이 진행된다.
  - ☑ **공백 생성**: n - i는 현재 단의 왼쪽 공백 개수를 계산한다. 피라미드가 위로 갈수록 공백 개수가 줄어드는 규칙을 따른다. 예를 들어, i=1일 때는 9개의 공백이 출력되고, i=10일 때는 공백이 출력되지 않는다.
  - ☑ **별 생성**: 2 * i - 1은 현재 단에서 출력할 별의 개수를 계산한다. 홀수로 증가하는 패턴 (1, 3, 5, ...)을 반영한다.
  - ☑ **출력**: 공백과 별을 결합하여 한 줄로 출력한다. 각 반복 단계에서 피라미드의 한 줄을 완성한다.

문제 해결의 언어, Python

```
1 n = 10  # 피라미드의 단 수
2
3 for i in range(1, n + 1):
4     spaces = ' ' * (n - i)  # 공백을 피라미드의 중심에 맞추기
5     stars = '*' * (2 * i - 1)  # 홀수 개의 별 출력
6     print(spaces + stars)
```

```
         *
        ***
       *****
      *******
     *********
    ***********
   *************
  ***************
 *****************
*******************
```

이와 같이 for문은 반복의 흐름을 간결하게 관리하며, 조건에 따라 공백과 별의 수를 자동으로 계산한다. 반복문을 활용하면 단 수(n)를 쉽게 변경해 다양한 크기의 피라미드를 생성할 수 있다.

**while문으로 숫자 맞추기 게임 도전!**  숫자 추리 게임은 컴퓨터와 사용자가 상호 작용하며 즐길 수 있는 간단하지만 재미있는 프로그램이다. 이번에는 while문을 활용해 "High-Low 숫자 탐색 게임"을 만들어 보자. 이 게임을 통해 반복문과 조건문의 조합을 활용해 논리적인 프로그램 설계 능력을 키울 수 있다. 컴퓨터가 랜덤으로 생성한 숫자를 사용자가 맞히는 과정을 프로그래밍하며, 반복문의 활용성과 유연함을 직접 체험해 보자.

- **게임의 목적과 흐름**: High-Low 게임의 목적은 다음과 같다.
  - ☑ 컴퓨터가 1부터 100 사이의 무작위 숫자를 생성한다.
  - ☑ 사용자는 이 숫자를 추측하며 입력한다.
  - ☑ 컴퓨터는 입력값이 정답보다 크거나 작은지 힌트를 제공한다.
  - ☑ 정답을 맞힐 때까지 입력을 반복하며, 올바른 답을 찾으면 프로그램이 종료된다.

- **단계별 설계**
  - ① 무작위 숫자 생성

✔ Python의 random 모듈을 사용하여 1부터 100 사이의 숫자를 생성한다.

✔ 생성된 숫자는 프로그램 내부에서 유지되며 사용자는 이를 추측한다.

**②  반복문 설정**

✔ while문을 활용하여 사용자가 정답을 맞힐 때까지 반복 실행한다.

✔ 반복 조건은 True로 설정하며, 정답을 맞히면 break를 사용해 반복문을 종료한다.

**③  사용자 입력 처리**

✔ 사용자가 입력한 숫자를 프로그램에서 읽어들인다.

✔ 입력값이 숫자가 아닌 경우 오류 메시지를 출력하고 다시 입력받는다.

**④  정답 비교와 힌트 제공**

✔ 입력값이 정답보다 크면 "더 작은 숫자를 입력하세요" 메시지를 출력한다.

✔ 입력값이 정답보다 작으면 "더 큰 숫자를 입력하세요" 메시지를 출력한다.

✔ 정답을 맞히면 "정답입니다!"를 출력하고 게임을 종료한다.


**● 코드 구성**

✔ **random.randint를 사용한 숫자 생성**: 컴퓨터가 랜덤으로 생성한 숫자는 게임의 정답이 된다. 이 과정은 프로그램 시작 시 한 번만 실행된다.

✔ **while문 반복**: 반복문의 조건은 항상 True로 설정하며, 정답을 맞힐 때까지 입력을 계속 받는다. 정답을 맞히면 break를 사용해 반복문을 종료한다.

✔ **continue를 활용한 유효성 검사**: 사용자가 숫자가 아닌 값을 입력했을 때 continue를 사용해 다시 입력을 요청한다. 이를 통해 게임의 논리적 흐름이 중단되지 않고 유지된다.

✔ **조건문으로 정답 비교**: 입력값이 정답보다 크거나 작은 경우에 따라 적절한 힌트를 제공하며, 사용자로 하여금 정답에 점점 더 가까워지도록 유도한다.


**● 예시 코드**

```
1 import random
2
3 # 1. 무작위 숫자 생성
4 number = random.randint(1, 100)  # 1부터 100 사이의 정답 숫자 생성
5 print("1부터 100 사이의 숫자를 맞춰보세요!")
6
```

```
 7 while True:
 8     # 2. 사용자 입력
 9     guess = input("숫자를 입력하세요: ")
10
11     # 3. 입력값 검증
12     if not guess.isdigit():  # 숫자가 아닌 경우
13         print("잘못된 입력입니다. 숫자를 입력해주세요.")
14         continue
15
16     guess = int(guess)
17
18     # 4. 정답 비교
19     if guess < number:
20         print("더 큰 숫자를 입력하세요.")
21     elif guess > number:
22         print("더 작은 숫자를 입력하세요.")
23     else:
24         print("정답입니다!")
25         break
```

```
1부터 100 사이의 숫자를 맞춰보세요!
숫자를 입력하세요: 50
더 작은 숫자를 입력하세요.
숫자를 입력하세요: 25
더 큰 숫자를 입력하세요.
숫자를 입력하세요: 38
더 큰 숫자를 입력하세요.
숫자를 입력하세요: 44
더 작은 숫자를 입력하세요.
숫자를 입력하세요: 41
더 큰 숫자를 입력하세요.
숫자를 입력하세요: 42
정답입니다!
```

High-Low 게임은 단순한 로직으로도 흥미로운 상호 관계를 유지할 수 있음을 보여준다. 반복문과 조건문을 활용해 사용자와의 상호작용을 설계하는 과정은 프로그래밍의 재미를 배가시킨다. 이번 과제를 통해 반복문이 가지는 강력한 유연성을 체감해보자! 이제 다음의 도전 과제를 통하여 자신만의 반복문 활용을 경험해보자.

 **도전 과제**

**생각하기 1: 단어 맞히기 게임! Hangman 도전**

단어 맞히기 게임, 흔히 알려진 Hangman은 단순하면서도 흥미진진한 도전 과제

다. 이 게임은 프로그래밍에서 반복문의 활용성을 직접 체험할 수 있는 좋은 예시다. 플레이어는 숨겨진 단어를 하나씩 추측하며, 틀린 추측이 누적되면 게임이 끝나는 스릴을 느낄 수 있다.

이제 반복문을 활용해 자신의 Hangman 게임을 만들어보자. 컴퓨터가 랜덤으로 5글자 단어를 선택하면 플레이어는 한 번에 한 글자씩 단어를 맞히게 된다. 플레이어가 올바른 글자를 추측하면 단어의 해당 위치에 글자가 나타나며, 틀리면 남은 기회가 줄어드는 구조다. 이 게임은 반복문을 통해 끊임없이 입력을 받고 게임 상태를 업데이트하며 흥미로운 경험을 제공한다.

• **Hangman 게임 구현 아이디어**
  ☑ **단어 준비**: 게임에 사용될 5글자로 이루어진 단어 리스트를 만들어 컴퓨터가 무작위로 단어를 선택하도록 한다.
  ☑ **추측 상태 표시**: 숨겨진 단어는 밑줄(_)로 표시하고, 플레이어가 맞힌 글자는 올바른 위치에 표시한다.
  ☑ **반복적 입력**: 플레이어는 계속해서 글자를 입력하며 단어를 추측한다.
  ☑ **틀린 추측 처리**: 틀린 입력이 누적되면 기회가 줄어들고, 기회가 0이 되면 게임이 종료된다.
  ☑ **정답 맞히기**: 모든 글자를 맞히면 승리 메시지를 출력하고 게임이 종료된다.

• **Hangman 게임을 구현하며 배울 수 있는 것**
  ☑ **반복문**: 플레이어의 입력과 게임 상태 업데이트를 반복적으로 처리.
  ☑ **조건문**: 글자가 단어에 포함되는지 확인하고 게임의 진행 상태를 판단.
  ☑ **리스트와 문자열 조작**: 단어 상태와 플레이어의 추측을 관리.
  ☑ **무작위성**: 랜덤으로 단어를 선택해 게임의 재미를 증가.

이 게임을 구현하며 반복문의 무한한 가능성을 경험해보자. Hangman은 프로그래밍의 논리와 창의력을 결합해 흥미로운 결과를 만들어낼 수 있는 도전이다. while과 for 반복문을 적절히 사용해 더 나은 게임 설계를 시도해보자!

숫자를 활용한 패턴 출력은 프로그래밍에서 반복문을 이해하고 활용하기에 더없이 좋은 과제다. 이번 도전에서는 숫자 삼각형을 만들어 보자. 위에서 아래로 줄어드는 형태의 삼각형을 출력하며, 각 줄마다 숫자가 감소하는 규칙적인 패턴을 구현해본다. 이 과제를 통해 반복문의 흐름과 조건 제어를 깊이 체험할 수 있다.

```
10 9 8 7 6 5 4 3 2 1
9 8 7 6 5 4 3 2 1
8 7 6 5 4 3 2 1
7 6 5 4 3 2 1
6 5 4 3 2 1
5 4 3 2 1
4 3 2 1
3 2 1
2 1
1
```

## • 숫자 삼각형을 만드는 규칙

- ✔ 첫 번째 줄에는 10부터 1까지의 숫자를 출력한다. 10은 사용자로부터 원하는 최대 값을 입력 받아 반영하자!
- ✔ 두 번째 줄부터는 숫자 개수를 하나씩 줄이며 첫 번째 숫자부터 출력한다.
- ✔ 마지막 줄에는 숫자 1 하나만 출력한다.

숫자 삼각형을 만드는 과정은 규칙적이고 직관적이지만, 이를 코드로 구현하기 위해서는 중첩 반복문의 구조와 논리를 설계해야 한다.

## • 구현 아이디어

- ✔ **외부 반복문**: 삼각형의 각 줄을 처리한다. 줄의 번호에 따라 출력할 숫자의 개수가 달라지므로 줄의 순서를 외부 반복문으로 관리한다.
- ✔ **내부 반복문**: 각 줄에 출력할 숫자를 순서대로 생성하고 출력한다.
- ✔ **숫자 감소**: 각 줄에서 첫 번째 숫자를 기준으로 하나씩 감소하며 출력한다.

이 도전은 단순히 숫자를 출력하는 것을 넘어, 반복문과 중첩 구조의 동작을 이해하고, 조건을 조합하여 패턴을 생성하는 경험을 제공한다. 반복문을 통해 작은 규칙을 쌓아 나가면서, 점진적으로 완성되어 가는 숫자 삼각형은 프로그래밍의 재미와 성취감을 선사할 것이다. 숫자 삼각형의 패턴을 설계하고 구현하며, 프로그래밍의 논리적 사고와 창의적 표현을 경험해보자!

### 생각하기 3: 500 이하의 소수 출력 도전!

소수는 1과 자기 자신만을 약수로 가지는 특별한 수다. 이번 도전에서는 500 이하의 모든 소수를 찾아 출력하는 프로그램을 작성해 보자. 이 과제를 통해 조건과 반복문을 결합하여 효율적으로 문제를 해결하는 방법을 익힐 수 있다.

- **소수를 찾는 규칙**
  - ☑ **소수의 정의**: 소수는 1보다 큰 자연수 중, 자신을 제외한 다른 수로 나누어 떨어지지 않는 수다.
  - ☑ **효율적 탐색**: 한 숫자가 소수인지 확인하려면, 해당 숫자를 2부터 그보다 작은 수까지 나눠보면 된다. 단, 나눗셈 연산을 효율적으로 줄이는 방법도 고민해볼 수 있다(예: 제곱근까지만 나누기).

- **구현 아이디어**
  - ☑ **숫자 범위 설정**: 2부터 500까지의 숫자 중 소수를 찾아 출력한다.
  - ☑ **소수 판별 반복문**:
    - ─ 각 숫자마다 소수 여부를 판별하기 위해 내부 반복문을 사용한다.
    - ─ 나누어 떨어지는 수가 있다면 소수가 아니므로 출력하지 않는다.
  - ☑ **최적화 방법**: 더 빠른 소수 탐색을 위해 제곱근까지만 확인하는 방법을 추가로 시도해본다.

- **실행 결과**

```
500 이하의 소수:
2 3 5 7 11 13 17 19 23 29 31 37 41 43 47 53 59 61 67 71 73 79
83 89 97 101 103 107 109 113 127 131 137 139 149 151 157 163
167 173 179 181 191 193 197 199 211 223 227 229 233 239 241
```

```
251  257  263  269  271  277  281  283  293  307  311  313  317  331  337
347  349  353  359  367  373  379  383  389  397  401  409  419  421  431
433  439  443  449  457  461  463  467  479  487  491  499
```

이 도전은 반복문을 사용하여 숫자를 탐색하고 조건문을 활용해 소수를 판별하는 과정을 통해 프로그래밍의 논리적 사고를 키우는 데 초점이 맞춰져 있다. 또한, 효율적인 코드를 작성하는 연습을 통해 알고리즘 사고를 체험할 수 있다. 500 이하의 소수를 찾아내며, 숫자와 조건의 조합이 어떤 결과를 만들어낼 수 있는지 직접 경험해보자. 작은 도전을 통해 큰 성취감을 느껴보는 기회가 될 것이다!

반복문은 프로그래밍에서 단순한 코드 반복을 넘어, 효율적이고 체계적인 문제 해결의 열쇠다. 반복문을 통해 우리는 코드의 단순화를 이루는 동시에, 데이터를 다루고 논리를 설계하는 방법을 배웠다. 이제 반복문의 힘을 활용하여, 일상 속의 다양한 문제를 창의적이고 논리적으로 해결할 수 있는 능력을 키울 때다. 앞선 피라미드 출력, 숫자 맞추기 게임, 소수 탐색 등의 문제는 단지 시작일 뿐이다. 반복문을 통해 무궁무진한 문제 해결의 가능성을 열어가며, 프로그래밍의 매력을 한층 더 깊이 느낄 수 있다. 반복문의 핵심은 규칙을 정의하고, 그 규칙을 코드로 구현하여 다양한 상황에서도 일관된 결과를 도출하는 것이다. 이처럼 반복문은 우리의 사고력을 확장하고, 논리적 사고와 창의적 접근법을 동시에 단련할 수 있는 도구다.

여러분이 직접 작성한 코드가 현실의 문제를 해결할 수 있는 과정을 상상해보라. "내가 만든 프로그램이 이 문제를 해결하다니!"라는 성취감은 여러분이 배운 반복문의 가치를 더 크게 느끼게 할 것이다. 반복문은 단순한 반복에서 그치는 것이 아니라, 문제를 해결하고 새로운 가능성을 탐구하는 창의적 도구다. 이제 여러분의 컴퓨팅 사고력을 최대한 발휘해보자. 반복문으로 만들어낼 수 있는 가능성은 무한하며, 그 안에는 여러분만의 독창적인 아이디어가 담길 것이다. 여러분의 논리와 창의력으로 문제를 해결하며, 프로그래밍의 더 큰 즐거움을 경험하길 바란다. 반복문을 통해 문제 해결의 새로운 세계를 열어보자!

**반복문, 끝없는 가능성의 시작**

반복문은 프로그래밍 세계에서 시간과 자원의 효율성을 극대화시키는 가장 강력한 도구 중 하나다. 이 단원에서는 for문과 while문을 중심으로, 반복문이 가진 다양한 특징과 활용법, 그리고 흐름 제어를 위한 도구들인 break, continue, pass의 역할을 상세히 다뤘다. 이러한 반복문의 기초부터 심화 개념까지 탐구하며, 복잡한 문제를 간결하고 효과적으로 해결하는 방법을 배웠다.

반복문은 단순한 코드를 반복 실행하는 역할에 머무르지 않는다. 그것은 문제 해결의 패러다임을 바꾸는 핵심 도구다. 데이터 분석에서 수백만 개의 데이터를 처리하고, 게임 개발에서 캐릭터의 움직임을 제어하며, 인공지능의 학습 알고리즘을 구현하는 데까지, 반복문은 모든 곳에 존재한다. 이처럼 반복문은 단순한 반복을 넘어, 창의적이고 복잡한 문제를 해결하는 기반을 제공한다.

이 단원을 통하여 다음의 내용을 학습하였다.

- ✔ **반복문의 기본 원리**: for문과 while문은 서로 다른 상황에서 강점을 발휘한다. for문은 범위나 컬렉션과 같은 명확히 정의된 반복에서 유용하며, while문은 조건에 따라 유연하게 반복을 제어할 수 있다. 이 두 가지 반복문을 적절히 선택하고 활용하는 능력은 효율적이고 가독성 높은 코드를 작성하는 데 핵심적이다.
- ✔ **흐름 제어의 중요성**: 반복문의 강력함은 제어문의 존재로 더욱 빛난다. break는 반복을 조기에 종료하고, continue는 특정 조건에서 다음 반복으로 넘어가며, pass는 코드를 단순화하고 구조적 완성도를 유지하는 데 도움을 준다. 이 제어문들을 적절히 활용하면 코드의 흐름을 보다 명확하고 세밀하게 설계할 수 있다.
- ✔ **반복문의 한계를 넘어**: 단순히 반복하는 것을 넘어, 반복문은 데이터 처리와 알고리즘 설계에서 핵심적인 역할을 한다. 중첩 반복문을 활용해 복잡한 문제를 해결하고, 반복문에 조건문과 제어문을 결합하여 복잡한 논리를 구현하는 법을 배웠다. 이를 통해 반복문의 무한한 가능성을 엿볼 수 있었다.

프로그래밍에서 반복문은 단순한 기술적 도구를 넘어선다. 그것은 끊임없이 도전하고 개선하며 성장하는 프로그래머의 자세를 상징한다. 반복문을 통해 우리는 같은 작업을 지속적으로 수행하며 실수를 교정하고, 문제를 분석하며, 더 나은 해결책을 모색한다. 프로그래머는 코드를 반복 작성하며 점점 더 효율적이고 아름다운 코드를 완성해나간다. 이는 곧 우리의 삶과도 닮아 있다. 우리는 매일 반복되는 일상 속에서도 새로운 가능성을 찾아 도전하고, 성장하며, 변화한다.

이제 반복문에 대한 여정을 마치며, 여러분은 보다 효율적이고 창의적인 문제 해결 능력을 갖추게 되었다. 하지만 이것은 끝이 아닌 새로운 시작이다. 다음 단원에서는 반복문에서 다룰 수 없었던 더 복잡한 문제를 해결하기 위해 함수 그리고 모듈과 같은 고급 개념들을 탐구할 것이다. 반복문이 여러분의 프로그래밍을 통한 문제 해결 여정에서 강력한 기반이 되어줄 것이다. 이 도구를 마음껏 활용하며, 더 나아가 이를 창의적으로 확장하고 응용하는 여정을 시작해보자. 반복문처럼, 여러분의 가능성은 끝이 없음을 기억하자.

# 5장

# 함수와 모듈

```
>>> num_list = [ 5, 10, 15 ]
>>> print( num_list [1] + 34)
44
>>> print( num_list)
[5, 10, 15]
```

Python

☑ 함수와 모듈은 파이선 프로그래밍에서 코드를 '조각'으로 다루게 해주는 멋진 도구다. 복잡해 보이는 큰 문제도 함수로 잘게 나누고, 각 부분을 모듈로 묶어두면 훨씬 깔끔하고 유지보수하기 쉬워진다. 그리고 이 '조각'들이 서로 연결되어 커다란 프로그램을 완성해내는 모습을 보면 마치 거대한 퍼즐이 맞춰지는 것 같은 짜릿함도 느낄 수 있다.

........................................................................................................

☑ 이번 단원에서는 함수에 대하여 깊이 이해하고, 다양한 함수 작성법과 인수(매개변수)의 활용, 그리고 지역·전역 변수를 다루는 방법을 살펴볼 예정이다. 또한 모듈을 사용해 여러 파일에 나눠진 코드를 효율적으로 재활용하고, 다른 프로젝트와 쉽게 공유할 수 있는 방법도 알아볼 것이다. 그뿐만 아니라 Python에서 자주 쓰이는 라이브러리를 소개함으로써 실제 개발 환경에서 어떤 식으로 활용되는지 엿볼 기회도 마련했다.

........................................................................................................

☑ 함수와 모듈이라는 두 개념을 제대로 알아두면, 앞으로 만날 객체지향 프로그래밍이나 대규모 시스템 구축에도 훨씬 탄력을 받게 된다. 이제부터 Python 코드를 한 단계 더 체계적으로 쌓아올릴 준비를 해보자.

앞 장에서 반복문을 활용하여 동일한 작업을 여러 번 수행하는 방법을 학습하였다. 반복문은 특정 로직을 일정 횟수만큼 자동으로 실행하는 데 유용하지만, 코드가 방대해질수록 유지보수가 어려워질 수 있다. 이때 '함수'를 사용하면 해당 로직을 재사용 가능한 작은 단위로 묶어, 필요할 때마다 호출하여 활용할 수 있으므로 코드 중복을 효과적으로 줄일 수 있다.

여기서 우리는 함수가 왜 중요한지, 어떤 종류가 있는지, 그리고 함수의 호출과 흐름에 대해 자세히 살펴볼 예정이다. 또한 한 줄짜리 익명 함수인 lambda를 통해 코드를 더욱 간결하고 효율적으로 작성하는 방법도 다룬다. 마지막으로 함수 내부에서 생성되는 지역 변수와 프로그램 전역에서 참조할 수 있는 전역 변수가 어떻게 관리되는지를 이해하여, 프로그램을 보다 체계적으로 구성하는 방법을 익혀보고자 한다.

이와 같은 함수의 특성과 활용 방식을 통해, 반복 작업을 처리하는 또 다른 관점과 프로그램 구조를 한층 더 체계적으로 설계하는 방법을 탐구할 수 있다. 함수를 적절히 활용하면 Python 프로그래밍 전반에서 효율성과 확장성을 높일 수 있을 것이다. 반복 작업을 처리하는 새로운 시각, 그리고 프로그램을 한층 더 체계적으로 조직하는 방법을 함수에서 찾아보자. 이제 함수를 통해 코드를 효율적으로 관리하고 확장하는 Python의 또 다른 매력에 푹 빠져보자.

## ① 함수 이해

함수는 특정 작업을 독립적인 단위로 묶어 재사용성을 높이고, 프로그램 구조를 간결하게 유지할 수 있도록 돕는 핵심 요소이다. 일반적으로 함수를 정의할 때는 입력(매개변수)을 받아 특정 연산을 수행한 뒤, 그 결과를 반환하거나 화면에 출력한다. 이러한 과정을 통해 동일한 코드를 여러 곳에서 반복 작성할 필요가 없어지므로, 중복된 부분을 최소화하고 유지보수를 수월하게 만든다.

### 함수의 개념과 중요성

- **코드의 재사용성을 높이는 기본 단위**: 프로그램 내에서 자주 쓰이는 로직을 하나의 함수로 작성하면, 필요한 곳에서 손쉽게 호출하여 사용할 수 있다.
- **복잡한 문제를 단계적으로 해결**: 규모가 큰 문제를 여러 개의 작은 함수로 분할하여 처리함으로써, 가독성과 유지보수성을 향상시킬 수 있다.
- **중복과 오류 발생 감소**: 동일한 기능을 수행하는 코드를 여러 곳에 복사·붙여넣기 하는 대신 함수를 활용함으로써, 수정 사항을 한 곳에서만 변경해도 전체 코드에 반영될 수 있다.
- **직관적인 프로그램 흐름**: 함수 이름과 매개변수만 확인해도 해당 함수가 어떤 기능을 수행하는지 유추하기 쉬우므로, 프로그램 전반의 가독성이 높아진다.

### Python에서의 함수 정의와 호출

- **함수 정의**: Python에서 함수를 정의할 때는 def 키워드를 사용한다. 함수명 뒤에 소괄호를 두어 매개변수를 지정하고, 콜론(:)으로 블록을 구분한다. 함수 내부에는 실행할 명령문과 선택적으로 return을 통한 결과 값 반환이 포함될 수 있다.

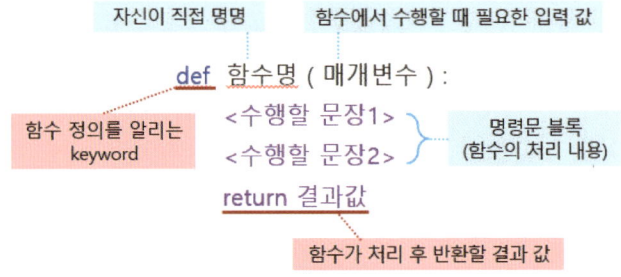

- **함수 호출**: 함수를 호출할 때는 정의된 함수명을 적고, 괄호 안에 필요한 인수를

문제 해결의 언어, Python

순서대로 전달한다. 만약 반환 값이 있는 함수라면, 이 반환 값을 변수에 저장하거나 직접 활용할 수 있다.

- **내장 함수와 사용자 정의 함수**
  - ☑ **내장 함수(Built-in Functions)**: Python에서 미리 제공되는 표준 라이브러리 함수이다. 예를 들어, print(), len(), range() 등이 대표적이다.
  - ☑ **사용자 정의 함수(User-defined Functions)**: 개발자가 특정 요구 사항에 맞추어 직접 작성하는 함수이다. 이러한 함수를 적절히 설계하면, 프로그램의 모듈화와 생산성을 크게 높일 수 있다.

함수는 대규모 프로젝트에서 프로그램을 효율적으로 설계하고 유지보수하는 데 매우 중요한 역할을 담당한다. 반복문과 함께 사용하면, 복잡한 로직도 간결하게 정리하고 재활용할 수 있으므로, 이후 단계에서 다룰 다양한 프로그래밍 기법과도 자연스럽게 연결되는 기반이 된다.


## ② 함수의 필요성

반복되는 로직이나 복잡한 문제를 효율적으로 처리하기 위해서는 특정 동작을 하나의 단위로 분할하여 관리하는 방식이 필요하다. 이때 함수를 사용하면 코드의 재사용성, 가독성, 그리고 유지보수성을 모두 향상시킬 수 있으므로, 프로그램 전체 품질에 큰 영향을 미친다. 다음은 함수를 도입함으로써 얻을 수 있는 대표적인 이점이다.

- **코드 재사용성**
  - ☑ 동일한 작업을 여러 위치에서 반복하는 대신 함수를 호출하여 재활용할 수 있으므로 코드 중복을 방지한다.
  - ☑ 한 번 작성한 함수를 필요할 때마다 호출하므로, 프로그래밍 작업 시간을 단축하고 오류 발생 가능성을 줄일 수 있다.

- **가독성과 유지보수성 향상**
  - ☑ 코드를 논리적으로 나누어 구조를 명확하게 드러낼 수 있으므로, 수정 또는 추가 작업이 용이해진다.
  - ☑ 각 함수가 수행하는 역할이 분명해지므로, 다른 개발자(또는 본인이 일정 시간이 지난 후)도 쉽게 코드를 이해할 수 있다.

- **복잡한 문제의 단순화**
  - ☑ 한꺼번에 처리하기 어려운 문제를 작은 단위로 나누어 차례대로 해결할 수 있다.
  - ☑ 문제 해결 과정이 단계별로 명확히 구분되어, 전체 프로그램의 흐름을 파악하기 쉽다.

- **프로그램 모듈화**
  - ☑ 각각의 함수가 독립적으로 동작하므로, 대규모 프로젝트에서 협업 시에도 구조적 이점을 제공한다.
  - ☑ 여러 함수로 구성된 모듈 단위로 코드를 분리해 관리하면, 기능별로 코드 배포 및 수정이 수월해진다.

- **디버깅과 테스트의 용이성**
  - ☑ 함수 단위로 동작을 검증할 수 있으므로, 에러가 발생했을 때 문제의 원인을 보다 정확하게 추적할 수 있다.
  - ☑ 특정 기능의 테스트가 간단해지며, 문제가 발생한 구간만 별도로 확인하여 수정 가능하다.

- **협업에 적합한 구조 제공**
  - ☑ 여러 명의 개발자가 서로 다른 함수를 작성하고, 이를 모아 통합하는 방식으로 효율적인 팀 작업 환경을 구축할 수 있다.
  - ☑ 책임 구분과 역할 분담이 용이하여 프로젝트 진행 관리에도 도움이 된다.

- **코드의 명확성과 이해도 향상**
  - ☑ 함수 이름과 매개변수를 통해 코드의 의도를 직관적으로 파악할 수 있으므로, 프로그램의 전체적 흐름 이해가 수월해진다.

☑ 로직이 명확히 분리되어 있어, 유지보수 과정에서 코드를 재구성하기도 편리하다.

- **시간과 비용 절감**
  ☑ 이미 작성된 함수를 재활용함으로써 개발 시간을 단축하고, 유지보수 비용도 절감할 수 있다.
  ☑ 동일한 코드를 여러 번 반복 작성할 필요가 없어, 전체 코드 양이 줄어들고 에러 발생 가능성 또한 낮아진다.

함수는 이처럼 코드 작성과 관리에 대한 전반적인 효율을 높여주며, 대규모 프로젝트에서 더욱 필수적인 요소로 작용한다. 동일한 내용이 반복되거나, 복잡한 문제를 여러 단계로 나누어 해결하고자 할 때 함수를 적절히 설계하면, 프로그램의 품질과 생산성을 동시에 확보할 수 있다.

## ③ 함수 종류

함수는 크게 시스템 정의 함수(라이브러리 함수)와 사용자 정의 함수로 구분할 수 있다. 전자는 프로그래밍 언어와 함께 제공되거나 별도의 라이브러리로 배포되는 함수이며, 후자는 개발자가 직접 요구 사항에 맞추어 작성한 함수를 의미한다. 이러한 분류를 통해 함수의 출처와 목적을 명확히 구분하고, 필요에 따라 적절한 함수를 활용할 수 있다.

### 시스템 정의 함수(라이브러리 함수)

- **언어 또는 라이브러리에서 제공**: Python 표준 라이브러리나 외부 라이브러리를 통해 미리 작성되고 검증된 함수들이다. 예를 들어 print(), input()과 같은 표준 입출력 함수가 이에 해당한다.
- **사용 방법만 숙지**: 라이브러리 함수가 내부적으로 어떤 방식으로 동작하는지는 알 필요가 없고, 함수 호출 방식 및 매개변수 전달 방식만 정확히 이해하면 된다.

- **신뢰성과 편의성**: 이미 광범위하게 검증되어 안정적으로 동작하므로, 일반적인 기능이나 복잡한 연산을 빠르게 구현할 수 있다.

### 사용자 정의 함수

- **직접 작성하는 맞춤형 함수**: 개발자가 특정 문제 해결을 위해 직접 함수를 설계하고 작성한다. 예를 들어, 복잡한 수식 계산이나 프로젝트에 특화된 데이터 처리 로직 등을 함수로 구현할 수 있다.
- **재사용성과 유지보수성 향상**: 프로그램 내에서 자주 사용되는 기능을 함수로 분리함으로써, 코드 중복을 줄이고 유지보수 과정을 간소화한다.
- **프로그램 요구 사항에 최적화 가능**: 사용자 정의 함수는 프로젝트 상황이나 업무 요건에 따라 자유롭게 설계할 수 있으므로, 다양한 환경에 맞춰 유연하게 대응할 수 있다.

시스템 정의 함수와 사용자 정의 함수는 모두 프로그램 전반에 걸쳐 자주 활용되는 핵심 요소이다. 표준 라이브러리 함수를 활용하면 효율적으로 기초 기능을 구현할 수 있고, 사용자 정의 함수를 통해서는 프로젝트 고유의 요구 사항을 충족시키면서 재사용성과 유지보수성을 극대화할 수 있다. 이러한 함수를 적절히 선택하고 결합함으로써, 보다 체계적이고 안정적인 Python 프로그램을 작성하여 문제를 해결할 수 있게 된다.

## ④ 함수의 흐름

함수는 프로그램 내에서 일정한 작업을 수행하도록 정의된 독립적인 코드 블록이며, 호출 과정을 거쳐 실행된다. 일반적으로 함수의 흐름은 정의(Define) → 호출(Call) → 실행(Execution) → 반환(Return)으로 구성되며, 다음과 같은 과정을 거쳐 동작한다.

**함수 정의(Definition)**　함수를 작성할 때는 def 키워드를 사용하여 함수의 이름과 매개변수(Parameter)를 명시한다. 함수 내부에는 실제 수행할 명령문이 순서대로 배치되며, 필요한 경우 return 문을 통해 결과값을 반환할 수 있다.

```
1 def add(a, b):  # 매개변수 a, b
2     result = a + b
3     return result
```

**함수 호출(Call)**　이미 정의된 함수를 사용하기 위해서는 함수명을 호출하고, 괄호 안에 필요한 인수(Argument)를 전달한다. 매개변수(Parameter)는 함수가 정의될 때 명시된 항목이며, 인수(Argument)는 실제 호출 시에 넘겨주는 값이다.

```
1 sum_value = add(153, 211)  # 인수로 153과 211을 전달
2 print(sum_value)

364
```

**함수 실행(Execution)**　호출된 함수로 인수가 전달되면, 이 값들이 매개변수에 매핑되어 함수 내부의 명령문이 순차적으로 실행된다. 반복문이나 조건문과 같은 로직을 포함할 수 있으며, 필요 시 여러 개의 변수와 연산이 이루어진다.

**결과 반환(Return)**　함수 내부에 return 문이 존재하면, 해당 시점에서 즉시 함수 실행을 종료하고 반환 값을 돌려준다. 반환 값이 없다면 return 문이 생략되기도 하며, 이 경우 Python에서는 None을 돌려주어 함수를 마무리한다.

이처럼 함수를 정의하고 호출하는 흐름을 명확하게 이해하면, 중복 로직을 간결하게 묶을 수 있을 뿐 아니라 프로그램의 구조를 한층 더 체계적으로 정리할 수 있다. 또한 입력(인수)과 출력(반환 값)을 명확히 구분하여, 함수가 담당하는 역할을 한눈에 파악할 수 있게 된다.

## 5 함수 예시

앞서 살펴본 함수의 개념과 흐름을 구체적으로 이해하기 위해, 여러 가지 예시 함수를 살펴본다. 각 예시는 입력값(인수)과 반환 값의 유무, 그리고 내부 처리 과정을 다양하게 보여주며, Python에서 함수를 다루는 방법을 더욱 명확히 익히도록 돕는다.

**나만의 함수 만들기**  다음 코드는 사용자의 이름을 입력받은 뒤, 간단한 환영 문구를 출력하는 예시이다. 함수를 정의한 후 곧바로 호출하여 동작 과정을 확인할 수 있다.

```
1 def my_first_function():
2     name = input("이름을 입력하세요 : ")
3     print(f"{name}님 즐거운 함수 경험되시길!")
4
5 my_first_function()

이름을 입력하세요 : 한옥영
한옥영님 즐거운 함수 경험되시길!
```

- ☑ **매개변수 없음**: 이 예시에서는 함수를 정의할 때 별도의 매개변수가 지정되지 않았다. 대신 함수 내부에서 input() 함수를 사용해 값을 직접 입력받는다.
- ☑ **반환값 없음**: 결과적으로 문자열을 print() 문으로 출력만 할 뿐, 별도의 return 문을 포함하지 않는다.
- ☑ **출력 방식**: print() 함수를 통해 "입력한 이름 + 님 즐거운 함수 경험되시길!" 형태의 메시지를 화면에 표시한다.

**반환 값이 없는 함수**  함수를 작성하더라도 항상 값을 반환할 필요는 없다. 다음 예시는 두 수의 차이를 계산한 뒤, 그 결과를 화면에 출력만 하고 반환하지 않는 형태를 보여준다.

```
1 def diff(x, y):
2     print(f"{x} & {y}의 차이는 {abs(x - y)}")
```

```
  3
  4 diff(5, 25)
  5 diff(100, 37)

5 & 25의 차이는 20
100 & 37의 차이는 63
```

- ☑ **함수 정의 시 return 문 미포함**: 내부 처리(차이 계산)는 수행하지만, 별도의 반환값을 지정하지 않는다.
- ☑ **결과 확인 방식**: 산출된 결과를 화면에 직접 출력하므로, 호출부에서 반환값을 받아 추가 작업에 활용할 수는 없다.
- ☑ **사용 목적**: 단순히 결과만 표시할 목적이거나, 후속 계산이 필요 없는 로직에 적합하다.

**반환값이 있는 함수**    반환값이 존재하면, 함수를 호출하는 쪽에서 그 결과값을 다시 활용할 수 있다. 예를 들어 다음 함수는 두 값의 차이를 계산해 반환한 후, 그 결과를 다른 변수에 저장하여 사용한다.

```
  1 def diff(x, y):
  2     return abs(x - y)
  3
  4 a = int(input("첫번째 수를 입력하세요 : "))
  5 b = int(input("두번째 수를 입력하세요 : "))
  6 answer = diff(a, b)
  7 print(f"{a} & {b}의 차는 {answer}")

첫번째 수를 입력하세요 : 153
두번째 수를 입력하세요 : 5241
153 & 5241의 차는 5088
```

- ☑ **return 문 포함**: return 문이 실행되면 함수 실행이 종료되고, 지정된 값(abs(x - y))이 호출부로 돌려진다.
- ☑ **반환값 활용**: answer 변수에 저장된 반환값을 다시 출력하거나, 다른 계산의 입력으로 사용할 수 있다.
- ☑ **활용 범위**: 후속 로직에서 연산 결과를 기반으로 추가 작업을 해야 하는 상황에 적합하다.

**반환값이 여러 개 존재하는 경우**   하나의 함수에서 여러 개의 값을 동시에 반환할 수도 있다. 아래 예시는 전달받은 두 수에 대해 덧셈, 뺄셈, 곱셈, 나눗셈을 모두 수행한 후, 그 결과를 한 번에 반환한다.

```python
1 def my_calculator(x, y):
2     return x + y, x - y, x * y, x / y
3
4 a, b, c, d = my_calculator(30, 50)
5 print(f"덧셈의 결과는 {a}이다.")
6 print(f"뺄셈의 결과는 {b}이다.")
7 print(f"곱셈의 결과는 {c}이다.")
8 print(f"나눗셈의 결과는 {d:.2f}이다.")

덧셈의 결과는 80이다.
뺄셈의 결과는 -20이다.
곱셈의 결과는 1500이다.
나눗셈의 결과는 0.60이다.
```

- ✔ **return 튜플**: Python에서 쉼표로 구분된 여러 값을 반환하면, 튜플 형태로 묶여 한 번에 돌려진다.
- ✔ **결과 분할 할당**: 호출 시, 반환된 튜플을(a, b, c, d)와 같이 여러 변수에 한 번에 할당할 수 있다.

**복수 개의 return 문**   하나의 함수 내부에 조건에 따라 서로 다른 값을 반환해야 할 수도 있다. 예시로, 전달된 숫자가 짝수인지 홀수인지를 판별하여 각각 다른 문자열을 반환하는 코드를 살펴보자.

```python
1 def 홀짝(num):
2     if num % 2 == 0:
3         return '짝'
4     return '홀'
5
6 check = 홀짝(20)
7 print(check)      # 짝
8
9 print(홀짝(257))  # 홀

짝
홀
```

문제 해결의 언어, Python

- ☑ **조건에 따른 분기**: if 조건이 참이면 짝이 반환되고, 거짓이면 아래 return 문에 의해 홀이 반환된다.
- ☑ **함수 실행 즉시 종료**: 한 번 return이 실행되면, 함수는 나머지 코드를 더 이상 실행하지 않고 종료된다.

**기본 매개변수를 사용하는 함수**  함수 정의 시 매개변수에 미리 값(기본값, default value)을 설정해 두면, 호출 시 별도의 인수를 전달하지 않아도 자동으로 해당 기본값이 사용된다. 이를 통해 함수 호출 방식을 유연하게 구성할 수 있다.

```python
1 def greet(name="익명", message="반갑습니다"):
2     print(f"{name}님, {message}!")
3
4 # 다양한 호출 예시
5 greet()                     # "익명님, 반갑습니다!"
6 greet("이수진")              # "이수진님, 반갑습니다!"
7 greet(message="환영합니다")   # "익명님, 환영합니다!"
8 greet("김철수", "안녕하세요")  # "김철수님, 안녕하세요"

익명님, 반갑습니다!
이수진님, 반갑습니다!
익명님, 환영합니다!
김철수님, 안녕하세요!
```

- ☑ **기본값 활용**: 함수를 호출할 때 인수를 생략하면, 해당 매개변수는 정의 시 지정된 기본값을 사용한다.
- ☑ **인수 지정 순서와 키워드 인수**: name="이수진"처럼 키워드를 함께 사용하면, 매개변수 순서를 바꾸어도 올바른 값을 매핑할 수 있다.
- ☑ **가독성 향상**: 선택적인 인수를 처리할 때 유용하며, 함수 호출부를 간결하게 유지할 수 있다.

**재귀 함수를 이용한 반복 처리**  함수 안에서 자기 자신을 다시 호출하는 방식을 재귀(Recursion)라고 한다. 재귀 함수를 사용하면 반복문 없이도 특정 작업을 반복 수행할 수 있다. 아래 예시는 팩토리얼(계승)을 계산하기 위한 재귀 함수를 보여준다.

```
1 def factorial(n):
2     if n == 0 or n == 1:
3         return 1
4     return n * factorial(n - 1)
5
6 print(factorial(5))
7 print(factorial(10))
```

```
120
3628800
```

☑ **종료 조건**: n이 0 또는 1에 도달했을 때 return 1로 함수를 종료한다. 종료 조건이 명확해야 재귀가 무한히 반복되지 않는다.

☑ **반복적 호출**: return n * factorial(n - 1)을 통해 매번 자기 자신을 다시 호출하며, n-1이 될 때까지 반복한다.

☑ **주의사항**: 재귀 방식은 직관적인 반면, 호출 스택이 깊어지면 메모리를 많이 사용할 수 있다. 큰 값에 대한 계산은 반복문 등의 다른 방식을 고려해야 한다.

이상으로 살펴본 여러 예시를 통해, Python의 함수가 얼마나 유연하고 강력한 도구인지를 확인할 수 있다. 간단한 환영 메시지 출력부터 재귀 함수를 이용한 알고리즘 구현에 이르기까지, 함수는 복잡한 문제를 단계적으로 분할하여 해결하고 코드 중복을 줄이며, 전체 프로그램의 구조를 깔끔하게 유지하도록 돕는다. 특히 매개변수와 반환값의 조합으로 다양한 형태의 로직을 추상화할 수 있으므로, 유지보수와 협업 과정에서도 큰 이점을 제공한다.

앞으로 코드를 작성할 때는 이러한 함수적 사고를 통해 필요한 기능을 명료하게 정의하고, 재사용성을 극대화하는 방향으로 문제 해결을 해보자. 각각의 함수를 유기적으로 결합하다 보면, 보다 탄탄하고 확장성 높은 Python 프로그램을 완성할 수 있을 것이다.

## 6 lambda 함수

일반적으로 함수를 정의할 때는 def 키워드를 사용하고 함수 이름을 지정한다. 그러나 lambda 함수는 별도의 이름 없이, 간단한 처리를 한 줄로 작성하는 일시적인 함수다. 이러한 특성 때문에 "익명 함수(Anonymous Function)"라고도 불리며, 짧고 간단한 연산이 필요한 경우 유용하게 활용할 수 있다.

**lambda 함수의 기본 구조**   람다 함수는 다음과 같은 방식으로 사용한다.

lambda 입력_인수: 표현_식

☑ **입력_인수**
함수에 전달되는 값을 의미하며, 쉼표로 구분하여 여러 개를 지정할 수 있다.

☑ **표현_식**
입력값을 활용해 단일 연산을 수행하고, 그 결과를 반환한다. 줄바꿈 없이 한 줄에 처리되어야 하므로 복잡한 로직에는 적합하지 않다.

```
1 y = lambda x: x ** 2
2 print(y(10))  # 10의 제곱
3 print(y(8))   # 8의 제곱
4 print(y(9))   # 9의 제곱

100
64
81
```

☑ lambda x: x ** 2는 "x를 제곱한 결과"를 반환하는 함수를 의미한다.
☑ y라는 변수에 lambda 함수를 할당했으므로, y(값) 형식으로 호출 가능하다.

**lambda 함수와 map() 함수 결합**   map() 함수는 리스트나 튜플 등의 반복 기능(iterable)한 자료형에 함수를 적용해, 그 결과를 새로운 시퀀스로 만들어 준다. 이때 익명 함수를 사용하면 간결하게 연산 로직을 전달할 수 있다.

```
1 my_list = [1, 3, 5, 7, 9]
2 new_list = list(map(lambda x: x ** 2, my_list))
3 print(new_list)  # [1, 9, 25, 49, 81]

[1, 9, 25, 49, 81]
```

✔ lambda x: x ** 2

각 요소 x를 제곱하는 연산을 수행한다.

✔ list(map(...))

map()은 결과를 맵 객체로 반환하므로, list()로 변환하여 최종 결과를 리스트 형태로 확인한다.

● **여러 개의 리스트에 적용하는 예시**

```
1 my_list1 = [1, 3, 5, 7, 9]
2 my_list2 = [2, 4, 6, 8, 10]
3
4 new_list = list(map(lambda x, y: x + y, my_list1, my_list2))
5 print(new_list)

[3, 7, 11, 15, 19]
```

인수를 2개(x, y) 받도록 설정한 뒤, 각각의 리스트에서 같은 인덱스에 위치한 값들을 더한 결과를 반환한다.

**lambda 함수와 filter() 함수 결합**    filter()는 주어진 조건에 따라 True/False를 판별한 뒤, True에 해당하는 값들만 걸러내 새로운 시퀀스로 반환한다. lambda 함수를 사용하면 판별 로직을 간단하게 표현할 수 있다.

```
1 num_list = [2, 7, 9, 13, 15, 27, 32, 35, 39, 43, 45, 72, 88, 98]
2 new_list = list(filter(lambda x: x % 3 == 0, num_list))
3 print(new_list)

[9, 15, 27, 39, 45, 72]
```

✔ lambda x: x % 3 == 0

각 값이 3으로 나누어떨어지는지(True) 여부를 반환한다.

✔ filter()

조건이 True인 요소만 걸러내어 최종 리스트를 구성한다.

문제 해결의 언어, Python

즉, 해당 예시는 3의 배수만 필터링하여 새로운 리스트를 생성한 코드이다.

lambda 함수의 장단점

- **장점**
  - ☑ 함수를 한 줄로 간결하게 표현할 수 있어, 짧은 로직에 적합하다.
  - ☑ 별도 이름 정의 없이 즉시 사용이 가능하므로, 일회성 연산 시 코드가 깔끔해진다.

- **단점**
  - ☑ 여러 줄에 걸친 복잡한 연산을 처리하기 어렵다.
  - ☑ 가독성이 떨어질 수 있어, 로직이 길어질 경우 일반 함수를 사용하는 편이 좋다.

lambda 함수는 코드 양을 줄이고, 간단한 연산을 빠르게 처리할 때 매우 편리한 기능이다. 특히 map()이나 filter() 같은 고차 함수(High-order Function)와 함께 사용하면, 반복되는 연산을 더욱 간결하게 작성할 수 있다. 다만, 로직이 복잡하거나 여러 줄에 걸치는 경우에는 일반 함수(def 문법)로 작성하는 것이 유지보수 측면에서 더 바람직하므로, 상황에 맞추어 적절히 선택하는 것이 중요하다.

# ⑦ 인수와 매개변수

함수를 다룰 때는 인수(Arguments)와 매개변수(Parameters)의 개념을 명확히 구분할 필요가 있다. 일반적으로 매개변수는 함수를 정의할 때 선언하는 변수이며, 인수는 함수를 호출할 때 전달하는 실제 값이다. 잘못된 인수 전달로 인한 오류나 매개변수 누락을 방지하려면, 함수 정의와 호출의 관계를 이해하고 정확히 사용해야 한다.

인수(Arguments)와 매개변수(Parameters)의 차이

- **매개변수(Parameters)**: 매개변수(Parameters)는 함수를 정의할 때, 함수가 처리할 입

력값을 어떤 변수로 받을지를 미리 지정해 놓는 것이다. 이렇게 매개변수를 선언해 두면 함수를 호출할 때 전달되는 실제 값(인수, Arguments)이 해당 변수에 할당되어 함수 내부에서 연산을 수행할 수 있다. 예를 들어, 다음의 예시 코드에서는 hours가 매개변수이다.

```
1 def week_earn(hours):
2     return hours * 10050
```

- **인수(Arguments)**: 함수를 호출할 때, 매개변수에 대응하여 실제로 전달되는 값이다. 예를 들어, 다음의 예시 코드에서는 35가 인수에 해당한다.

```
1 week_earn(35)
```

```
351750
```

정의된 매개변수와 호출 시 전달되는 인수의 개수와 순서가 일치해야 하며, 그렇지 않을 경우 Python은 TypeError를 발생시킨다.

**필수 인수와 선택(옵션) 인수**　함수 내 매개변수를 선언하면, 일반적으로 해당 매개변수는 반드시 값이 주어져야 하는 필수 인수가 된다. 이를 인수 없이 호출하면 매개변수에 할당할 값이 없으므로 오류가 발생한다.

```
1 def week_earn(hours):
2     return hours * 10050
3
4 # 예시 호출
5 print(week_earn(35))  # 정상 동작 (35 전달)
6 print(week_earn())    # 오류 발생 (hours가 없음)
```

```
351750
-----------------------------------------------------------------
TypeError                                 Traceback (most recent call last)
<ipython-input-22-c0c7df31b076> in <cell line: 0>()
      4 # 예시 호출
      5 print(week_earn(35))  # 정상 동작 (35 전달)
----> 6 print(week_earn())    # 오류 발생 (hours가 없음)

TypeError: week_earn() missing 1 required positional argument: 'hours'
```

문제 해결의 언어, Python

**기본 매개변수(Default Parameter)**　　매개변수에 기본값을 설정해 두면, 해당 인수를 생략했을 때 자동으로 그 기본값이 사용된다. 이를 Default Parameter라고 하며, 선택적인 인수가 필요한 상황에서 매우 유용하다.

```python
1 def week_earn(hours=40):
2     return hours * 10050
3
4 print(week_earn())        # 인수를 생략하면 기본값 40이 적용
5 print(week_earn(50))      # 인수 50 전달

402000
502500
```

- ✔ **인수를 지정하지 않으면**: hours는 기본값인 40을 사용한다.
- ✔ **인수를 지정하면**: 기본값을 무시하고 전달된 값을 적용한다.

**필수 인수와 옵션 인수를 혼합 사용하기**　　함수에 여러 매개변수가 있을 때, 특정 항목은 필수로 지정하고, 나머지는 옵션(기본값 설정)으로 처리하는 방식이 가능하다. 아래 예시는 제품 정보를 출력하는 함수로, name과 p_code를 필수 인수로 받고, quantity와 country는 기본값을 갖도록 설계되어 있다.

```python
1 def product_info(name, p_code, quantity=20, country='Korea'):
2     print("상품명:", name)
3     print("상품코드:", p_code)
4     print("수량:", quantity)
5     print("제조국:", country)
6
7 product_info("삼성TV", "QN82Q950RBF")  # 필수 인수만 전달
8 product_info("삼성공기 청정기", "AX94T9320WWD", 50)  # 수량 변경

상품명: 삼성TV
상품코드: QN82Q950RBF
수량: 20
제조국: Korea
상품명: 삼성공기 청정기
상품코드: AX94T9320WWD
수량: 50
제조국: Korea
```

- ✔ **필수 인수(name, p_code)**: 반드시 전달해야 하므로, 생략 시 오류가 발생한다.
- ✔ **옵션 인수(quantity, country)**: 생략하면 기본값이 사용되고, 필요 시 원하는 인수를 지정해 수정할 수 있다.

**인수 이름(키워드 인수)과 오류 사례**  키워드 인수를 사용하면, 매개변수 이름을 지정해 인수를 전달할 수 있다. 이를 통해 순서를 바꾸어도 원하는 값이 올바른 매개변수에 할당되지만, 정의되지 않은 매개변수 이름을 사용하면 오류가 발생한다. 다음의 예시에서와 같이 country라는 기존 옵션 인수 이름을 사용하면, 올바르게 매핑되므로 정상 동작한다. 그러나, 매개변수 이름이 nation으로 잘못 지정되면 오류가 발생한다.

```
1 product_info("아이폰", "iPhone 15 Pro", country="USA")

상품명: 아이폰
상품코드: iPhone 15 Pro
수량: 20
제조국: USA


1 product_info("Volvo", "XC90", nation="스웨덴")

-------------------------------------------------------------------
TypeError                                Traceback (most recent call last)
<ipython-input-26-f5dd3e51a270> in <cell line: 0>()
----> 1 product_info("Volvo", "XC90", nation="스웨덴")

TypeError: product_info() got an unexpected keyword argument 'nation'
```

**가변 길이 인수(*args)**  몇 개의 인수가 넘어올지 미리 알 수 없는 경우, 매개변수 앞에 *(별 기호)를 붙여 가변 길이 인수를 받을 수 있다. Python에서는 이를 *args라는 이름으로 관례적으로 사용한다.

```
1 def guest_list(*guest):
2     for name in guest:
3         print("%s님이 초대되었습니다." % name)
4
5 guest_list("임꺽정", "홍길동", "김선달", "황진이")

임꺽정님이 초대되었습니다.
홍길동님이 초대되었습니다.
김선달님이 초대되었습니다.
황진이님이 초대되었습니다.
```

☑ **\*guest**: 전달된 모든 인수를 튜플 형태로 묶어 guest 변수에 저장한다.

☑ **활용 예**: 초대장 명단처럼 인수의 개수가 변동될 수 있는 상황에서 유리하다.

가변 길이 인수를 사용할 때, 앞부분에 정해진 인수를 추가로 선언하는 것도 가능하다.

```
1 def guest_list(date, *guest):
2     for name in guest:
3         print(f"{date} {name}님이 초대되었습니다.")
4
5 guest_list("12월 24일", "Python", "나기쁨", "오행복")

12월 24일 Python님이 초대되었습니다.
12월 24일 나기쁨님이 초대되었습니다.
12월 24일 오행복님이 초대되었습니다.
```

date는 필수 인수, *guest는 가변 인수로 받는다.

**인수 순서를 자유롭게 지정하기(키워드 인수)** 일반적으로 함수를 호출할 때는 매개변수를 정의한 순서대로 인수를 전달해야 한다. 그러나 키워드 인수(Keyword Arguments)를 사용하면, 매개변수 이름을 직접 명시하여 순서를 바꿔도 정확히 매핑할 수 있다.

```
1 def product_info(name, p_code, quantity=20, country='Korea'):
2     print("상품명 :", name)
3     print("상품코드 :", p_code)
4     print("수량 :", quantity)
5     print("제조국 :", country)
6
7 product_info(country="USA", quantity=25, p_code="iPhone 15 Pro", name="아이폰")

상품명 : 아이폰
상품코드 : iPhone 15 Pro
수량 : 25
제조국 : USA
```

- ✔ **키워드 인수**: country="USA", quantity=25처럼 명시하면, 함수를 정의할 때의 매개변수 순서에 구애받지 않고 값을 할당할 수 있다.
- ✔ **장점**: 매개변수의 의미가 분명해지고, 인수 순서를 혼동해 발생할 수 있는 오류를 방지한다.

인수와 매개변수를 적절히 다루면, 하나의 함수를 다양한 상황에 맞춰 재활용하기가 훨씬 쉬워진다. 특히 키워드 인수를 활용하면 코드 가독성을 높이고, 가변 길이 인수로는 미래에 확장될 가능성이 있는 기능을 유연하게 지원할 수 있다. 이러한 특징들은 규모가 커질수록 빛을 발하므로, 미리 숙지해 두면 실전 개발에서 큰 도움이 될 것이다.

## 8 지역 변수와 전역 변수

프로그램에서 변수를 선언하는 위치에 따라, 해당 변수가 활용될 수 있는 범위(scope)가 달라진다. 일반적으로 함수 내부에서만 유효한 변수를 지역 변수(Local Variable)라 하고, 프로그램 전체에서 참조 가능한 변수를 전역 변수(Global Variable)라고 부른다. 지역 변수와 전역 변수의 개념을 정확히 이해하면, 변수 충돌을 예방하고 코드 가독성을 높일 수 있다.

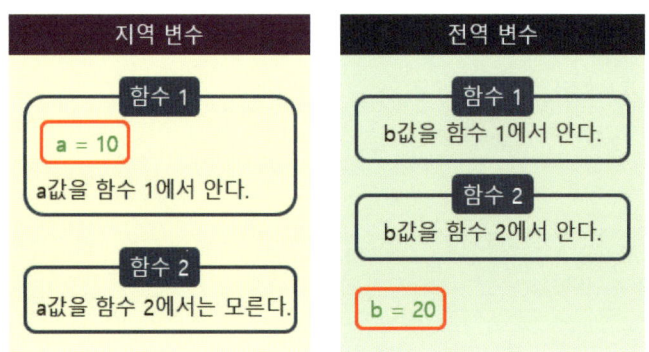

### 지역 변수(Local Variable)

- **정의와 특징**
  - ☑ 함수 내부에서 선언된 변수로, 함수가 종료되면 소멸되거나 더 이상 접근할 수 없다.
  - ☑ 같은 이름의 변수가 함수 밖(전역 영역)에 존재해도, 함수 내부에서는 지역 변수가 우선적으로 참조된다(변수 '가려짐' 현상).

문제 해결의 언어, Python

```
1 my_value = "OUT"
2
3 def my_function():
4     my_value = "IN"      # 지역 변수로 선언
5     print(my_value)      # "IN" 출력
6
7 my_function()
8 print(my_value)          # 전역 변수 "OUT" 출력

IN
OUT
```

위 예시에서 함수 내부에 선언된 4번째 줄의 my_value는 지역 변수이며, 함수가 실행되는 동안에만 "IN" 값을 유지한다. 함수가 끝난 뒤에는 지역 변수가 소멸되어 함수 밖의 my_value(전역 변수, "OUT")와 구분된다.

- **지역 변수 접근 예외 및 오류**: 함수 내부에서 선언된 지역 변수는 오직 해당 함수 범위 내에서만 유효하다. 다른 함수에서 이를 호출하거나, 함수가 종료된 이후에 참조하려 하면 NameError가 발생한다.

```
1 def my_function1():
2     my_value = "IN"
3     print(my_value)      # "IN" 출력
4
5 def my_function2():
6     print(my_value)      # 여기서는 my_value를 알 수 없음 (NameError)
7
8 my_function1()
9 my_function2()           # NameError: name 'my_value' is not defined

IN
---------------------------------------------------------------------
NameError                                 Traceback (most recent call last)
<ipython-input-1-146e573bcca3> in <cell line: 0>()
      7
      8 my_function1()
----> 9 my_function2()           # NameError: name 'my_value' is not defined

<ipython-input-1-146e573bcca3> in my_function2()
      4
      5 def my_function2():
----> 6     print(my_value)      # 여기서는 my_value를 알 수 없음 (NameError)
      7
      8 my_function1()

NameError: name 'my_value' is not defined
```

## • 정의와 특징

☑ 함수 외부에서 선언된 변수로, 프로그램 전반에서 참조할 수 있다.

☑ 여러 함수에서 공통으로 사용해야 하는 값이 있을 경우, 전역 변수로 관리할 수 있다.

## • 예시 코드

```
1 def my_function1():
2     print(my_value)    # 전역 변수를 참조
3
4 def my_function2():
5     print(my_value * 2) # 전역 변수를 기반으로 연산 수행
6
7 my_value = 100         # 전역 변수 선언
8 my_function1()
9 my_function2()

100
200
```

위와 같이 전역 변수를 참조하는 경우, 함수 내부에서는 해당 변수의 값에 접근하기만 할 뿐, 새로운 값으로 변경하지 않는다.

**지역 변수와 전역 변수의 우선순위** 함수 내부에서 전역 변수와 같은 이름의 지역 변수가 선언되면, 지역 변수가 전역 변수보다 먼저 참조된다. 즉, 함수 내부에서는 지역 변수가 우선적으로 참조된다.

```
1 a = 20  # 전역 변수
2
3 def func1():
4     a = 10    # 지역 변수
5     print(a)  # 10 출력 (지역 변수 참조)
6
7 def func2():
8     print(a)  # 20 출력 (전역 변수 참조)
9
10 func1()
11 func2()

10
20
```

이때 func1() 안에서 a = 10으로 지역 변수를 선언하지 않았다면, func1() 또한 전역 변수 a(값: 20)를 참조하게 될 것이다. 그러나 지역 변수가 새롭게 생성됨으로써 내부적으로 우선순위가 바뀐다.

**global 키워드를 이용한 전역 변수 수정**     일반적으로 함수 내부에서 전역 변수를 재할당하면, Python은 이를 새로운 지역 변수가 선언된 것으로 간주한다. 따라서 전역 변수의 값을 함수 내부에서 직접 변경하려면 global 키워드를 사용해야 한다.

```
1 my_value = "OUT"
2
3 def my_function():
4     global my_value       # 전역 변수 사용 선언
5     my_value = "IN"       # 전역 변수의 값을 변경
6     print(my_value)       # "IN" 출력
7
8 my_function()
9 print(my_value)           # 수정된 전역 변수 유지

IN
IN
```

- **주의사항**
  - ☑ global 키워드를 사용하면 전역 변수에 대한 쓰기(수정) 작업이 허용되므로, 예상치 못한 동작이 발생할 수 있다.
  - ☑ 코드 규모가 커지면 전역 변수를 남용하는 것은 유지보수를 어렵게 만들 수 있어, 필요 최소한으로 사용해야 한다.

**결론 및 활용 팁**

- **지역 변수를 기본으로 사용**: 각 함수 내부에서만 의미가 있는 데이터를 전역 공간에 두면, 충돌 가능성이 커지고 프로그램 흐름 파악이 어려워진다.
- **전역 변수는 공통된 상태를 공유하는 경우에 한해 최소화**: 여러 함수가 참조해야 하되, 변경 범위가 제한적이거나 자주 쓰이는 설정값 등에 대해 전역 변수를 고려한다.
- **변수 이름 충돌에 주의**: 함수 내부와 외부에서 같은 이름의 변수를 사용하면, 지역

변수가 전역 변수를 가려 문제가 될 수 있다.

- **global 키워드는 신중하게 사용**: 전역 변수 값을 수정할 필요가 없거나, 다른 방법 (예: 함수 반환값 활용)으로 충분히 대체 가능하다면 피하는 것이 좋다.

　　이처럼 지역 변수와 전역 변수를 올바르게 구분하여 사용하면, 코드 가독성과 안정성을 높일 수 있으며, 오류 발생 가능성을 크게 줄일 수 있다. 함수 단위로 로직을 분리하면서 적절한 변수 범위를 설정하는 습관은, 중·대형 프로젝트에서 특히 중요한 역량이 된다.

# ⑨ 함수 활용을 위한 CT

함수를 활용하는 과정에서는 문제를 단계적으로 분석하고 조직화하여 해결하는 다양한 사고력이 요구된다. 함수를 통해 코드를 구조화하고 재사용성을 높이는 경험은, 곧 컴퓨팅 사고력(Computational Thinking)을 키우는 데에도 크게 기여한다. 아래는 함수 사용과 밀접하게 연결될 수 있는 CT 요소를 살펴보자.

- **분해적 사고력(Decomposition)**
  - ☑ **의미**: 복잡한 문제나 기능을 작은 단위로 나누어 단계적으로 해결하는 능력
  - ☑ **함수와의 연계**
    - — 하나의 방대한 기능을 여러 개의 짧고 명확한 함수로 분할
    - — 각 함수가 맡은 역할이 뚜렷해지면서 유지보수성과 읽기 쉬운 코드 구조를 확보

- **단순화 사고력(Simplification)**
  - ☑ **의미**: 불필요한 복잡성을 제거하고 문제를 간결한 형태로 만드는 능력
  - ☑ **함수와의 연계**
    - — 자주 반복되는 로직을 하나의 함수로 정의하여 코드 중복을 최소화
    - — 복잡한 로직을 함수로 캡슐화해, 전체 프로그램을 단순화

- **추상화 사고력(Abstraction)**
  - ☑ **의미**: 핵심 정보만 남기고 세부 구현을 감추어, 문제 해결을 용이하게 하는 능력
  - ☑ **함수와의 연계**
    - — 함수 이름과 매개변수만으로 기능을 알 수 있도록 설계(내부 구현은 숨김)
    - — 복잡한 연산 과정을 함수 안에 캡슐화하여, 외부에서는 간편하게 호출

- **알고리즘적 사고력(Algorithmic Thinking)**
  - ☑ **의미**: 문제 해결 과정을 논리적인 절차(알고리즘)로 구체화하여 구현하는 능력
  - ☑ **함수와의 연계**
    - — 조건문, 반복문, 재귀 등을 적절히 활용해 함수를 단계별로 설계
    - — 매개변수에 따라 달라지는 입력값에도 일관성 있게 작동하는 구조 설계

- **패턴 인식(Pattern Recognition)**
  - ☑ **의미**: 유사한 문제나 반복되는 로직에서 공통점을 찾아 재사용 가능한 형식으로 도출하는 능력
  - ☑ **함수와의 연계**
    - — 동일하거나 유사한 기능이 여러 곳에서 나타나면, 하나의 함수로 추출
    - — 리스트 정렬, 텍스트 처리 등에서 공통 패턴을 인식해 재사용성 확보

- **조건분기 사고력(Conditional Reasoning)**
  - ☑ **의미**: 특정 조건을 만족할 때 실행 경로를 달리하는 방식으로 문제를 유연하게 처리하는 능력
  - ☑ **함수와의 연계**
    - — 함수 내부에서 다양한 조건(if-elif-else)에 따라 각기 다른 return 값을 제공
    - — 매개변수로 넘어오는 값에 따라 코드를 분기하고 처리

- **재귀적 사고력(Recursive Thinking)**
  - ☑ **의미**: 문제 해결 과정에서 자기 자신을 반복 호출하며 순환적 로직을 완성하는 능력
  - ☑ **함수와의 연계**

— **예** 팩토리얼, 피보나치 수열, 하노이의 탑 등 재귀 알고리즘 구현

— 코드가 간결해지나, 종료 조건과 메모리 사용에 유의해야 함


- **통합적 사고력(Integration)**
  - ☑ **의미**: 서로 다른 함수나 모듈을 결합해, 큰 문제를 거시적으로 해결하는 능력
  - ☑ **함수와의 연계**
    — 입출력, 데이터처리, 시각화 등 다양한 함수들을 조합해 일련의 프로세스 설계

    — 프로젝트 전반에서 각 기능이 유기적으로 연결될 수 있도록 통합


- **협력적 사고력(Collaborative Thinking)**
  - ☑ **의미**: 여러 사람이 역할을 나누어 코드를 작성하고, 함수를 통해 상호 간 인터페이스를 명확히 하는 능력
  - ☑ **함수와의 연계**
    — 함수명, 매개변수, 반환값 등을 미리 협의하여 표준화

    — 팀 단위 개발 시 개별 함수를 모아 전체 프로그램을 구성


- **창의적 사고력(Creative Thinking)**
  - ☑ **의미**: 기존 방식을 뛰어넘어 새로운 로직이나 함수를 고안해 내는 능력
  - ☑ **함수와의 연계**
    — 복합 로직을 보다 직관적인 함수로 표현하거나, lambda 등을 활용해 상황에 맞는 간편 함수 구성

    — 기존 라이브러리 함수들을 응용하여 색다른 해결책을 제시


- **상호작용적 사고력(Interactive Reasoning)**
  - ☑ **의미**: 프로그램과 사용자(또는 다른 시스템)의 상호 작용을 염두에 두고, 입력과 출력을 유기적으로 설계하는 능력
  - ☑ **함수와의 연계**
    — 사용자 입력(input())을 함수로 받아 처리 후, 결과를 출력 또는 다른 함수로 전달

    — UI나 API 요청과 연동해, 여러 함수가 순차적으로 작동하도록 흐름 구성

- **시뮬레이션 사고력(Simulation)**
  - ☑ **의미**: 가상의 시나리오를 설정해, 함수가 여러 가지 입력 값을 받을 때 어떻게 동작할지 모의 실행해 보는 능력
  - ☑ **함수와의 연계**
    - ― 테스트 케이스(데이터 세트)를 만들어 함수가 올바른 결과를 내는지 검증
    - ― 복잡한 수치 계산이나 확률 시뮬레이션 등을 함수로 구성

- **병렬화 처리 능력(Parallelism / Concurrency Insight)**
  - ☑ **의미**: 여러 함수를 동시에(또는 비동기적으로) 실행하여 효율을 높이는 방안을 모색하는 능력
  - ☑ **함수와의 연계**
    - ― 멀티스레드나 비동기 I/O 등과 결합하여 독립적인 함수를 병렬로 수행
    - ― 대용량 데이터 처리 시 시간 단축 및 자원 활용 극대화

- **메타인지적 사고력(Metacognition)**
  - ☑ **의미**: 자기 자신이 문제를 해결하는 과정, 함수 구조를 설계하는 과정을 돌아보며 개선점을 찾는 능력
  - ☑ **함수와의 연계**
    - ― "이 함수의 목적은 정말 명확한가?", "더 간단히 표현할 수 있는 방법은 없을까?" 등 스스로 점검
    - ― 최적화와 리팩토링 과정에서 함수 명칭, 매개변수, 로직 재검토

이상 살펴본 CT 요소는 함수 작성과 활용을 통해 자연스럽게 계발할 수 있는 능력들이다. 복잡한 문제를 다양한 관점에서 바라보고, 논리와 창의성을 결합하여 함수를 설계해 가는 과정 자체가 계층적이고 체계적인 문제 해결 능력을 키워 준다. 프로그래밍 학습에서 중요한 것은 단순히 코드를 만드는 것이 아니라, 어떻게 사고하고 접근해야 하는지를 익히는 데 있다. 이러한 CT 관점에서 함수를 바라보면, 코드 이상의 가치와 잠재력을 발휘하게 될 것이다.

함수 단위로 코드를 구조화하면 특정 기능을 분리하고 반복 작업을 간결하게 처리할 수 있다. 그러나 프로그램 규모가 커지고 여러 기능들이 서로 긴밀하게 연관되기 시작하면, 각 함수를 보다 큰 단위로 묶어서 체계적으로 관리할 필요가 생긴다. 이때 모듈(module) 개념을 도입하면 여러 관련 함수와 변수를 하나의 파일로 정리하여, 다른 프로젝트나 팀원들과 쉽게 공유하고 재활용할 수 있다.

Python에서 모듈은 단순히 "관련된 코드들의 묶음" 이상의 의미를 가진다. 표준 라이브러리와 함께 제공되는 다양한 모듈을 활용하면, 복잡한 로직이나 고급 기능도 빠르고 안정적으로 구현할 수 있다. 또한 개발자가 직접 생성한 사용자 정의 모듈을 만들면, 프로젝트 고유의 요구 사항에 맞춘 코드들을 독립적으로 관리하고 확장할 수 있다. 이렇게 모듈을 잘 설계해 두면 유지보수 시 많은 이점을 얻을 수 있으며, 협업 과정에서도 각 기능의 역할과 책임이 명확해진다.

이번 장에서는 모듈의 개념과 필요성을 살펴보고, 모듈을 작성하고 사용하는 방법을 구체적으로 알아본다. 더 나아가 패키지(package) 단위로 여러 모듈을 체계적으로 묶어 관리하는 방식도 함께 검토해보기로 하자. 이를 통해 Python 프로젝트를 확장성 있게 설계하고, 표준 라이브러리뿐 아니라 직접 만든 모듈까지 적극적으로 활용함으로써, 더욱 효율적이고 깔끔한 코드를 작성할 수 있게 될 것이다.

## ① 모듈 이해

복잡한 프로그램을 구성할 때, 관련된 함수와 변수를 하나의 파일로 묶어 관리하고 싶다면 모듈(Module) 개념을 도입할 수 있다. Python에서 모듈은 .py 확장자를 갖는 파일로, 내부에 함수·클래스·변수 등을 포함한다. 즉, 하나의 기능 단위로 만들어진 Python 파일을 가리키며, 필요할 때마다 import 키워드를 통해 불러와 사용할 수 있다.

모듈의 개념

- **관련 코드 집합의 Python 파일**: .py 확장자를 가지며, 함수·클래스·변수 등을 한데 모아 놓은 구조다. 기능 단위(라이브러리 역할)로 작성되어, 프로젝트나 다른 파일에서 불러와 사용할 수 있다. 예를 들어 my_module.py 파일 내부에 함수나 변수를 정의해 놓으면, 이 파일 전체가 하나의 모듈로 간주된다.
- **사용자 정의와 표준 라이브러리**: Python이 기본 제공하는 라이브러리(표준 모듈)와, 사용자가 직접 작성한 모듈로 나눌 수 있다. 외부 패키지를 설치해 사용하는 방식도 가능하여, Python의 기능을 폭넓게 확장할 수 있다.

모듈의 장점

- **코드 재사용**: 함수와 유사하지만, 적용 범위를 파일 단위로 확장하여 반복 작업을 손쉽게 처리한다. 공통적으로 사용될 부분을 일반화해 모듈로 저장하면, 여러 프로젝트에서 중복을 줄이고 효율을 높일 수 있다.
- **코드의 간결화**: 매번 새롭게 코딩하지 않고, 필요한 기능이 들어 있는 모듈을 호출하여 간단히 사용한다. 처리 내용을 구조화함으로써 로직이 명확해지고, 각 모듈 간 의존 관계를 직관적으로 파악할 수 있다.
- **복잡한 프로젝트 관리에 유용**: 여러 기능을 담당하는 모듈을 각각 작성해 분리함으로써, 거대한 코드베이스도 체계적으로 구성할 수 있다. 모듈화가 잘 된 프로젝트는 유지보수나 업데이트 시에도 변경 범위가 명확해, 오류를 최소화하고 협업이 수월하다.

정리하자면, 모듈은 함수보다 넓은 관점에서 코드를 묶어주는 중요한 도구로, 프로그램을 부품처럼 조립하고 필요 시 교체할 수 있게 만들어 준다. 이러한 구조적 이점을 잘 활용하면, Python의 기본 기능을 유연하게 확장하여 더욱 강력하고 체계적인 프로그램을 구축할 수 있다.

**모듈 구조**  하나의 모듈(.py 파일) 안에 여러 함수, 클래스, 전역 변수 등을 정의할 수 있다. 프로젝트나 다른 코드에서 이 파일을 필요에 따라 불러와(import) 활용하게 된다. 또한, 독립적이면서 재사용 가능한 단위로 구성된다. 모듈 내부의 코드가 다른 부분과 지나치게 얽혀 있지 않도록, 명확한 역할과 책임을 갖도록 설계하는 것이 바람직하다. 이와 같이 분리하여 구조를 유지하면 다른 프로젝트에서도 해당 모듈을 손쉽게 재활용할 수 있다.

## ② 모듈의 필요성

프로그래밍 과정에서 코드는 점차 복잡해지고 규모가 커지기 마련이다. 이때, 중복되는 로직이나 밀접하게 연관된 기능들을 효율적으로 묶고 관리할 수 있는 수단이 없다면, 수정과 확장이 매우 번거롭게 느껴질 수 있다. 모듈은 이러한 문제를 해결해 주는 대표적인 방법으로, 다음과 같은 측면에서 꼭 필요한 존재라고 할 수 있다.

**재사용성과 생산성 향상**

- **반복 코드 최소화**: 여러 곳에서 동일하게 사용되는 로직을 하나의 모듈로 정리해 두면, 필요할 때마다 임포트(import)만 해서 재활용할 수 있다. 이를 통해 중복 작성에 따른 오류 발생 가능성이 크게 줄어들며, 실제 개발 생산성도 높아진다.
- **학습 곡선 완화**: 모듈 단위로 코드를 이해하면, 각 모듈의 역할과 책임을 중심으로 학습할 수 있어, 복잡한 코드를 한꺼번에 파악해야 하는 부담을 덜어준다.

**가독성 및 유지보수성 증진**

- **분리와 조직화**: 방대한 소스 코드를 모듈별로 나누면, 해당 모듈을 언제, 어떻게

수정해야 하는지 명확해진다. 코드가 파일 단위로 구조화되므로, 협업 시에도 변경 사항을 쉽게 추적할 수 있다.

- **코드 책임 구분**: 한 모듈에는 수학 계산 로직, 다른 모듈에는 데이터 처리 로직 등을 배치하는 식으로 역할을 분리하면, 향후 유지보수 시 문제가 되는 부분만 집중해서 손볼 수 있다.

### 협업과 대규모 프로젝트에 유리

- **역할 분담 용이**: 여러 명의 개발자가 동시에 작업할 때, 모듈별로 담당 영역을 나누기가 쉽다. 모듈 인터페이스(함수나 클래스의 시그니처)만 합의해 두면, 각자 작성한 모듈을 가져와 한데 모아 프로그램을 완성할 수 있다.
- **버전 관리 및 테스트 효율**: 모듈 단위로 기능이 구분되어 있으면, 특정 모듈만 개선하거나 테스트하는 과정이 수월하다. 이는 버전 관리 시스템(Git 등)을 사용할 때도 큰 장점으로 작용한다.

### 기능 확장과 유연성

- **외부 모듈 활용**: 이미 만들어진 오픈소스 모듈이나 패키지를 설치해 사용할 수 있다는 점은 Python 프로그래밍의 강력한 이점이다. 예를 들어, 데이터 분석을 위한 pandas, 과학 계산용 numpy 등을 모듈로 임포트해 손쉽게 기능을 확장할 수 있다.
- **사용자 정의 모듈 재사용**: 특정 프로젝트에서 만든 모듈이 향후 다른 프로젝트에도 적용 가능하다면, 코드를 전혀 수정하지 않고 임포트만으로 연결하여 다시 쓸 수 있다. 이는 장기적으로 코드를 자산화하는 계기가 된다.

### 코드의 안정성 확보

- **명시적 의존성**: 모듈을 통해 '어떤 부분에서 어떤 기능을 의존하고 있는지'가 코드에 드러난다. 이는 예기치 못한 변경으로부터 시스템의 안정성을 지키는 역할을 한다.

- **단위 테스트와 디버깅**: 모듈 내부의 함수나 클래스를 부분적으로 테스트할 수 있으므로, 에러 발생 시 원인을 빠르게 파악하고 해결할 수 있다.

결론적으로, 모듈은 프로젝트의 규모와 복잡도가 올라갈수록 그 진가를 발휘한다. 문제 해결에 필요한 로직을 모듈화함으로써, 재사용성과 유지보수성, 그리고 협업 효율을 극대화할 수 있다. 한 번 제대로 모듈 설계를 익히고 나면, 어떤 프로젝트든 조립하듯 연결해 발전시키는 즐거움을 누릴 수 있을 것이다.

### ❸ 모듈 사용법

모듈은 다른 파일(스크립트)에서 손쉽게 재활용하기 위해 작성된 Python 코드 집합이다. 이를 import 키워드를 통해 불러와 사용할 수 있으며, 모듈 안에 정의된 함수나 변수를 모듈 이름 뒤에 .(점)을 찍어 호출한다. 또한 Python 표준 라이브러리나 외부 패키지를 사용할 때도 같은 방식으로 모듈을 활용할 수 있다. 모듈을 임포트하여 재사용하는 기본 원리와, 개발 환경(경로 설정 등)에 따른 모듈 사용 방법을 살펴본다.

**기본 모듈 사용 흐름**

- **모듈 작성**: 예를 들어, adder.py 파일 안에 add(num1, num2) 함수를 다음과 같이 정의한 경우,

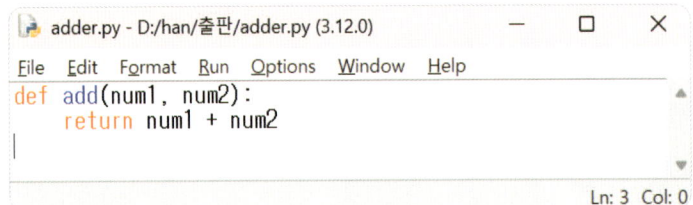

adder.py라는 파일이 곧 하나의 모듈이 된다.

문제 해결의 언어, Python

- **모듈 임포트(import):** 다른 파이선 파일에서 import adder와 같이 선언하여 adder 모듈을 불러온 뒤, 내부의 add() 함수를 사용할 수 있다. **import 모듈명** 형식으로 불러오면 모듈 단위로 관리할 수 있어 이름 충돌이 적고, 코드가 명확해진다. 반면, **from 모듈명 import 함수명** 형태로 사용하여 필요한 부분만 골라 가져오면 코드가 간결해지지만, 충돌 발생 가능성에 주의한다. 예를 들어 다음과 같은 방법으로 모듈에 정의된 모든 변수·함수·클래스를 한꺼번에 불러올 수 있다.

```
1 from adder import *
2 print(add(5, 5))
```

10

- **모듈 내 함수 호출:** adder.add(1,2)처럼 모듈 이름 뒤에 점(.)을 찍고, 함수명을 붙여서 호출하여 사용한다.

```
1 import adder
2 print(adder.add(1, 2))
```

3

print(adder.add(5,10))처럼 여러 곳에서 재사용이 가능하다.

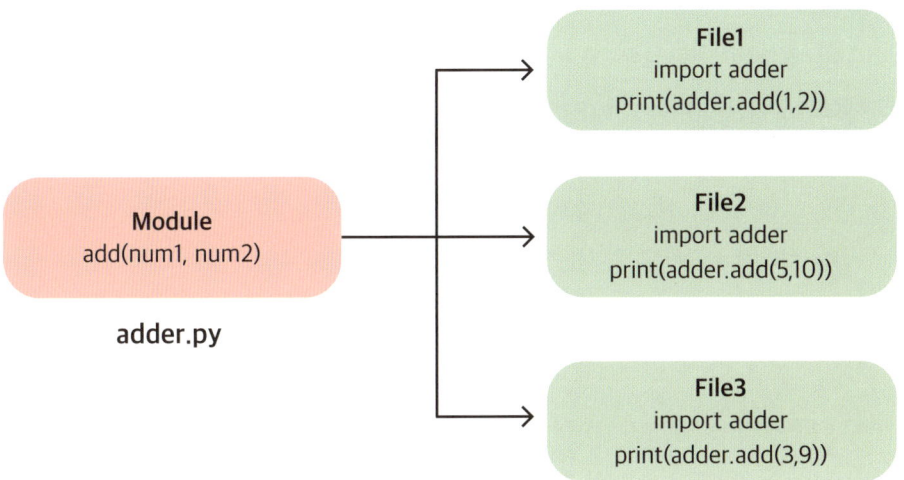

- **Python 표준 라이브러리 모듈**: Python 표준 라이브러리 모듈은 Python 설치와 함께 제공된다. math, os, random 등 기본적으로 설치되어 있어 추가 설정 없이 곧바로 import해서 사용이 가능하다. 이미 Python의 표준 경로(path)에 등록되어 있으므로, 별도의 경로 지정이 필요 없다.

- **외부 패키지(모듈) 설치**: 외부 모듈 설치는 pip, conda 등을 이용해 설치한다. 예를 들어, pip install requests와 같이 모듈 이름(이 경우 requests) 또는 패키지 이름을 적용하여 해당 모듈을 설치한다. 설치된 모듈은 시스템의 site-packages 폴더에 위치하며, Python이 자동 인식이 가능해진다. 이때 경로 확인이 중요하다. sys.path를 확인하면 Python이 모듈을 탐색하는 경로 목록을 확인할 수 있다. Anaconda 환경과 일반 Python 환경은 각각의 경로 설정이 다를 수 있으므로 주의하여 자신의 환경을 파악하고 사용할 수 있어야 한다.

- **직접 작성한 개발자 모듈**
  - ☑ **같은 폴더 내에 있는 경우**: 실제 작성된 모듈을 import하는 main.py와 작성한 모듈에 해당하는 adder.py가 동일 폴더에 놓여 있다면, import adder 구문만으로 모듈 호출이 가능하다.
  - ☑ **다른 폴더에 있는 경우**: 모듈이 위치한 폴더가 Python의 탐색 경로(sys.path) 안에 없으면, 해당 폴더를 sys.path.append('경로') 형태로 추가해야 사용 가능하다. 또는 PYTHONPATH 환경 변수를 통해, 특정 폴더를 Python 모듈 경로로 등록하여 사용할 수도 있다. windows 환경에서 모듈을 c 드라이브에 my_projects 폴더 아래 modules 라는 폴더에 저장한 경우, 사용법은 다음과 같다.

```
1 import sys
2
3 # 모듈 폴더 경로를 sys.path에 추가하는 예시
4 sys.path.append("C:/my_projects/modules")
5
6 import adder  # 이제 해당 폴더 내에 있는 adder.py를 인식할 수 있음
7
```

- **이름 충돌**: 서로 다른 모듈에서 동일한 함수명이나 클래스명을 임포트하면, 충돌이 발생할 수 있으므로 주의가 필요하다. 필요하다면 import 모듈명 as 별칭 방식으로 이름을 재정의해 쓰는 것도 하나의 해결 방법이다.

```
1 import adder as ad
2 print(ad.add(2, 5))  # 별칭 사용
```
7

- **경로 설정 오류**: 모듈이 제대로 인식되지 않는 대부분의 원인은 Python이 해당 파일을 찾지 못해서 발생한다. 이 경우 sys.path를 수정하거나, 폴더 구조를 재정비해야 한다.

- **리로드(reload)**: 모듈 임포트 후, 동일 파일을 수정하면 즉각 코드가 반영되지 않을 수 있다. 이때는 import importlib, importlib.reload(모듈명) 형태로 모듈을 다시 불러올 수 있음을 유의한다.

### 4 모듈 작성법

직접 모듈을 만드는 방법에 대하여 더 깊이 있게 알아보기 위하여 직접 모듈을 만들어 원하는 기능을 담고 재사용하는 방법을 알아보자. 예를 들어, 사용자를 환영하거나 작별 인사를 하는 메시지를 모듈로 작성해두면, 다른 스크립트 어디서든 호출해 쉽게 활용할 수 있다. 다음은 해당 예시에 대한 Python 코드에 해당하는 my_message.py 파일이다.

```
my_message.py - D:/han/출판/my_message.py (3.12.0)                    ─   □   ✕
File  Edit  Format  Run  Options  Window  Help
# 파일명: my_message.py
def hi(name):
    print("안녕하세요 %s님! 반가워요!" % name)
    print("제 이름은 파이선입니다.")
    print("앞으로 친하게 지내요~")

def bye(name):
    print("안녕히 가세요 %s님! 반가웠어요!" % name)
    print("오늘 남은 시간 행복하세요.")
    print("다음에 다시 만나요~")
|
                                                              Ln: 12  Col: 0
```

저장된 my_message.py 파일 자체가 하나의 모듈이 된다. 모듈 안에는 2개의 함수를 포함한다.

- ✔ hi(name): 이름을 입력받아 환영 인사를 출력
- ✔ bye(name): 작별 인사를 출력

위의 모듈을 호출하여 사용하는 방법은 다음과 같다.

```
1 import my_message
2
3 name = '한목영'
4 my_message.hi(name)
5 print('=' * 40)
6 my_message.bye(name)

안녕하세요 한목영님! 반가워요!
제 이름은 파이선입니다.
앞으로 친하게 지내요~
========================================
안녕히 가세요 한목영님! 반가웠어요!
오늘 남은 시간 행복하세요.
다음에 다시 만나요~
```

from my_message import hi, bye 형태로 필요한 함수만 골라 가져올 수 있다. 이 경우 호출 시 모듈명.을 호출 함수 앞에 붙일 필요가 없으므로, hi(), bye()로 바로 사용 가능하다. 그러나, 코드가 간결해지는 대신, 함수명이 충돌할 가능성이 있으니, 다른 모듈에도 같은 함수명이 존재하지 않는지 주의가 필요하다.

문제 해결의 언어, Python

모듈을 작성할 때 다음 사항을 유의해야 한다.

- ☑ **모듈의 목적을 명확히**: 가능한 한 서로 밀접한 기능끼리 묶어야, 재사용성과 가독성을 모두 높일 수 있다.
- ☑ **함수·클래스 이름 관리**: 서로 다른 모듈 간에 동일한 이름이 많아지면, 충돌 위험이 생긴다. 필요하다면 import my_message as msg처럼 별칭(as 키워드)을 주어 구분하는 것이 방법이다.
- ☑ **테스트용 코드 분리**: 모듈을 작성할 때 테스트 코드를 함께 넣어두면 편리하지만, 실제 사용할 때 불필요한 코드가 실행될 수 있다.

모듈의 목적 및 기능이 분명히 드러나도록, 관련성 있는 함수끼리 묶어 두는 모듈을 작성하는 것이 중요하다. 다양한 기능(데이터 처리, 파일 입출력, 웹 요청 등)을 함수로 만들어 my_message와 같은 방식으로 모듈화하면, 규모 있는 프로젝트에서도 코드 중복을 최소화하고 구조를 명확히 설계할 수 있다. 즉, 모듈 작성을 통하여 원하는 기능을 독립된 파일로 분리해 놓으면, 다른 프로젝트에서도 손쉽게 가져다가 쓸 수 있어 효율이 높다.

## 5 패키지

여러 개의 모듈을 체계적으로 묶어, 더 큰 기능 단위로 관리하고 싶다면 패키지 (Package) 개념을 적용할 수 있다. 패키지는 디렉터리(폴더) 구조로 모듈을 분류·배치하고, 프로젝트 전반에서 이를 임포트(import)해 사용하는 방식으로 동작한다. 특히 대규모 프로젝트나 협업 환경에서, 코드의 논리적 구조를 더욱 명확히 잡아주는 역할을 한다. 각 모듈(.py 파일)을 목적별로 분류하여 폴더 내에 배치하고, 필요에 따라 설치·삭제·업데이트 작업을 수행함으로써 소프트웨어 개발 효율과 유지보수성을 크게 높일 수 있다.

- **폴더(디렉터리) + 여러 모듈**(.py 파일): 하나의 디렉터리가 여러 모듈을 품고 있는 형태이며, 이를 Python에서는 하나의 패키지로 인식한다. 패키지 안에는 또다른 서브 패키지 포함이 가능하다.

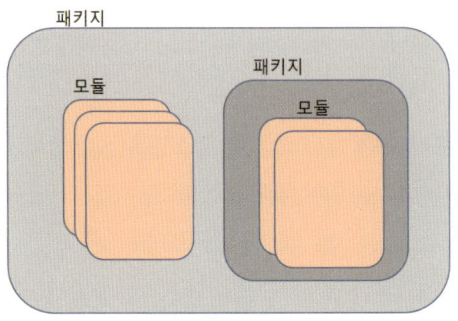

- **_init_.py 파일**: Python 3.3부터는 패키지 폴더 안에 __init__.py 파일이 없어도 자동으로 패키지로 인식하지만, 하위 호환성이나 명시적 의도 표기를 위해 __init__.py를 두는 경우가 많다. 패키지 초기화 코드를 넣거나, 다른 모듈을 임포트할 때 필요한 설정을 담을 수 있다.

- **계층 구조**: 패키지 안에 서브패키지(하위 디렉터리)를 만들 수 있고, 각 서브패키지 내부에 다시 여러 모듈을 배치해 계층적으로 관리할 수 있다.

**패키지 설치, 삭제, 업데이트**　실제 프로젝트 협업이나 배포 과정에서는, 패키지를 만들어 배포하거나, 다른 사람이 만든 패키지를 설치 · 삭제 · 업데이트하는 일이 빈번히 발생한다. 아래는 일반적인 시나리오와 방법들이다.

- **pip를 통한 패키지 설치**: 다음과 같은 형식으로 패키지를 설치(install)할 수 있다.

    pip install <패키지이름>

　PyPI(Python Package Index)에 등록된 공식 패키지를 검색해 설치할 수 있다.

설치된 패키지는 site-packages 폴더 등에 위치하며, **import 패키지이름**으로 곧바로 사용 가능하다.

- **삭제(Uninstall)**: 다음의 같은 형식으로 패키지를 삭제(Uninstall)할 수 있다.

  pip uninstall <설치된_패키지이름>

  해당 패키지를 시스템에서 제거하므로, 이후 import 문에서 찾을 수 없게 된다.

- **업데이트(Upgrade)**: 업데이트가 필요한 패키지를 다음과 같이 우선 확인할 수 있다.

  pip list --outdated

  가장 간단한 방법은 업데이트가 필요한 패키지를 삭제(uninstall) 후 재설치하는 방법이다.
  또는 다음의 방법으로 패키지를 업데이트(Upgrade)할 수 있다.

  pip install --upgrade <패키지이름>

  기존 설치된 버전을 최신 버전으로 갱신하며, 기능 개선이나 보안 패치가 적용되었을 때 활용한다.

  패키지는 단순히 폴더 구조로 여러 모듈을 묶는 것만이 아니라, 설치 · 삭제 · 업데이트 과정을 통해 실제 개발 · 배포 라이프사이클을 지원하는 중요한 단위임을 유의하자.

**패키지 구조 예시**   아래와 같은 디렉터리 구성을 예로 들어보자.

```
my_package/              <- 패키지 폴더

    _init_.py

    my_math.py           <- 모듈1: 수학 관련 함수 집합

    my_message.py        <- 모듈2: 메시지(인사말 등) 처리 함수 집합

    sub_package/

        _init_.py

        string_util.py   <- 하위 패키지(폴더) 안의 모듈
```

- **my_package 폴더**
  - ☑ 패키지의 루트(최상위) 디렉터리다.
  - ☑ 내부에 my_math.py, my_message.py라는 모듈(.py 파일)이 들어 있다.
  - ☑ _init_.py는 패키지를 인식하기 위한 초기화 스크립트로, 비어 있어도 무방하다.

- **하위 패키지(sub_package/)**
  - ☑ 패키지 안에 또 다른 디렉터리를 만들어, 하위 패키지를 구성할 수 있다.
  - ☑ 여기에는 string_util.py 모듈이 존재하며, 역시 _init_.py가 포함되어 있다.

**패키지 임포트(import) 방식**

- **최상위 패키지 임포트**: 예제 코드는 다음과 같다.

```
1 import my_package
2
3 # 패키지 내부 모듈 및 함수 접근
4 res = my_package.my_math.multiply(2, 3)
5 my_package.my_message.hi("한목영")
```

- ☑ **접근 구조**: my_package를 임포트하면, 그 내부의 my_math, my_message 모듈에 접근하기 위해서는 my_package.my_math, my_package.my_message처럼 점(.)을 추가로 사용해야 한다.
- ☑ **장점**: 패키지의 계층 구조가 코드를 통해 바로 드러나, 모듈 간 경로를 명확히 볼 수 있다.

문제 해결의 언어, Python

**• 세부 모듈 직접 임포트**

```
1 from my_package import my_math, my_message
2
3 ans = my_math.add(10, 20)
4 my_message.bye("한옥영")
```

위와 같은 방법으로 특정 모듈을 임포트할 수 있다. 패키지 내에서 필요한 모듈만 골라 임포트하는 방법에 해당한다.

**• 하위 패키지 임포트**

```
1 import my_package.sub_package.string_util
2
3 text = my_package.sub_package.string_util.concat_words("Hello", "World")
```

하위 패키지 구조를 확인하여 my_package → sub_package → string_util.py 로 이어지는 경로를 점(.)으로 구분해 명시한다. 함수 호출은

"my_package.sub_package.string_util.concat_words()"처럼 경로가 길어질 수 있으므로, alias(별칭)를 사용하거나 원하는 함수만 골라 임포트하면 코드가 간결해질 수 있다.

## 패키지의 장점과 주의 사항

**• 장점**

  ☑ **논리적 구조 강화**: 여러 모듈을 목적별·기능별 폴더에 배치하여, 코드 가독성과 유지보수성을 높인다.

  ☑ **대규모 프로젝트 관리**: 파일이 수십 개를 넘어가는 프로젝트에서도, 관련 모듈을 계층 구조로 묶어 체계적 관리 가능.

  ☑ **협업 편의성**: 각각의 패키지를 담당 영역으로 삼아, 팀원 간 역할 분담이 쉬워진다.

**• 주의 사항**

- ☑ **경로 설정**: 패키지 디렉터리가 Python이 인식할 수 있는 경로(sys.path 또는 PYTHONPATH)에 포함되어야 한다.
- ☑ **이름 충돌**: 다른 패키지와 모듈명이 겹칠 수 있음을 염두에 두고, 고유한 패키지명을 사용하는 습관이 필요하다.
- ☑ **_init_.py 내용**: 패키지 초기화에 지나치게 복잡한 로직을 담으면, 임포트 시점에서 성능 문제가 발생할 수 있다. 테스트나 설정 값만 간단히 넣어두는 정도가 바람직하다.

패키지를 통해 한 단계 더 큰 규모로 코드를 조직화하고, 여러 모듈을 계층 구조로 묶어 관리할 수 있다. 메인 스크립트(main.py)에서 패키지를 임포트하면, 폴더(패키지) - 파일(모듈) 체계를 그대로 활용하여 필요한 기능을 불러온다. 이로써 대규모 프로젝트에서 코드 탐색과 수정이 용이해지고, 팀원 간 협업도 수월해진다. __init__.py 파일은 패키지 인식 및 초기화에 중요한 역할을 하며, "하위 모듈 임포트"나 "공용 설정 값" 등의 로직을 넣어둘 수 있다.

궁극적으로, 함수 → 모듈 → 패키지로 이어지는 구조화 과정이 잘 이루어지면, Python 프로그래밍에서 유지보수성과 재사용성을 극대화할 수 있다. 이후 더 복잡한 환경에서도 이런 설계 방식을 응용하면, 여러 기능이 얽힌 대규모 코드베이스 역시 명확하고 간결한 형태로 관리할 수 있게 될 것이다.

Python은 표준 라이브러리와 다양한 외부 패키지를 통해 풍부한 기능을 제공한다. 데이터 입출력, 수학 연산, 웹 크롤링까지 폭넓은 영역에서 이미 검증된 함수를 적극 활용함으로써, 개발 속도를 높이고 오류 발생을 줄일 수 있다. 이번 장에서는 기본 함수부터 대표적 내장 · 외부 라이브러리까지, 전반적으로 유용한 도구들을 살펴보자.

## ① 입출력을 위한 함수

`input()`

- **사용자 입력**: 프로그램 실행 중 사용자로부터 데이터를 입력받는다. 반환 값은 문자열(string) 형태이므로, 필요한 경우 정수나 실수로 변환해야 한다.
- **예시**

```
1 name = input("이름을 입력하세요: ")
2 print("반갑습니다,", name)
```

```
이름을 입력하세요: 한옥영
반갑습니다, 한옥영
```

`print()`

- **데이터 출력**: 화면에 값을 출력하며, 여러 인수를 쉼표(,)로 구분해 한 줄에 나열

할 수도 있다.

```
1 print("안녕하세요", name, "님!")
2 # 여러 값: 쉼표로 구분 (출력 시 공백으로 연결)
```

안녕하세요 한옥영  님!

## ❷ 데이터 처리 함수 예

### max(), min()

● **최댓값**(max)**과 최솟값**(min): 숫자나 문자열 등의 시퀀스(리스트, 튜플 등)에서 가장 큰/작은 값을 반환한다.

● 예시

```
1 numbers = [10, 3, 25, 7]
2 print(max(numbers))
3 print(min(numbers))
```

25
3

### int(), float(), str()

● **데이터 타입 변환**: 문자열을 정수(int)나 실수(float)로, 혹은 숫자를 문자열(str)로 변환할 수 있다.

● 예시

```
1 s = "123"
2 print(int(s) + 5)
3 print(float(s) * 2)
```

128
246.0

문제 해결의 언어, Python

## ③ 수학적 연산 함수 예

### abs()

- **절댓값**: 전달된 숫자의 절댓값을 반환한다.
- 예시

```
1 print(abs(-12))
```
12

### round()

- **반올림**: 실수를 지정된 소수점 자리에서 반올림한다. 두 번째 매개변수로 자리수를 지정할 수 있다.
- 예시

```
1 print(round(3.14159, 2))
```
3.14

### sum()

- **합계 구하기**: 리스트나 튜플 등 반복 가능한 객체에 대해 모든 요소를 더한 결과를 반환한다.
- 예시

```
1 values = [1, 2, 3, 4, 5]
2 print(sum(values))
```
15

| 함수 | 설명 | 주요 활용 |
|---|---|---|
| open() | 파일 열기 | 파일 읽기/쓰기 작업 시작 |
| write() | 파일에 데이터 쓰기 | 텍스트 파일 생성/기록 |
| read() | 파일 전체 내용 읽기 | 파일 내용을 통째로 확인 |
| readline() | 파일 한 줄 읽기 | 파일에서 특정 줄만 순차적으로 읽기 |
| readlines() | 모든 줄을 리스트로 반환 | 파일 내용을 줄 단위로 처리 |

파일 입출력 예시는 다음과 같다.

```
1 # 쓰기 예시
2 with open("test.txt", "w") as f:
3     f.write("Hello World!\n")
4     f.write("파이썬 파일 입출력 예제\n")
5
6 # 읽기 예시
7 with open("test.txt", "r") as f:
8     data = f.read()
9     print(data)

Hello World!
파이썬 파일 입출력 예제
```

"w" 모드는 쓰기(write), "r" 모드는 읽기(read)를 의미한다. with 구문을 사용하면 블록이 끝날 때 자동으로 파일이 닫히므로 안전하게 파일을 사용할 수 있다.

**5** **자주 쓰이는 표준 모듈**

calendar 모듈

- **달력 출력**: calendar.prmonth(연도, 월) 등의 함수를 통해 콘솔에 달력을 출력한다. 다른 달력 함수로는 calendar.monthrange(연도, 월)이 있으며, 해당 월의 1일

이 무슨 요일인지, 일수가 몇 일인지 반환한다.

- **예시**

```
1 import calendar
2 calendar.prmonth(2026, 3)

      March 2026
Mo Tu We Th Fr Sa Su
                   1
 2  3  4  5  6  7  8
 9 10 11 12 13 14 15
16 17 18 19 20 21 22
23 24 25 26 27 28 29
30 31
```

```
1 calendar.monthrange(2026, 3)

(6, 31)
```

**datetime 모듈**

- **시간/날짜 처리**: datetime.now()로 현재 시각을 가져오고, datetime(2025, 3, 29)처럼 특정 날짜/시각 객체를 생성할 수 있다.

- **예시**

```
1 from datetime import datetime
2 now = datetime.now()
3 print( f' 오늘 : {now.strftime("%Y-%m-%d %H:%M:%S")} ' )
4 end_date = datetime(2025, 12, 25)
5 how_long = end_date - now
6 print(f' 크리스마스까지 {how_long}')

오늘 : 2025-03-31 12:19:28
크리스마스까지 268 days, 11:40:31.820341
```

**webbrowser 모듈**

- **웹 브라우저 열기**: webbrowser.open("https://www.google.com")처럼 특정 URL을 자동으로 브라우저에서 열 수 있다.

**itertools 모듈**

- **조합, 순열 등 반복자 처리**: combinations(), permutations() 등으로 모든 조합·순열을 편리하게 생성한다.

- **예시**

```
1 from itertools import combinations
2 data = [1, 2, 3]
3 for combo in combinations(data, 2):
4     print(combo)

(1, 2)
(1, 3)
(2, 3)


1 data = [1, 2, 3, 4]
2 for combo in combinations(data, 3):
3     print(combo)

(1, 2, 3)
(1, 2, 4)
(1, 3, 4)
(2, 3, 4)
```

**csv 모듈**

- **CSV 파일 처리**: 콤마(,)로 구분된 텍스트 파일을 읽고 쓰는 데 유용하다.

- **예시**

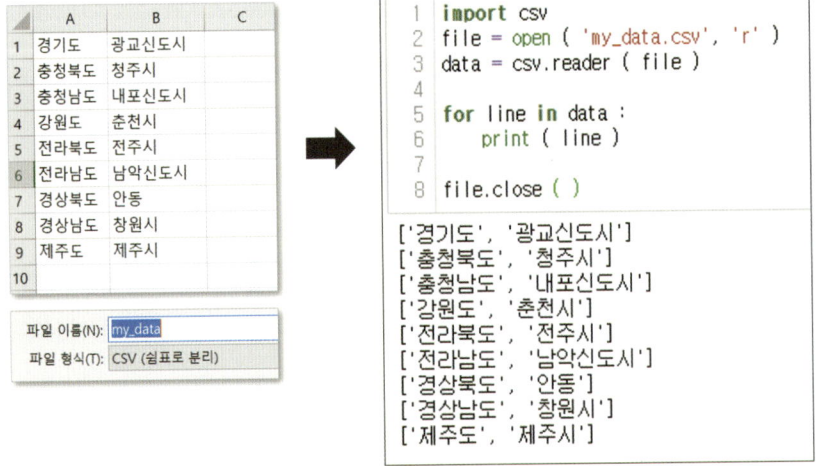

문제 해결의 언어, Python

# 6 주요 외부 패키지

## NumPy

- **배열/행렬 연산**: 대규모 수치 계산에 최적화된 함수 및 자료구조(다차원 배열)를 제공한다. 벡터화(vectorization) 연산으로 빠른 계산이 가능하다.
- **예시**

```
1 import numpy as np
2 arr = np.array([1, 2, 3, 4])
3 print(arr * 4)

[ 4  8 12 16]
```

## Pandas

- **데이터 조작·분석**: Series, DataFrame 자료구조를 통해 표 형식 데이터를 다루기 쉽도록 도와준다. 집계, 정렬, 그룹화, 결측치 처리 등 고급 기능을 간단히 구현 가능하다.
- **예시**

```
1 import pandas as pd
2 df = pd.DataFrame({'name': ['A', 'B'], 'score': [90, 85]})
3 print(df)

  name  score
0    A     90
1    B     85
```

## Matplotlib

- **시각화 라이브러리**: 라인 차트, 바 차트, 파이 차트 등 다양한 그래프를 간단히 생성할 수 있다.
- **예시**

```
1 import matplotlib.pyplot as plt
2 plt.figure(figsize=(3,2))
3 plt.plot([1, 2, 3], [2, 4, 8])
4 plt.show()
```

## BeautifulSoup(bs4)

- **웹 크롤링**: HTML/XML 파싱에 최적화된 라이브러리이다. 특정 태그를 쉽게 탐색하고, 필요한 텍스트만 추출하는 로직을 간결히 작성 가능하다.

- **예시**

```
1 import requests
2 from bs4 import BeautifulSoup
3
4 url = "https://www.google.com"
5 resp = requests.get(url)
6 soup = BeautifulSoup(resp.text, "html.parser")
7 print(soup.title.text)

Google
```

Python에서 자주 쓰이는 유용한 라이브러리들을 전반적으로 살펴보았다. 각 모듈·패키지는 문제 해결을 더욱 빠르고 깔끔하게 만들어 주는 강력한 도구이므로, 필요에 따라 적극적으로 적용하면 좋다. 특히 실무나 학습에서 자주 맞닥뜨리는 입출력, 수학 연산, 데이터 처리, 파일 입출력, 웹 크롤링 등의 작업을 할 때, 여기서 소개한 함수와 라이브러리를 활용해 효율적이고 생산적인 코드를 작성해 보자.

문제 해결의 언어, Python

함수와 모듈은 프로그래밍에서 문제를 명확히 정의하고, 이를 작은 기능 단위로 나누어 효율적으로 해결하는 데 필수적인 요소이다. 하지만 함수와 모듈은 단순히 코드를 간단하게 만드는 것을 넘어서, 실제 문제를 논리적이고 체계적으로 해결하는 강력한 도구이다. 우리가 매일 사용하는 애플리케이션, 웹 서비스, 그리고 복잡한 시스템은 모두 잘 설계된 함수와 모듈을 기반으로 동작한다. 함수는 복잡한 작업을 작은 작업 단위로 분리해 명확하게 처리할 수 있도록 해주며, 모듈은 관련된 기능들을 묶어 코드 재사용성과 유지보수성을 높여준다.

Python에서 함수를 정의하고 모듈을 구성하는 것은 단순히 프로그래밍 문법의 학습을 넘어, 복잡한 현실 문제를 논리적이고 효과적으로 해결하는 사고력을 키우는 과정이다. 문제를 정확히 분석하고, 명확한 단위로 나누고, 각 기능을 효율적으로 관리하는 능력을 키울 수 있다.

이제 학습한 내용을 바탕으로, 함수와 모듈이 실제 생활에서 어떻게 강력한 문제해결 도구로 활용될 수 있는지 체험해보자. 함수와 모듈을 활용하여 일상생활 속 문제를 해결하는 프로그램을 직접 설계하고, 이를 통해 함수와 모듈의 가치를 느껴볼 수 있다. 함수와 모듈은 프로그래밍의 기본을 넘어서, 데이터 처리와 문제해결의 핵심 도구로 활용된다. 이번 도전 과제를 통해 함수와 모듈의 강력함을 직접 체험해보자.

### 나만의 '비밀 메시지 암호화 프로그램'을 만들어 볼까?

여러분은 친구와 재미있는 비밀 메시지를 주고받고 싶다고 생각한 적이 있는가? 복잡한 기술이 없어도, 함수와 모듈을 이용하면 자신만의 간단한 암호화 프로그램을 만들 수 있다.

사용자가 입력한 문장을 암호화하고, 다시 복호화할 수 있는 프로그램을 만들어보자. 간단한 규칙을 적용하여 암호화를 수행하고, 다시 원래의 메시지로 되돌릴 수 있는 프로그램을 만드는 과정을 통해 함수와 모듈의 유용성을 경험할 수 있을 것이다. 생각보다 어렵지 않다. 암호화는 사용자가 입력한 문자열에 일정한 규칙을 적용하여 변형하는 것으로, 복호화는 그 규칙을 반대로 적용하여 원래의 내용을 복원하는 것이다. 간단한 함수를 작성하고, 이를 별도의 모듈로 분리하여 구성하면 매우 효율적인 암호화 프로그램이 만들어진다. 이제 단계별로 프로그램을 설계해보자.

- **1단계: 문제 정의**
  - ☑ **문제**: 사용자가 입력한 메시지를 간단한 규칙을 적용해 암호화하고, 다시 복호화하여 원래 메시지를 출력한다.
  - ☑ **입력 데이터**: 사용자로부터 입력받는 메시지(예: "안녕하세요").
  - ☑ **출력 결과**: 암호화된 메시지와 다시 복호화된 원래 메시지.
  - ☑ **목표**:
    - ─ 간단한 규칙을 적용하여 암호화와 복호화를 구현한다.
    - ─ 함수와 모듈을 활용하여 프로그램의 효율성을 높인다.
- **2단계: 함수 형태 결정**

  암호화와 복호화를 별도의 함수로 구성하여 각 기능을 명확히 분리한다.
- **3단계: 암호화 규칙 구성**

  간단한 규칙을 정의한다. 예를 들어, 각 글자의 유니코드 값을 특정 숫자만큼 더하거나 빼는 방법을 사용할 수 있다.
- **4단계: 모듈 구성**

  암호화 및 복호화 함수를 별도의 Python 파일(encrypt_module.py)에 저장하여 모듈화한다.
- **5단계: 메인 프로그램 설계**

  사용자가 메시지를 입력하면 암호화하고, 이를 다시 복호화하여 결과를 출력한다.
- **6단계: 테스트와 검증**

  다양한 메시지를 사용해 암호화 및 복호화가 정확하게 작동하는지 테스트한다.

간단한 예시 모듈 파일은 다음과 같다.

```
encrypt_module.py - D:/han/출판/encrypt_module.py (3.12.0)
File  Edit  Format  Run  Options  Window  Help
def encrypt(message, key):
    return ''.join([chr(ord(c) + key) for c in message])

def decrypt(message, key):
    return ''.join([chr(ord(c) - key) for c in message])
```

**예** 모듈 파일을 활용하여 실행한 코드는 다음과 같다. 아래의 코드는 main.py로 저장하여 실행할 수 있다.

```
 1 import encrypt_module
 2
 3 message = input("암호화할 메시지를 입력하세요: ")
 4 key = int(input("암호화 키(숫자)를 입력하세요: "))
 5
 6 encrypted_message = encrypt_module.encrypt(message, key)
 7 print("암호화된 메시지:", encrypted_message)
 8
 9 decrypted_message = encrypt_module.decrypt(encrypted_message, key)
10 print("복호화된 메시지:", decrypted_message)

암호화할 메시지를 입력하세요: 안녕하세요
암호화 키(숫자)를 입력하세요: 3
암호화된 메시지: 앋녕핳솂욜
복호화된 메시지: 안녕하세요
```

위 코드를 통해 실제 메시지를 암호화하고 다시 복호화하는 프로그램을 구현하여, 함수와 모듈의 유용성을 깊이 이해하고 직접 활용하는 경험을 할 수 있다.

 **도전 과제**

**생각하기 1: 나만의 암호 생성기**

"내 암호, 더 이상 간단하거나 예측 가능하지 않게!" 현대를 살아가는 우리에게 암호는 필수적이다. 그러나 늘 비슷하고 쉬운 암호만 사용하고 있진 않은가? 이번 과제에서는 함수와 모듈을 활용하여 복잡하고 예측이 불가능한 나만의 암호 생성기를 만들어 보자.

- **프로그램 구현 세부 내용**
  - ✔ **암호 생성 함수 구현**
    - — 영어 소문자, 대문자, 숫자, 특수문자 조합
    - — 사용자가 요청한 암호 길이를 반영하여 생성
    - — random 모듈을 사용하여 매번 다른 랜덤한 암호 생성
  - ✔ **모듈 생성**
    - — 위에서 작성한 암호 생성 함수를 별도의 Python 파일(password_generator.py)에 저장
    - — 저장한 모듈을 import하여 메인 프로그램에서 호출하여 사용
  - ✔ **메인 프로그램 작성**
    - — 사용자가 원하는 암호의 길이를 입력받음
    - — 사용자가 원하는 횟수만큼 반복하여 여러 개의 암호를 생성하고 출력할 수 있도록 구현

- **실행 결과**

```
*password_generator.py - E:/book/password_generator.py (3.12.0)*
File  Edit  Format  Run  Options  Window  Help
import random
import string

def generate_password(length):
    characters = string.ascii_letters + string.digits + string.punctuation
    password = ''.join(random.choice(characters) for _ in range(length))
    return password
```

```
1 import password_generator
2
3 repeat = int(input("생성할 암호 개수를 입력하세요: "))
4
5 for i in range(repeat):
6     length = int(input(f"{i+1}번째 암호의 길이를 입력하세요: "))
7     password = password_generator.generate_password(length)
8     print(f"생성된 암호: {password}")

생성할 암호 개수를 입력하세요: 3
1번째 암호의 길이를 입력하세요: 12
생성된 암호: hLI&X8ahVp0s
2번째 암호의 길이를 입력하세요: 10
```

```
생성된 암호: C^R]C}17{P
3번째 암호의 길이를 입력하세요: 8
생성된 암호: XK}XIG>r
```

이 프로그램을 통해 자신의 데이터와 개인정보를 안전하게 보호할 수 있는 강력한 암호를 손쉽게 생성할 수 있다. 이제 여러분만의 독특하고 예측 불가능한 암호를 직접 만들어보며 함수와 모듈의 실용성과 강력함을 경험해보자!

### 생각하기 2: 나만의 할 일 관리기

"오늘 뭐 해야 했더라?" 바쁜 하루를 보내다 보면 해야 할 일을 잊고 지나치는 경우가 많다. 이럴 때 간단한 프로그램 하나로 할 일을 등록하고, 한눈에 확인할 수 있다면 얼마나 편리할까? 이번 과제에서는 함수와 모듈을 활용하여 나만의 할 일 관리기를 만들어 보자.

- **프로그램 구현 세부 내용**
  - ☑ **할 일 목록 관리 함수 구현**
    - 사용자가 입력한 할 일(task)을 리스트에 추가하는 기능
    - 현재 저장된 할 일 목록을 출력하는 기능
    - 입력한 인덱스를 기반으로 완료한 작업을 삭제하는 기능
    - 추가로 원하는 경우 수정 기능도 확장 가능
  - ☑ **모듈 생성**
    - 위에서 작성한 함수들을 별도의 Python 파일(todo_manager.py)에 저장
    - add_task(), remove_task(), view_tasks()와 같은 함수로 구성
    - 메인 프로그램에서는 해당 모듈을 import하여 사용
  - ☑ **메인 프로그램 작성**
    - 사용자로부터 반복적으로 명령어를 입력받아 기능을 수행
    - **예** 1. 할 일 추가, 2. 목록 보기, 3. 할 일 삭제, 4. 종료
    - 사용자의 선택에 따라 모듈의 함수를 호출

```
todo_manager.py - E:/book/todo_manager.py (3.12.0)
File  Edit  Format  Run  Options  Window  Help
# todo_manager.py
task_list = []

def add_task(task):
    task_list.append(task)
    print(f"'{task}' 할 일이 추가되었습니다.")

def view_tasks():
    if not task_list:
        print("등록된 할 일이 없습니다.")
    else:
        print("현재 할 일 목록:")
        for i, task in enumerate(task_list, 1):
            print(f"{i}. {task}")

def remove_task(index):
    if 1 <= index <= len(task_list):
        removed = task_list.pop(index - 1)
        print(f"'{removed}' 할 일이 삭제되었습니다.")
    else:
        print("잘못된 번호입니다.")
```

```
 1  import todo_manager
 2
 3  while True:
 4      print("Wn할 일 관리기")
 5      print("1. 할 일 추가")
 6      print("2. 할 일 목록 보기")
 7      print("3. 할 일 삭제")
 8      print("4. 종료")
 9      choice = input("원하는 작업을 선택하세요: ")
10
11      if choice == '1':
12          task = input("추가할 할 일을 입력하세요: ")
13          todo_manager.add_task(task)
14      elif choice == '2':
15          todo_manager.view_tasks()
16      elif choice == '3':
17          index = int(input("삭제할 항목 번호를 입력하세요: "))
18          todo_manager.remove_task(index)
19      elif choice == '4':
20          print("프로그램을 종료합니다.")
21          break
22      else:
23          print("잘못된 입력입니다.")
```

위의 프로그램 실행 결과 예시는 다음과 같다.

```
할 일 관리기
1. 할 일 추가
2. 할 일 목록 보기
3. 할 일 삭제
4. 종료
원하는 작업을 선택하세요: 1
추가할 할 일을 입력하세요: 문제해결과 컴퓨팅사고 학습
'문제해결과 컴퓨팅사고 학습' 할 일이 추가되었습니다.

할 일 관리기
1. 할 일 추가
2. 할 일 목록 보기
3. 할 일 삭제
4. 종료
원하는 작업을 선택하세요: 2
현재 할 일 목록:
1. 문제해결과 컴퓨팅사고 학습

할 일 관리기
1. 할 일 추가
2. 할 일 목록 보기
3. 할 일 삭제
4. 종료
원하는 작업을 선택하세요: 4
프로그램을 종료합니다.
```

이 프로그램을 통해 단순한 문법 습득을 넘어, 함수를 직접 설계하고 이를 모듈화하는 과정을 체험함으로써 유지보수와 확장성이 뛰어난 코드 구조를 직접 경험할 수 있다. 반복문과 조건문, 리스트와 같은 핵심 개념들을 실제로 응용해보며, 작동하는 프로그램을 스스로 완성하는 경험은 단순한 기술을 넘어 일상의 문제를 해결하는 사고력과 실천력을 함께 길러준다.

이러한 생각하기 과정을 통해 컴퓨터와 Python을 활용한 자기관리 능력을 강화할 수 있으며, 함수와 모듈 중심의 프로그램 구조화 능력을 키울 수 있다. 나아가 현실 속 문제 해결을 위한 컴퓨팅 사고력을 실천적으로 체득하는 소중한 계기가 될 것이라 기대한다.

### 생각하기 3: 오늘의 명언 추천 프로그램 만들기

하루를 시작하는 한 문장이 생각을 바꾸고, 생각이 인생을 바꾼다. 사람은 때때로 짧지만 깊은 울림을 주는 한 문장에서 큰 위로와 영감을 얻는다. "오늘은 어떤 말을 마음에 새길까?" 그 질문에 답해주는 프로그램을 내가 만든다면, 프로그래밍의 가치가 더욱 크게 느껴질지도 모른다.

이번 생각하기에서는 함수를 활용해 여러 개의 명언 중 하나를 무작위로 선택하는 기능을 만들고, 이 기능을 모듈로 분리하여 구조적으로 정돈된 프로그램을 완성해보자. 코드를 직접 만들며, 작지만 의미 있는 기능을 구현하는 경험을 할 수 있을 것이다.

- **1단계: 문제 정의**
  - ☑ **문제**: 매일 다른 명언을 하나 추천해주는 프로그램 만들기
  - ☑ **입력 데이터**: 사용자 이름
  - ☑ **출력 결과**: 사용자 이름과 함께 랜덤으로 선택된 명언 출력
  - ☑ **목표**:
    - ─ 함수로 명언 추천 기능 작성
    - ─ 모듈로 분리하여 유지보수 가능하게 설계
    - ─ 사용자의 일상에 긍정적인 영향을 주는 명언 제공

- **2단계: 명언 추천 함수 작성**(quote_generator.py)
  - ☑ 명언 리스트 정의
  - ☑ 무작위로 하나를 선택해 반환하는 함수 구현

```
# quote_generator.py
import random

def get_quote():
    quotes = [
        "성공은 매일 반복한 작은 노력들의 합이다. - 로버트 콜리어",
        "당신이 할 수 있다고 믿든 없다고 믿든, 믿는 대로 될 것이다. - 헨리 포드"
        "위대한 일은 열정 없이 이루어진 적이 없다. - 랄프 왈도 에머슨",
        "가장 어두운 시간도 단 60분밖에 되지 않는다. - 모리스 마에터링크",
        "지금이야말로 시작할 가장 좋은 순간이다. - 불명",
        "변화는 스스로 만드는 것이다. - 마하트마 간디"
    ]
    return random.choice(quotes)
```

- **3단계: 메인 프로그램 작성**(main.py) **및 프로그램 실행**
  - ☑ 사용자 이름을 입력받고, 추천 명언을 출력하는 프로그램 작성

문제 해결의 언어, Python

✔ 외부 모듈을 가져와 호출

✔ 실행하여 결과를 확인

```
1 # main.py
2 import quote_generator
3
4 def recommend_quote(name):
5     quote = quote_generator.get_quote()
6     print(f"{name}님을 위한 오늘의 명언:")
7     print(f" "{quote}" ")
8
9 user_name = input("이름을 입력하세요: ")
10 recommend_quote(user_name)

이름을 입력하세요: 한옥영
한옥영님을 위한 오늘의 명언:
"지금이야말로 시작할 가장 좋은 순간이다. - 불명"
```

● **4단계: 아이디어 확장**

✔ 요일별 또는 기분별 추천 명언 기능 추가

✔ 명언에 관련된 저자 정보도 함께 출력

✔ 매일 다른 명언을 출력하도록 날짜와 연동

이번 생각하기를 통해 함수의 재사용성과 책임 분리의 중요성을 배울 수 있으며, 모듈화를 통해 코드 구조를 보다 체계적으로 구성하는 방법을 익힐 수 있다. 또한 사용자와의 상호작용을 고려한 프로그램 설계를 직접 경험함으로써 현실적인 문제를 해결하는 실전 감각도 함께 키워나갈 수 있을 것이다.

무엇보다도, 이 활동은 단순한 기술적 구현을 넘어 프로그래밍이 누군가의 마음을 움직이는 따뜻한 도구가 될 수 있음을 일깨워준다. 당신이 만든 명언 추천기는 오늘 하루, 누군가에게 작지만 깊은 위로와 영감을 전할 수 있다. 이제 코드를 통해 세상에 따뜻함을 전하는 경험을 시작해보자.

# 마무리

**함수와 모듈, 효율적인 문제 해결을 위한 프로그래밍의 설계도**

이번 단원에서는 프로그램의 구조를 명확히 하고 재사용성과 유지보수성을 높이는 핵심 개념인 함수와 모듈에 대해 학습하였다. 복잡한 문제를 해결하기 위해 우리는 코드를 나누고 책임을 분리하는 전략이 필요하다. 함수는 반복되는 작업을 효율적으로 처리하고, 모듈은 관련 기능을 파일 단위로 분리하여 코드의 관리와 재사용을 가능하게 한다.

함수를 정의하고 호출하는 기본 문법부터, 다양한 인수 사용 방식, 반환값 처리, 지역 변수와 전역 변수의 역할 차이 등을 학습하며 함수의 구조와 역할을 깊이 있게 이해할 수 있었다. 또한, 함수들을 별도의 Python 파일로 저장하여 모듈화하고, import 문으로 불러오는 방법을 익히며, 모듈을 활용한 코드의 재사용과 구성 능력을 강화하였다. 이를 통해 Python의 강력한 구조화 프로그래밍 방식을 실전 프로젝트와 함께 체험하였다. 이 단원을 통해 다음과 같은 역량을 기르게 되었다.

- ☑ 함수와 모듈의 필요성과 정의를 명확히 이해하고, 직접 설계 및 구현할 수 있는 능력
- ☑ 반복적 작업을 함수로 추상화하고, 관련된 기능을 모듈로 분리하는 능력
- ☑ 프로그램 구조를 체계화하며, 가독성과 유지보수성을 고려한 효율적 코드 작성 역량
- ☑ 사용자 정의 함수와 모듈을 기반으로, 실제 생활 문제에 적용 가능한 프로그램 설계 능력

이번 단원을 통한 기대 효과는 반복적인 작업을 함수와 모듈로 효율적으로 해결하는 코딩 습관을 배양하고, 복잡한 문제를 분리하여 체계적으로 접근하는 논리적 사고력을 강화하는 것이다. 또한 프로그램 구조화를 통해 가독성과 유지보수성을 높이는 코딩 경험을 얻게 되었다.

**함수와 모듈은 효율적인 프로그래밍의 핵심 도구**

학습을 통해 우리는 단지 코드를 짜는 기술을 넘어서, 문제를 구조적으로 바라보고 체계적으로 해결하는 사고의 틀을 익혔다. 앞으로 다양한 문제 상황에서 이 개념들을 적용해나가며, 자신만의 코드 작성 패턴을 만들어가며 문제를 해결할 수 있을 것이다. 함수처럼 독립적이면서도 명확하게 문제를 해결하고, 모듈처럼 체계적이며 협업 가능한 구조를 갖춘 프로그래머

가 되어 다양한 문제들을 효율적으로 해결해 나갈 수 있기를 기대한다. 이제, 당신이 직접 설계한 함수와 모듈로 세상의 문제에 도전할 차례다. 단순한 코딩을 넘어, 논리와 창의로 문제를 해결하며 세상을 바꾸는 여정을 지금 시작하자!

# 6장
# 클래스 활용

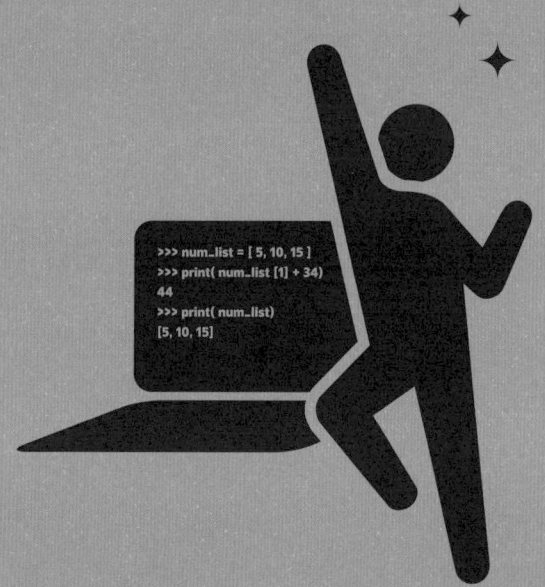

```
>>> num_list = [ 5, 10, 15 ]
>>> print( num_list [1] + 34)
44
>>> print( num_list)
[5, 10, 15]
```

Python

☑ 프로그래밍을 배운다는 것은 단순히 코드를 작성하는 것을 넘어서, 세상을 바라보는 관점을 바꾸는 일이다. 클래스는 그 관점의 전환점을 만들어주는 강력한 도구다.

........................................................................................................

☑ 우리가 지금까지 배운 조건문, 반복문, 함수 등이 문제 해결의 도구였다면, 이제는 도구를 직접 만들어내는 능력을 갖추게 되는 것이다.

........................................................................................................

☑ 이번 단원에서는 객체지향의 본질을 이해하고, 클래스의 구조와 활용법을 직접 설계하며, 나만의 도구를 만들어가는 경험을 하게 된다.

# 01 | 객체지향 사고방식

프로그래밍은 절차지향적 사고에서 출발했지만, 현실 세계를 더 정밀하게 모사하기 위해 객체지향이라는 사고방식을 발전시켜왔다. 객체는 데이터(속성)와 기능(메서드)을 함께 가지고 있는 독립적인 단위이며, 클래스는 그 객체를 만들어내는 청사진이다. 객체지향을 이해하기 위해 다음 네 가지 개념을 기억하자.

- ✔ **클래스(Class)**: 객체를 만들기 위한 틀, 설계도
- ✔ **객체(Object)**: 클래스를 통해 만들어진 실제 사물
- ✔ **속성(Attribute)**: 객체가 가진 데이터
- ✔ **메서드(Method)**: 객체가 할 수 있는 행동

## 1 객체로 세상 바라보기

프로그래밍을 처음 배울 때는 보통 순차적으로 명령을 내려 문제를 해결하는 '절차지향적' 방식에 익숙하다. 그러나 우리가 사는 현실은 그렇게 단순하지 않다. 세상은 수많은 요소들이 서로 영향을 주고받으며 동시에 존재하는 복합적 시스템이다. 이처럼 다양한 요소가 존재하는 세상을 프로그래밍 안에 담아내기 위해 등장한 개념이 바로 객체지향이다.

객체지향은 우리가 일상에서 대상을 인식하는 방식과 매우 닮아 있다. 예를 들어, 고양이를 떠올려 보자. 고양이는 이름과 나이 같은 정보를 가지고 있고, 야옹하고 울거나 사료를 먹는 행동도 한다. 우리는 이처럼 어떤 대상을 속성과 행동을 함께 가진 하나의 독립된 실체, 즉 '객체'로 받아들이고 있다.

프로그래밍에서도 이와 비슷한 방식으로 문제를 바라볼 수 있다. 학생, 자동차, 책, 은행 계좌, 심지어는 버튼 하나까지도 객체로 정의할 수 있다. 객체는 자신만의 데이터와 기능을 가진 하나의 단위로서, 서로 독립적으로 존재하면서도 서로 소통하고 협력하여 하나의 시스템을 만들어낸다.

객체지향 프로그래밍은 바로 이러한 현실 세계의 구조와 사고방식을 코드로 옮겨오는 기술적 사고의 전환이다. 우리가 살고 있는 이 세계를 객체로 바라보는 관점을 익히는 것, 그것이 객체지향 사고의 시작이다.

- **객체지향이란 무엇인가?**: 객체지향은 프로그램을 구성하는 단위를 '객체'라고 보고, 이 객체들이 서로 상호작용하면서 문제를 해결하는 방식으로 사고하는 것이다. 기존의 절차 중심 사고에서 벗어나, 현실 세계처럼 개별 요소들이 책임을 지고 동작하도록 설계하는 방식이다. 즉, 문제를 단계적으로 푸는 것이 아니라, 문제를 구성하는 단위들을 '객체'라는 단위로 나누고 이들 간의 관계를 설계하는 것이다.

- **세상의 모든 것은 객체로 볼 수 있다**: 현실에서 존재하는 대부분의 사물과 개념은 객체로 표현할 수 있다. 예를 들어, 학생은 이름, 학번이라는 속성을 갖고 수업을 듣거나 시험을 보는 행동을 할 수 있다. 자동차는 브랜드, 속도 등의 정보를 가지며 출발하거나 정지하는 기능을 가진다. 이처럼 프로그램 속에서도 학생, 자동차, 책, 계좌 등의 요소들을 객체로 표현하여 문제를 해결할 수 있다.

- **객체는 상태와 동작을 함께 가진 독립적인 실체다**: 객체는 단지 데이터의 묶음이 아니라, 해당 데이터에 작용하는 동작까지 함께 가지는 단위이다. 상태(속성)는 객체의 현재 정보를 의미하고, 동작(메서드)은 그 객체가 할 수 있는 행동을 뜻한다. 예를 들어 고양이라는 객체는 '이름'과 '나이'라는 속성을 가지며, '야옹하고 울기'라는 동작을 실행할 수 있다. 이렇듯 객체는 데이터를 보관할 뿐 아니라, 그 데이터에 적절한 행위를 수행하는 주체로 기능한다. 코드 예시는 다음과 같다.

문제 해결의 언어, Python

```
1 class Cat:
2     def __init__(self, name, age):
3         self.name = name
4         self.age = age
5
6     def meow(self):
7         print(f"{self.name}이(가) 야옹하고 있어요.")
8
9 nabi = Cat("나비", 3)
10 nabi.meow()
```

나비이(가) 야옹하고 있어요.

## ② 클래스란 무엇인가?

객체를 만들기 위해서는 우선 그 객체가 어떤 구조를 가져야 하는지를 정의해야한다. 이때 사용하는 것이 바로 클래스(class)다. 클래스는 객체가 어떤 속성(데이터)과 동작(기능)을 가질지 미리 정해놓은 설계도다. 클래스를 만들면, 그 틀을 바탕으로 여러 객체를 생성할 수 있다. 같은 구조를 공유하되, 각 객체는 고유한 데이터를 가질 수 있다. 이를 통해 우리는 반복되는 구조를 재사용하고, 복잡한 시스템을 더 효율적으로 설계할 수 있다.

클래스는 단지 문법 요소가 아니라, 현실 세계를 코드로 추상화하고 구조화하는 사고 방식의 전환이다. 이 개념을 정확히 이해하면, 더 큰 문제도 작고 명확한 단위로 나눠 해결할 수 있는 눈을 갖게 된다.

**클래스는 객체를 만들기 위한 설계도** 클래스는 객체를 만들기 위한 청사진이자 설계도다. 객체는 프로그램 속에서 독립적으로 동작하는 실체이지만, 그 객체가 어떤 속성과 기능을 가져야 하는지는 미리 정의되어 있어야 한다. 바로 이 정의가 클래스에서 이루어진다.

예를 들어 '학생(Student)'이라는 클래스를 만든다고 가정해보자. 학생은 이름, 학번, 전공 등의 정보를 가지고 있으며, 수업을 듣고 과제를 제출하는 행동도 할 수 있다. 이처럼 클래스는 객체가 가져야 할 공통 속성과 기능을 정의하고, 이를 바탕으로 여러 개의 객체(학생들)를 만들어낼 수 있게 한다. 클래스를 작성하는 순간 우리는 하나의 구조적 패턴을 정의하는 것이며, 이 패턴을 따라 만들어지는 객체들은 각각 고유한 데이터를 가질 수 있다. 즉, 클래스는 '어떤 객체를 만들 것인지'를 설계하는 청사진 역할을 한다.

**붕어빵 틀(클래스)과 붕어빵(객체)의 관계** 클래스와 객체의 관계를 설명할 때 가장 자주 등장하는 비유는 바로 붕어빵 틀과 붕어빵이다. 붕어빵 틀은 형태와 구조를 제공하고, 여기에 재료를 넣으면 맛과 내용이 다른 붕어빵들이 만들어진다.

- ✔ 붕어빵 틀 = 클래스
- ✔ 붕어빵 = 객체
- ✔ 속에 들어가는 팥/슈크림 = 객체의 속성값

하나의 붕어빵 틀로 다양한 종류의 붕어빵을 찍어낼 수 있듯이, 하나의 클래스는 구조는 같지만 내용이 다른 수많은 객체들을 생성할 수 있다. 예를 들어 Dog라는 클래스를 정의해두면, '땡이', '초코', '해피' 같은 다양한 개체들을 만들 수 있다. 클래스를 정의하고, 객체를 생성하는 예시는 다음과 같다.

```python
1 # Dog 클래스 정의
2 class Dog:
3     def __init__(self, name, age):
4         self.name = name       # 강아지 이름
5         self.age = age         # 나이
6
7     def bark(self):
8         print(f"{self.name}이(가) 멍멍 짖어요!")
9
10    def introduce(self):
11        print(f"안녕! 나는 {self.name}, {self.age}살이야.")
```

```python
1 # Dog 객체 생성
2 dog1 = Dog("땡이", 3)
3 dog2 = Dog("초코", 5)
4 dog3 = Dog("해피", 2)
5
6 # 각 객체의 메서드 호출
7 dog1.introduce(); dog1.bark()
```

```
 8
 9 dog2.introduce(); dog2.bark()
10
11 dog3.introduce(); dog3.bark()

안녕! 나는 땡이, 3살이야.
땡이이(가) 멍멍 짖어요!
안녕! 나는 초코, 5살이야.
초코이(가) 멍멍 짖어요!
안녕! 나는 해피, 2살이야.
해피이(가) 멍멍 짖어요!
```

**현실 세계를 코드로 추상화한 구조를 표현**　　프로그래밍은 현실 세계의 문제를 컴퓨터가 이해할 수 있도록 표현하는 작업이다. 이때 클래스는 현실의 개념을 코드로 추상화하는 핵심 도구로 작동한다. 즉, 클래스는 현실의 사물이나 개념을 구조화하여 코드 안에 담아내는 역할을 한다. 예를 들어, 도서관의 책을 관리하는 프로그램을 만든다고 해보자. 현실에서 책은 제목, 저자, 출판년도 같은 정보를 가지고 있고, 대출되거나 반납되는 기능도 있다. 이 개념을 코드로 추상화하면 다음과 같은 Book 클래스가 만들어질 수 있다.

```
 1 # Book 클래스 정의
 2 class Book:
 3     def __init__(self, title, author):
 4         self.title = title              # 책 제목
 5         self.author = author            # 저자
 6         self.is_checked_out = False     # 대출 여부 초기값: False
 7
 8     def checkout(self):
 9         if not self.is_checked_out:
10             self.is_checked_out = True
11             print(f"'{self.title}'이(가) 대출되었습니다.")
12         else:
13             print(f"'{self.title}'은(는) 이미 대출 중입니다.")
14
15     def return_book(self):
16         if self.is_checked_out:
17             self.is_checked_out = False
18             print(f"'{self.title}'이(가) 반납되었습니다.")
19         else:
```

```
20              print(f"'{self.title}'은(는) 대출되지 않았습니다.")
21
22 # Book 클래스의 객체 생성
23 book1 = Book("파이썬의 정석", "홍길동")
24 book2 = Book("인공지능과 미래사회", "황진희")
25
26 # 상태 확인 및 메서드 호출
27 book1.checkout()
28 book1.checkout()
29 book1.return_book()
30
31 # 두 번째 책 처리
32 book2.return_book()
33 book2.checkout()
```

'파이썬의 정석'이(가) 대출되었습니다.
'파이썬의 정석'은(는) 이미 대출 중입니다.
'파이썬의 정석'이(가) 반납되었습니다.
'인공지능과 미래사회'은(는) 대출되지 않았습니다.
'인공지능과 미래사회'이(가) 대출되었습니다.


클래스는 객체의 '틀'을 제공하며, __init__ 메서드는 객체가 생성될 때 자동으로 호출된다. 또한 객체의 속성은 개별적으로 유지된다. 메서드를 호출할 때는 객체가 어떤 상태인지에 따라 결과가 달라짐을 유의하자. 이처럼 클래스는 현실 세계를 단순히 복제하는 것이 아니라, 중요한 속성과 동작만을 추려내어 정돈된 형태로 코드에 담는 도구이다. 즉, 클래스는 현실을 이해하고, 단순화하고, 시스템화하는 사고 도구이기도 하다.


## ③ 객체와 인스턴스

프로그래밍 수업에서 클래스와 객체를 배우다 보면 '객체(object)'와 '인스턴스(instance)'라는 용어가 섞여 쓰이며 혼란을 겪는 경우가 많다. 두 개념은 실제로 매우 밀접하게 관련돼 있지만, 미묘한 차이가 있다. 쉽게 말하면, 객체는 클래스에서 만들어진 '무언가', 인스턴스는 '어떤 클래스의 결과물인지'를 강조할 때 쓰는 표현이다. 예를 들어 Dog 클래스로 만든 '땡이'는 객체이면서 동시에 Dog 클래스의 인스턴스라고 할 수 있다.

즉, "객체"는 프로그래밍 속 존재하는 모든 실체를 의미하고, "인스턴스"는 그 객체가 어떤 클래스에서 나왔는지를 명확히 하고자 할 때 사용하는 용어다.

- **객체란 무엇인가?**
  ☑ 객체는 클래스에 의해 만들어진 독립적인 존재다.
  ☑ 속성과 메서드를 포함하며, 프로그램 내에서 실제로 동작하는 실체다.
  ☑ 하나의 객체는 고유한 상태를 가지고 있어, 다른 객체와 구별되는 개별적 단위다.

```
1 class Fruit:
2     def __init__(self, name):
3         self.name = name
4
5 apple = Fruit("apple")  # 이때 'apple'은 하나의 객체
```

**인스턴스란 무엇인가?**　객체 중에서도 특정 클래스에서 생성된 객체를 인스턴스라고 부른다. 객체라는 말이 포괄적 개념이라면, 인스턴스는 '클래스와의 관계'를 강조하는 용어다. "apple은 Fruit 클래스의 인스턴스"라는 표현은, 그 객체가 어떤 설계도로부터 만들어졌는지를 분명히 한다.

```
1 print(isinstance(apple, Fruit))
```
True

**클래스와 객체의 관계 정리**　모든 인스턴스는 객체이지만, 모든 객체가 항상 특정 클래스의 인스턴스를 지칭하는 것은 아니다.

- ☑ **클래스**: 설계도
- ☑ **객체**: 클래스에 따라 만들어진 구체적인 실체
- ☑ **인스턴스**: 특정 클래스에서 생성된 객체를 그 클래스의 인스턴스라고 부름

클래스를 진정으로 이해하기 위해서는 단순한 문법을 아는 것을 넘어서, 그 구조와 동작 원리를 정확히 파악하는 것이 핵심이다. 클래스를 구성하는 주요 요소들인 생성자, self, 속성, 메서드를 중심으로, 클래스가 실제로 어떻게 동작하며 객체를 어떻게 표현하는지 구체적으로 살펴보자.

## ① 생성자와 self의 원리

클래스를 정의하고 객체를 생성할 때, 가장 먼저 만나게 되는 것이 바로 생성자(constructor)이다. 생성자는 객체가 만들어질 때 자동으로 실행되어 객체의 초기 상태를 설정해주는 특별한 메서드다. Python에서는 __init__이라는 이름으로 이 생성자를 정의하며, 객체가 가질 속성들을 이 안에서 설정하게 된다.

이때 꼭 함께 등장하는 키워드가 있다. 바로 self다. self는 해당 메서드가 속한 객체 자신을 의미하며, 클래스 안에서 정의된 모든 메서드는 self를 첫 번째 인자로 받는다. 이것은 단순한 문법이 아니라, 객체 내부에서 자신의 속성이나 다른 메서드에 접근하기 위한 통로다.

객체가 여러 개 만들어져도, 각 객체는 자신의 데이터를 따로 관리할 수 있게 되는데, 이 독립성을 유지해주는 핵심이 바로 self다.

**객체를 만들 때 실행되는 특별한 함수 _init_**   객체 생성 시 자동으로 실행되며, 해당 객체의 초기 속성들을 설정하는 역할을 한다.

```
1 class Student:
2     def __init__(self, name, student_id):
3         self.name = name
4         self.student_id = student_id
```

위의 예시 코드에서,

- ☑ 1줄은 Student라는 이름의 클래스를 정의하였고, 이 클래스는 학생 정보를 저장하고 관리하기 위한 설계도로 사용된다.
- ☑ 2줄의 _init_은 생성자 메서드로, Student 객체가 만들어질 때 자동으로 실행된다. 괄호 안의 name과 student_id는 객체를 만들 때 외부에서 전달받을 정보이다.
- ☑ 3줄의 self.name은 생성된 객체가 가질 속성(이름)을 의미하며, 오른쪽의 name은 생성자 메서드로 전달받은 인자이며, 이를 객체의 속성으로 저장하는 것이다.
- ☑ 4줄도 마찬가지로 전달받은 student_id 값을 객체의 속성으로 저장한다.

사용 예시는 다음과 같다.

```
1 # 사용 예시
2 s1 = Student("홍길동", "2025001")
3 print(s1.name)
4 print(s1.student_id)
```

```
홍길동
2025001
```

**생성자의 역할**　생성자는 객체가 만들어질 때 가장 먼저 실행되는 특별한 함수로, 그 객체가 어떤 상태로 시작할지를 정해주는 역할을 한다. 예를 들어 어떤 클래스가 이름과 번호를 가진다면, 생성자 안에서 그 이름과 번호를 받아와 객체 내부에 저장해주는 것이다. 이렇게 생성자를 사용하면, 객체마다 자신만의 고유한 데이터를 가질 수 있게 된다. 다시 말해, 여러 객체가 같은 클래스를 기반으로 만들어졌더라도, 생성자를 통해 각각 독립적인 초기 상태를 갖게 되는 것이다.

위의 예시 중 생성자는 Student("홍길동", "2025001")처럼 객체를 만들 때, 홍길동과 2025001이라는 정보를 받아서 s1이라는 객체 안에 이름과 학번 정보를 담아주는 역할을 한다. 즉, __init__은 객체를 만들자마자 실행되어, 해당 객체에 필요한 데이터를 설정해주는 시작점 함수인 생성자에 해당한다.

**self의 의미**　　해당 객체 자신을 가리키는 참조(reference) 역할을 한다. 같은 클래스 내의 속성과 메서드에 접근할 때 반드시 사용해야 하며, 객체마다 self는 다르며, 객체별로 고유한 데이터를 유지하게 해준다.

```
1 student1 = Student("임꺽정", "2025002")
2 student2 = Student("황진희", "2025003")
3
4 print(student1.name)
5 print(student2.name)
```

```
임꺽정
황진희
```

위의 예시에서 두 객체는 같은 Student 클래스를 기반으로 만들어졌지만, 각자 자신만의 이름과 학번 데이터를 따로 저장하고 있다. 출력 결과를 통하여, student1과 student2는 서로 다른 값을 가진 독립된 객체라는 걸 확인할 수 있다. 즉, self는 각각의 객체 자신을 가리키며, self.name = name이라는 코드가 실행될 때, student1의 name 속성은 "임꺽정"으로, student2의 name 속성은 "황진희"로 서로 다르게 저장된다.

## ② 속성과 메서드 설계하기

클래스는 단순한 틀이 아니다. 객체가 가져야 할 속성과 기능을 명확히 설계해야만 클래스가 제 역할을 할 수 있다. 속성은 객체의 상태나 정보를 의미하고, 메서드는 객체가 수행할 수 있는 동작이다. 속성과 메서드는 클래스 안에서 유기적으로 작동한다. 객체는 속성을 통해 자신의 상태를 저장하고, 메서드를 통해 특정 기능을 수행한다. 메서드는 클래스 내부에 정의된 함수이며, 항상 self를 첫 번째 인자로 받아야 한다. 이렇게 설계된 클래스는 하나의 작은 프로그램처럼 동작하며,

객체 중심 사고를 구체적으로 실현하는 도구가 된다.

**속성과 메서드, 객체를 구성하는 두 축**　객체를 하나의 '살아 있는 존재'라고 상상해보자. 사람은 이름, 나이, 직업 같은 정보를 가지고 있고, 말하거나 걷거나 노래하는 행동도 할 수 있다. 객체도 이와 똑같다. 객체가 어떤 상태를 가지고 있는가를 나타내는 것이 **속성**(attribute)이고, 객체가 무엇을 할 수 있는가를 정의하는 것이 **메서드**(method)다. 예를 들어 Dog라는 클래스가 있다고 해보자. 이 클래스에서 name은 강아지의 이름, age는 나이를 의미한다. 이것은 강아지라는 객체가 "무엇을 알고 있는가"에 해당한다. 바로 속성이다. 그런데 이 강아지가 '멍멍 짖는다'거나 '간식을 먹는다'면 그건 행동에 해당한다. 바로 이런 것이 메서드다. 객체가 어떤 기능을 수행할 수 있는가, 즉 무엇을 할 수 있는가를 나타낸다.

- ✔ **속성**: 객체가 '무엇을 알고 있는가'(데이터)
- ✔ **메서드**: 객체가 '무엇을 할 수 있는가'(기능)

다음의 코드에서 name과 age는 객체가 갖고 있는 정보(속성)이고, bark()와 birthday()는 객체가 할 수 있는 행동(메서드)이다. 강아지 콩이는 이름이며 나이는 2살이고, 짖기도 하고, 생일이 되면 나이를 한 살 더 먹는다. 마치 살아 있는 캐릭터처럼 동작한다.

```
 1 class Dog:
 2     def __init__(self, name, age):
 3         self.name = name        # 속성: 이름
 4         self.age = age          # 속성: 나이
 5
 6     def bark(self):
 7         print(f"{self.name}이(가) 멍멍 짖어요!")   # 메서드: 짖기
 8
 9     def birthday(self):
10         self.age += 1
11         print(f"{self.name}의 나이가 {self.age}살이 되었어요!")   # 메서드: 나이 증가
12
13 puppy = Dog("콩이", 2)
14 puppy.bark()
15 puppy.birthday()

콩이이(가) 멍멍 짖어요!
콩이의 나이가 3살이 되었어요!
```

**클래스 내부의 함수는 모두 메서드로 간주**　클래스 안에서 정의된 함수는 일반 함수와는 조금 다르다. 클래스 안에 있다는 이유만으로, 이 함수들은 모두 메서드 (method)로 불리게 된다. 메서드는 객체와 연결되어 동작하는 함수로, 객체가 자기 자신을 활용해 동작을 수행할 수 있도록 설계된다. 이때 중요한 문법이 하나 있다. 바로 메서드를 정의할 때 항상 첫 번째 인자로 self를 넣어야 한다는 것이다. self 는 현재 메서드를 호출한 객체 자신을 가리키며, 객체 내부의 속성(데이터)에 접근 하거나 수정할 수 있도록 돕는다. 메서드는 주로 객체의 상태를 읽거나 변경하는 기능을 수행한다. 예를 들어 강아지 객체가 나이를 먹는다거나, 책 객체가 대출 상 태를 바꾸는 일은 모두 메서드를 통해 이루어진다. 즉, 메서드는 객체가 '무엇을 할 수 있는가'를 정의하고, 그 행동을 통해 객체의 상태가 바뀌기도 하는 중요한 역할을 맡고 있다.

**메서드를 통해 객체에 기능 부여**　클래스를 단순히 데이터만 담는 구조로 만든다 면, 그것은 정적인 정보 저장소에 불과하다. 하지만 여기에 메서드를 추가하는 순 간, 객체는 단순한 정보 묶음을 넘어, 스스로 동작할 수 있는 능동적인 존재로 변 한다. 즉, 메서드는 객체가 어떤 행동을 할 수 있도록 기능을 부여하는 수단이다. 예를 들어, 강아지 객체에 bark()라는 메서드를 정의하면, 해당 객체는 '멍멍 짖는' 행동을 할 수 있게 된다. 학생 객체에 introduce()라는 메서드를 넣으면, 자신을 소 개하는 기능을 갖게 된다. 이렇게 메서드는 객체의 정체성을 강화하고, 객체가 어 떤 역할을 수행할지를 구체화한다.

　　메서드는 또한 프로그램의 복잡도를 줄여주는 중요한 수단이다. 객체에 필요 한 기능을 그 안에 포함시켜 놓으면, 해당 기능을 외부에서 따로 정의하거나 관리 할 필요 없이, 객체가 스스로 행동을 책임지게 만들 수 있기 때문이다.

```python
class Product:
    def __init__(self, name, price):
        self.name = name
        self.price = price

    def discount(self, rate):
        self.price *= (1 - rate)
        print(f"{self.name}의 할인된 가격은 {self.price}원입니다.")
```

　　　　　　　　　　　　　　　　　　　　　　문제 해결의 언어, Python

```
 9
10 item = Product("노트북", 1000000)
11 item.discount(0.2)

노트북의 할인된 가격은 800000.0원입니다.
```

6줄에 정의된 discount 함수는 Product 클래스 내부에 정의된 함수로 메서드에 해당한다. 메서드는 항상 첫 번째 인자로 self를 받으며, self는 이 메서드를 호출한 객체 자신을 가리키는 역할을 하는 것을 기억하자. 이 메서드는 rate라는 할인율을 받아서, 그 객체의 price를 할인된 가격으로 변경하고, 결과를 출력해주는 기능을 수행한다. 메서드를 통해 객체가 "할인하기"라는 행동을 할 수 있게 된 예시이다.

## ③ 클래스 활용 실생활 모델링

클래스를 잘 설계하기 위해서는 현실 세계의 개념을 코드로 어떻게 표현할 것인가를 고민해야 한다. 우리 주변에는 클래스로 표현할 수 있는 개념이 무궁무진하다. 학생, 책, 음식, 계좌, 주문, 장바구니, 심지어는 시간이나 날씨까지도 클래스로 모델링할 수 있다.

클래스를 활용한 모델링은 단순히 기능을 구현하는 것이 아니라, 문제를 구조화하고 단위화하여 명확하게 관리하는 사고 방식이다. 현실의 복잡한 구조를 객체 단위로 분해하면, 각 객체는 자신의 역할에 집중하고 시스템 전체는 더 단순해진다.

**실생활 속 개념을 클래스화 해보기**  예를 들어 음식점의 메뉴를 객체로 표현해보자. 각 메뉴는 이름과 가격, 상태(판매 중인지 여부) 같은 속성을 갖고, 주문하거나 판매를 중지하는 기능이 있을 수 있다.

```
1 class Menu:
2     def __init__(self, name, price):
3         self.name = name
4         self.price = price
5         self.is_available = True
```

```
 6        def order(self):
 7            if self.is_available:
 8                print(f"{self.name} 주문되었습니다.")
 9            else:
10                print(f"{self.name} 현재 판매 중지입니다.")
11        def stop_selling(self):
12            self.is_available = False
13            print(f"{self.name} 판매가 중지되었습니다.")
14
15 item1 = Menu("김치찌개", 8000)
16 item2 = Menu("된장찌개", 7500)
17 item1.order()
18 item1.stop_selling()
19 item1.order()

김치찌개 주문되었습니다.
김치찌개 판매가 중지되었습니다.
김치찌개 현재 판매 중지입니다.
```

위의 코드는 Menu 클래스를 활용하여 음식 메뉴 항목을 객체로 정의하고, 각 메뉴의 판매 여부에 따라 다른 동작을 수행하는 구조를 보여준다. 클래스 내부에는 총 세 개의 메서드가 정의되어 있다. 2번 줄의 생성자(_init_) 메서드는 메뉴 항목이 만들어질 때, 이름과 가격을 저장하고, 처음에는 판매 가능 상태(True)로 설정한다. 6번 줄의 order() 메서드는 is_available 값에 따라 출력 메시지를 다르게 보여준다.

- ✔ True이면 "주문되었습니다."
- ✔ False이면 "현재 판매 중지입니다."

11번 줄의 판매 중지 메서드 stop_selling()는 메뉴의 판매 가능 여부를 False로 바꾸고, 판매 중지 메시지를 출력한다. 즉, 해당 메뉴를 더 이상 주문할 수 없게 만드는 기능에 해당한다.

- ✔ 객체 생성과 메서드 호출 흐름은 다음과 같다.
- ✔ item1은 김치찌개 객체이며, item2는 된장찌개 객체이다.
- ✔ 17번 줄은 주문 가능 상태라 주문이 성공한다.

☑ 그 후 18번 줄의 stop_selling()을 호출하면서 판매가 중지되고,
☑ 19번 줄에서 다시 주문을 시도하면 "판매 중지" 메시지가 출력된다.

이처럼 클래스는 단순한 데이터 저장을 넘어, 객체가 현실 세계의 상황을 반영하고 상태에 따라 적절하게 반응할 수 있도록 설계하는 도구임을 알 수 있다.

클래스를 진정으로 이해하기 위해서는, 그 구조와 동작 원리를 정확히 파악하는 것이 중요하다. 문제 해결을 위한 도구로 클래스를 효과적으로 활용하기 위해서는, 이를 구성하는 핵심 요소인 생성자, self, 속성, 메서드를 중심으로 클래스의 작동 방식과 객체의 표현 방식을 깊이 있게 이해할 필요가 있다.

## ④ 클래스를 위한 CT 요소

Python 프로그래밍에서 클래스를 학습하고 활용하는 과정은 단순히 문법을 익히는 데 그치지 않는다. 객체지향적 사고를 바탕으로 클래스를 설계하고 객체를 생성하며 동작시키는 활동은 다양한 차원의 컴퓨팅 사고력(Computational Thinking)을 자연스럽게 요구하고 동시에 길러준다.

- **단순화 사고력(Simplification Thinking)**: 복잡한 문제를 객체 단위로 분리하여 생각하는 클래스 설계는 문제를 단순화하고 핵심 구조를 식별하는 능력을 강화한다. 복잡한 현실을 단순한 코드 구조로 추상화하는 과정은 효과적인 문제 해결을 위한 전제 조건이다.
- **추상화 사고력(Abstraction Thinking)**: 클래스는 현실의 개념을 추상화한 구조이다. 학생, 도서, 계좌 등 구체적인 대상을 공통된 속성과 동작으로 일반화하는 작업은 컴퓨팅 사고력 중에서도 핵심인 추상화 능력을 직접적으로 요구한다.
- **패턴 인식(Pattern Recognition)**: 객체 간 공통된 구조나 반복되는 속성을 식별하고 이를 클래스화함으로써 중복을 제거하고 효율성을 높이는 사고를 훈련하게 된다. 이는 소프트웨어 구조화의 핵심 원리이다.
- **문제 인식과 정의(Problem Recognition)**: 객체를 만들기 위해서는 먼저 어떤 문제가

존재하는지를 인식하고, 이를 어떤 구조로 모델링할 것인지 정의해야 한다. 이 과정은 문제 해결 과정의 출발점이 되는 사고 능력을 길러준다.

- **논리적 사고력(Logical Reasoning)**: 객체의 상태와 행동이 어떻게 연결되는지를 판단하고, 메서드를 통해 동작 흐름을 설계하는 과정은 논리적 사고의 정수를 보여준다. 특히 조건문과 상태 변화를 포함한 메서드 설계는 논리 구성력을 강화한다

- **계층적 사고력(Hierarchical Thinking)**: 상속(inheritance)을 통해 클래스를 확장하는 객체지향의 특성은 개념 간 계층 관계를 이해하고 표현하는 능력을 기르기에 적합하다. 기본 클래스와 파생 클래스의 관계를 설계하면서 구조적 사고가 강화된다.

- **조건 분기 사고력(Conditional Thinking)**: 객체의 상태에 따라 다른 동작을 수행하도록 메서드를 구현할 때, 조건문과 분기 구조를 사용하게 된다. 이는 상황에 따라 유연하게 사고하고 분기 판단을 내리는 능력을 키워준다.

- **병렬화 처리 능력(Parallelization Thinking)**: 다양한 객체가 서로 독립적으로 존재하고 동시에 동작하는 구조는 병렬적 사고를 가능하게 한다. 각 객체는 자신만의 데이터를 가지고 있으며, 독립적으로 메서드를 실행한다.

- **창의적 사고력(Creative Thinking)**: 클래스를 어떻게 설계하고 어떤 객체를 만들어낼지는 전적으로 설계자의 창의력에 달려 있다. 클래스 구조를 스스로 기획하고 기능을 부여하는 작업은 창의성을 자극하는 학습 활동이다.

- **메타인지적 사고력(Metacognitive Thinking)**: 객체지향 설계는 자신이 만든 구조가 어떤 원리로 동작하는지를 계속해서 되돌아보게 한다. 특히 상호작용하는 객체의 흐름을 파악하면서, 코드 바깥에서 사고하는 능력이 요구된다.

**클래스는 사고력 발달의 훈련장**    클래스는 프로그래밍의 핵심 개념일 뿐만 아니라, 컴퓨팅 사고력의 훈련 도구이기도 하다. 추상화와 구조화, 문제 정의와 해결, 논리적 흐름 구성과 조건 판단 등, 다양한 사고 기술이 하나의 클래스 안에 유기적으로 통합된다. 특히 실제 생활 속 사물이나 현상을 객체로 모델링하고 기능을 부여하는 과정은, 독자 스스로가 "생각하는 엔지니어"가 되어 문제를 바라보고 해결책을 설계하는 사고 훈련이 된다. 독자는 클래스의 설계와 구현을 반복하면서 단지 프로그래밍 능력을 넘어서, 복잡한 문제를 분해하고 모델링하며 해석하고 대응하는 종합적 사고 능력을 체화하게 될 것이다.

# 03 | 객체지향 원리 활용

프로그래밍 언어에서 객체지향(Object-Oriented Programming, OOP)은 단순히 코드를 작성하는 문법이 아니라, 세상을 구조화하고 문제를 설계하는 방식에 대한 철학이라 할 수 있다. 앞서 우리는 클래스를 설계하고 객체를 생성하는 과정을 통해, 현실 세계의 개념을 코드로 옮기는 법을 배웠다. 이제부터는 한 걸음 더 나아가, 객체지향 프로그래밍의 핵심 원리를 바탕으로 코드의 확장성과 유연성, 안정성을 어떻게 향상시킬 수 있는지를 탐색하고자 한다.

객체지향에는 크게 세 가지 핵심 원리가 존재한다. 첫째는 상속(Inheritance)으로, 기존에 정의한 클래스를 바탕으로 새로운 클래스를 손쉽게 만들 수 있도록 하여 코드의 재사용성과 구조적 일관성을 높여준다. 둘째는 다형성(Polymorphism)이다. 이는 동일한 메서드 이름이 서로 다른 객체에서 각기 다른 방식으로 동작하게 함으로써, 동일한 구조 안에서 유연한 행동을 가능하게 한다. 마지막으로는 캡슐화와 정보은닉(Encapsulation & Information Hiding)이 있다. 이는 객체 내부의 데이터와 구현 방식을 외부로부터 숨기고, 필요한 기능만을 제한적으로 제공함으로써 안정성과 보안성을 높이는 설계 원칙이다.

이 장에서는 이러한 객체지향의 핵심 원리를 실제 코드와 예시를 통해 구체적으로 이해하며, 보다 견고하고 확장 가능한 프로그램을 설계하는 기반을 마련하고자 한다. 클래스의 설계를 넘어서, 클래스 간의 관계, 공통 기능의 분리와 통합, 데이터 보호, 다양한 객체의 일관된 처리 방식 등에 대한 감각을 익히는 것이 본 장의 주요 목표이다. 객체지향 원리를 제대로 활용할 수 있게 되면, 우리는 더 이상 기능만을 나열하는 코드 작성자가 아니라, 복잡한 시스템을 설계하고 유지하는 소프트웨어 구조 설계자로 성장할 수 있는 것이다.

# ① 상속과 클래스 확장

프로그래밍을 하다 보면 여러 클래스 간에 공통된 속성이나 기능이 반복적으로 나타나는 경우가 있다. 예를 들어, 다양한 종류의 동물이나 상품, 사용자 유형을 프로그램 안에서 구현하고자 할 때, 각 객체는 고유한 특징을 갖고 있으면서도 일정한 공통점을 공유한다. 이럴 때 중복된 코드 없이, 공통 기능을 효율적으로 관리하고 확장할 수 있도록 해주는 객체지향의 원리가 바로 상속(inheritance)이다.

**상속은 기존 클래스를 확장하는 방법** 상속은 이미 정의된 클래스를 기반으로 하여 새로운 클래스를 정의하는 기법이다. 이때 기존 클래스는 부모 클래스(또는 슈퍼클래스), 새롭게 정의되는 클래스는 자식 클래스(또는 서브클래스)라고 부른다. 자식 클래스는 부모 클래스의 속성과 메서드를 그대로 물려받아 사용할 수 있으며, 필요한 경우에는 새로운 기능을 덧붙이거나 기존 기능을 수정할 수도 있다. 이처럼 상속은 기존 코드를 반복하지 않고 재활용함으로써, 프로그램의 유지보수성과 확장성을 크게 높여준다.

**부모 클래스의 기능을 자식 클래스가 그대로 사용** 상속을 통해 자식 클래스는 부모 클래스가 가진 모든 속성과 메서드를 자동으로 가지게 된다. 이는 곧 기본 기능을 공유하면서, 자식 클래스에서는 자신에게 필요한 기능만 추가하거나 수정하는 방식으로 구조를 설계할 수 있다는 의미다. 이러한 방식은 코드의 일관성과 효율성을 높이며, 공통된 로직을 한 번만 정의해도 여러 곳에서 활용할 수 있는 장점을 제공한다.

다음은 동물(Animal) 클래스를 상속받아 고양이(Cat)와 강아지(Dog) 클래스를 확장하는 예시이다.

```
1 # 부모 클래스
2 class Animal:
3     def __init__(self, name):
4         self.name = name
5
6     def speak(self):
7         print(f"{self.name}이(가) 소리를 냅니다.")
```

문제 해결의 언어, Python

```
 8
 9 # 자식 클래스
10 class Cat(Animal):
11     def meow(self):
12         print(f"{self.name}이(가) 야옹하고 있어요.")
13
14 class Dog(Animal):
15     def bark(self):
16         print(f"{self.name}이(가) 멍멍 짖어요.")
```

이 코드에서 Cat과 Dog 클래스는 Animal 클래스를 상속받아 정의되었으며, 공통 속성인 name과 speak() 메서드를 자동으로 물려받는다. 각각의 자식 클래스는 고양이와 강아지만의 고유한 행동(meow()와 bark())을 추가함으로써 기능을 확장하고 있다.

**필요에 따라 메서드를 재정의(오버라이딩) 가능** 상속의 또 다른 중요한 기능은 오버라이딩(overriding)이다. 오버라이딩이란, 부모 클래스에서 정의된 메서드를 자식 클래스에서 같은 이름으로 새롭게 정의하여 그 동작을 변경하는 것을 의미한다. 이를 통해 자식 클래스는 기본 구조를 유지하면서도 자기만의 방식으로 동작하도록 설계할 수 있다.

예를 들어, speak()라는 메서드를 부모 클래스인 Animal에서 정의해두었지만, 고양이는 야옹, 강아지는 멍멍으로 울도록 동작을 수정할 수 있다.

```
1 class Cat(Animal):
2     def speak(self):   # 부모의 speak()를 오버라이딩
3         print(f"{self.name}이(가) 야옹하고 있어요.")
4
5 class Dog(Animal):
6     def speak(self):   # 부모의 speak()를 오버라이딩
7         print(f"{self.name}이(가) 멍멍 짖어요.")
```

이처럼 메서드 오버라이딩은 유사한 구조를 가진 객체들이 각기 다른 방식으로 동작하게 하는 유연한 설계를 가능하게 한다. 이후 다룰 다형성의 기반이 되는 핵심 개념이기도 하다.

상속은 기존 클래스의 기능을 그대로 물려받고, 새로운 기능을 추가하거나 기존 기능을 수정하여 확장할 수 있게 해주는 객체지향 프로그래밍의 강력한 도구

이다. 또한, 코드의 재사용성을 극대화하고, 공통된 기능은 한 번만 정의해도 여러 클래스에서 활용할 수 있다. 그리고, 오버라이딩을 통해 자식 클래스는 부모 클래스의 메서드를 자신만의 방식으로 수정할 수 있으며, 이러한 유연성은 프로그램의 유지보수성과 표현력을 높여준다.

## ② 다형성과 유연한 설계

객체지향 프로그래밍의 또 하나의 핵심 원리는 다형성(Polymorphism)이다. 다형성이란, 같은 이름의 메서드가 객체의 종류에 따라 서로 다르게 동작할 수 있도록 허용하는 특성을 말한다. 말 그대로 '많은 형태'를 의미하는 이 개념은, 객체지향 설계에서 코드의 유연성과 확장성, 유지보수성을 크게 향상시켜주는 중요한 기법이다.

프로그래밍에서 특정 동작이 항상 같은 방식으로 실행되는 것은 바람직하지 않을 수 있다. 현실에서도 다양한 객체는 '말한다'는 공통된 행동을 갖지만, 고양이는 야옹하고, 개는 멍멍 짖으며, 사람은 언어로 말한다. 이러한 다양한 반응을 하나의 공통된 인터페이스로 정의하면서도, 객체마다 다르게 반응할 수 있도록 해주는 것이 다형성이다.

- **다형성은 같은 메서드 이름이 다양한 방식으로 동작하게 한다**: 다형성의 핵심은 하나의 메서드 이름이 객체의 종류에 따라 다르게 구현되고, 다르게 실행된다는 점에 있다. 예를 들어, speak()라는 이름의 메서드는 모든 동물이 공유하는 이름이지만, 실제 내용은 고양이와 강아지, 사람마다 서로 다를 수 있다. 이러한 특성은 객체를 처리하는 코드를 더 간결하게 만들고, 다양한 객체를 유연하게 다룰 수 있는 설계를 가능하게 해준다.

- **다양한 객체에 대해 동일한 메서드 호출**: 다형성은 상속과 오버라이딩을 통해 구현된다. 부모 클래스에서 공통 인터페이스를 정의한 후, 각 자식 클래스에서 해당 메서드를 상황에 맞게 오버라이딩하면 된다. 다음은 그 예시이다.

문제 해결의 언어, Python

```
 1 class Animal:
 2     def __init__(self, name):
 3         self.name = name
 4
 5     def speak(self):
 6         print(f"{self.name}(이/가) 소리를 냅니다.")
 7
 8 class Cat(Animal):
 9     def speak(self):
10         print(f"{self.name}(이/가) 야옹하고 있어요.")
11
12 class Dog(Animal):
13     def speak(self):
14         print(f"{self.name}(이/가) 멍멍 짖어요.")
```

이제 다음과 같이 공통된 방식으로 객체를 처리할 수 있으며, 출력 결과는 다음과 같다.

```
 1 animals = [Cat("나비"), Dog("초코"), Animal("동물")]
 2
 3 for animal in animals:
 4     animal.speak()
```

```
나비(이/가) 야옹하고 있어요.
초코(이/가) 멍멍 짖어요.
동물(이/가) 소리를 냅니다.
```

이처럼 각 객체는 같은 이름의 메서드(speak)를 호출하더라도, 자신에게 맞는 고유한 방식으로 동작하게 된다. 사용자는 이 객체들이 어떤 종류인지 몰라도, 동일한 방식으로 호출만 하면 된다. 내부의 동작은 객체가 스스로 알아서 처리한다. 이것이 바로 다형성이 제공하는 유연함과 강력함이다.

- **유지보수성과 유연성을 획기적으로 향상시킨다**: 다형성을 활용하면 코드의 일관성을 유지하면서도 새로운 객체를 쉽게 추가할 수 있다. 예를 들어 새로운 동물 클래스를 추가하고 speak() 메서드를 오버라이딩하기만 하면, 기존 코드를 전혀 수정하지 않고도 새로운 객체를 동일한 방식으로 처리할 수 있다. 이는 특히 규모가 크고 다양한 객체가 존재하는 시스템에서 코드 유지보수의 복잡도를 현저히

줄여주는 효과를 가져온다. 또한 다형성은 인터페이스 중심 설계와 잘 맞물려, 객체 간의 의존성을 줄이면서도 유연하게 기능을 확장할 수 있는 구조를 만든다. 결과적으로 개발자는 더 효율적이고 견고한 소프트웨어를 설계할 수 있게 된다.

다형성은 동일한 메서드 이름이 객체의 종류에 따라 서로 다른 방식으로 동작하도록 하는 객체지향의 핵심 원리이다. 이는 상속과 오버라이딩을 통해 구현되며, 하나의 공통된 인터페이스를 통해 다양한 객체를 일관되게 다룰 수 있게 한다. 이러한 특성은 코드의 재사용성과 확장성, 유지보수성을 높이는 동시에, 보다 유연하고 효율적인 시스템 설계를 가능하게 만든다.

## ③ 캡슐화와 정보은닉

객체지향 프로그래밍에서 클래스는 단순히 데이터와 기능을 묶는 구조가 아니다. 보다 정교한 설계를 위해서는 객체의 내부 구현을 외부로부터 적절히 감추고, 필요한 기능만 제한적으로 노출하는 구조가 필요하다. 이러한 설계 원칙을 우리는 캡슐화(encapsulation)와 정보은닉(information hiding)이라고 부른다.

**객체의 내부 구조를 감추고, 필요한 정보만 제공**  객체는 고유한 상태를 내부에 가지고 있으며, 외부에서는 그 상태를 직접 수정하거나 함부로 접근해서는 안 된다. 대신 객체는 필요한 정보만을 선별적으로 외부에 제공하고, 나머지는 내부에 안전하게 감춰야 한다. 이러한 방식은 객체를 하나의 독립된 단위로 보호하고, 잘못된 접근이나 예기치 않은 오류로부터 시스템을 안전하게 유지해준다.

예를 들어 은행 계좌를 클래스로 모델링한다고 할 때, 계좌의 잔액(balance)은 외부에서 마음대로 수정되어서는 안 되는 민감한 정보이다. 이 값을 보호하기 위해 파이선에서는 속성 이름 앞에 두 개의 밑줄(__)을 붙이는 방식을 사용한다. 이는 해당 속성이 외부에서는 직접 접근할 수 없는 private 속성임을 의미한다.

```
1  class BankAccount:
2      def __init__(self):
3          self.__balance = 0   # 외부에서 직접 접근 불가
4
5      def deposit(self, amount):
6          if amount > 0:
7              self.__balance += amount
8
9      def get_balance(self):
10         return self.__balance
```

이 예시에서 __balance는 계좌 내부의 민감한 정보를 저장하는 속성이며, deposit()이나 get_balance()와 같은 공식 메서드를 통해서만 접근이 가능하다.

**속성을 보호(private)하고, 메서드를 통해 간접적으로 조작**　　정보은닉은 단순히 데이터를 숨기는 데 그치지 않는다. 중요한 것은 데이터에 접근하는 방식을 제어하고, 객체의 안정성과 신뢰성을 유지하는 구조를 설계하는 것이다. 사용자는 객체 내부가 어떻게 구성되어 있는지 몰라도, 객체가 제공하는 메서드만으로도 필요한 작업을 수행할 수 있어야 한다. 이러한 설계는 객체를 하나의 '사용자 인터페이스로서의 블랙박스'처럼 다룰 수 있게 해준다. 또한 이러한 방식은 객체 내부 구현이 변경되더라도, 외부 코드에 영향을 주지 않도록 하여 시스템의 유연성과 유지보수성을 높여준다. 예를 들어 잔액을 계산하는 방식이 바뀌더라도, 외부에서는 여전히 get_balance() 메서드만 호출하면 되므로 코드 전체를 수정할 필요가 없다.

**외부 접근을 제한함으로써 안정성 강화**　　객체지향 설계에서 캡슐화는 시스템의 안정성과 보안성을 지키는 중요한 장치로 작용한다. 외부 코드가 객체 내부의 민감한 속성을 직접 변경할 수 있다면, 프로그램 전체에 치명적인 오류나 부정확한 상태가 발생할 가능성이 커진다. 반면, 정보를 은닉하고 메서드를 통해서만 제한적으로 접근하게 하면, 이러한 위험을 크게 줄일 수 있다. 캡슐화는 프로그램을 더 복잡하게 만드는 것이 아니라, 오히려 복잡성을 관리하는 방식이다. 각 객체가 자신의 내부 상태를 책임지고 관리할 수 있게 하면, 전체 시스템은 더 안정적이고 예측 가능하게 작동한다.

캡슐화는 객체 내부의 데이터를 보호하고, 필요한 기능만 외부에 제공함으로써 정보의 안정성과 일관성을 유지하는 설계 방식이다. 예를 들어 __balance처럼 속성을 private으로 선언하고, 이를 공식 메서드를 통해 간접적으로 조작하는 구조는 객체지향 프로그래밍에서 바람직한 접근법이라 할 수 있다. 이러한 정보은닉은 시스템 전체의 오류 가능성을 줄이고, 유지보수성과 확장성을 높이며, 결과적으로 안전하고 견고한 프로그램 설계를 가능하게 한다.

객체지향 프로그래밍은 단순히 코드를 효율적으로 구성하는 방식을 넘어, 현실 세계의 문제를 구조화하여 해결할 수 있는 강력한 사고 도구임을 설명하였다. 앞서 학습한 클래스, 상속, 다형성, 캡슐화 등의 개념은 각기 독립된 기술처럼 보일 수 있지만, 이들은 실제 프로그램 설계 과정에서는 서로 긴밀히 연결되어 작동한다. 상속은 기존 기능을 재활용하면서 새로운 기능을 추가할 수 있도록 해주며, 다형성은 동일한 명령어를 다양한 객체에 적용할 수 있도록 하여 코드의 유연성과 확장성을 크게 높여준다. 캡슐화는 이러한 구조가 무너지지 않도록 객체 내부의 정보와 상태를 보호하는 역할을 하며, 시스템 전체의 안정성을 지켜준다.

　이러한 객체지향의 핵심 원리를 활용하면, 프로그램은 단순한 기능의 집합을 넘어 하나의 유기적 시스템으로 발전할 수 있다. 자동차 시뮬레이션, 온라인 쇼핑몰, 학사관리 시스템, 게임 설계 등 현실 속 복잡한 문제들도 클래스와 객체, 그리고 상속과 다형성의 조합을 통해 논리적이고 유지보수 가능한 구조로 모델링할 수 있다. 객체지향 프로그래밍은 그 자체로도 흥미로운 도구지만, 실제로 객체를 설계하고 상호작용하도록 만들며 자신만의 프로그램을 창의적으로 완성해보는 경험은 더욱 특별한 학습의 기회가 될 수 있다. 이번 '생각하기'에서는 지금까지 배운 객체지향 개념들을 실생활 맥락에 적용하여, 문제를 객체 단위로 나누고 기능을 설계하며 창의적이고도 논리적인 구조를 직접 구현해보는 도전을 제안한다.

## 🎯 도전 과제

**생각하기 1: 동물원을 설계해보자!**

동물원이 하나 있다고 가정해보자. 이 동물원에는 고양이, 강아지, 새, 사자, 돌고래 등 다양한 동물들이 살고 있다. 각 동물은 공통적으로 이름을 가지고 있고, 소리를 내는 행동(speak)을 한다. 하지만 어떤 동물은 '멍멍', 어떤 동물은 '야옹', 또 어떤 동물은 '우우' 하고 소리를 낸다.

Animal 클래스를 부모 클래스로 정의하고, Cat, Dog, Dolphin 등 자식 클래스를 본문의 설명과 같이 만들어 보자. 각 동물이 자신만의 방식으로 speak() 메서드를 오버라이딩하도록 해보자. 이후, 동물들을 하나의 리스트에 넣고 반복문으로 speak()를 호출해보자. 다형성이 어떻게 작동하는지 눈으로 확인할 수 있을 것이라 기대된다.

- **질문**: 새로운 동물을 추가하려면 기존 코드를 수정해야 할까? 그렇지 않다면, 그 이유는 무엇일까?
- **답변**: 새로운 동물을 추가하더라도 기존 코드를 수정할 필요는 없다. 그 이유는 객체지향 프로그래밍의 핵심 원리인 다형성(polymorphism) 덕분이다. 부모 클래스인 Animal에서 speak()라는 공통된 인터페이스가 정의되어 있기 때문에, 새로운 동물 클래스가 이를 상속받고 자신만의 방식으로 speak() 메서드를 오버라이딩하기만 하면 된다. 즉, 기존 코드에서는 Animal 타입의 객체들을 순차적으로 처리하는 구조만 유지하면 되며, 새로운 클래스가 추가되더라도 그 객체는 동일한 방식으로 처리된다. 코드의 확장에 따른 변경이 최소화되므로, 이는 유지보수성과 유연성 측면에서도 매우 효과적인 설계 방식이라 할 수 있다. 이러한 구조는 객체지향 설계에서 개방-폐쇄 원칙(Open-Closed Principle)—코드는 확장에는 열려 있고, 변경에는 닫혀 있어야 한다—을 실현하는 대표적인 예라 할 수 있다.

### 문제 해결을 위한 코딩 가이드라인

- **목표**
  - ☑ 부모 클래스를 정의하고 자식 클래스를 상속하여 확장하는 구조를 이해한다.
  - ☑ 동일한 메서드 이름이 객체에 따라 다르게 동작하는 다형성을 직접 구현해본다.
  - ☑ 기존 코드를 수정하지 않고 새로운 클래스를 유연하게 확장할 수 있는 구조를 설계한다.

# • 1단계: 부모 클래스 정의

```
1 class Animal:
2    def __init__(self, name):
3        self.name = name
4
5    def speak(self):
6        print(f"{self.name}(이/가) 소리를 냅니다.")
```

☑ Animal 클래스는 모든 동물의 공통 속성인 name과 기본 동작인 speak() 메서드를 가진다.

☑ speak()는 추상적인 형태로 정의되어 있으며, 자식 클래스에서 오버라이딩할 수 있다.


# • 2단계: 자식 클래스 만들기

```
1 class Cat(Animal):
2    def speak(self):
3        print(f"{self.name}(이/가) 야옹하고 있어요.")
4
5 class Dog(Animal):
6    def speak(self):
7        print(f"{self.name}(이/가) 멍멍 짖어요.")
```

☑ Cat, Dog 클래스는 Animal 클래스를 상속받고 speak() 메서드를 오버라이딩한다.

☑ 각 클래스는 자신만의 방식으로 소리를 내도록 구현한다.


# • 3단계: 리스트를 활용한 다형성 체험

```
1 zoo = [Cat("실버"), Dog("땡이"), Animal("하마")]
2
3 for animal in zoo:
4    animal.speak()
```

```
실버(이/가) 야옹하고 있어요.
땡이(이/가) 멍멍 짖어요.
하마(이/가) 소리를 냅니다.
```

☑ 부모 클래스 타입인 Animal로 구성된 리스트에 자식 클래스의 객체를 함께 담는다.

- ✔ 각 객체는 공통된 speak() 메서드를 호출하더라도 자신의 방식으로 반응한다.
- ✔ 이 과정을 통해 다형성의 작동 원리를 확인할 수 있다.

### • 4단계: 새로운 동물 추가

```
1 class Duck(Animal):
2     def speak(self):
3         print(f"{self.name}(이/가) 꽤액꽤액 하고 소리칩니다.")
```

- ✔ Duck 클래스를 추가하여 speak() 메서드를 자신만의 방식으로 오버라이딩한다.
- ✔ 기존 코드는 전혀 수정하지 않고도 새로운 객체를 리스트에 추가하여 처리할 수 있다.

```
1 zoo.append(Duck("오순"))
2
3 for animal in zoo:
4     animal.speak()
```

```
실버(이/가) 야옹하고 있어요.
땡이(이/가) 멍멍 짖어요.
하마(이/가) 소리를 냅니다.
오순(이/가) 꽤액꽤액 하고 소리칩니다.
```

- ✔ 추가한 클래스에 객체를 반영한다.
- ✔ 반복문을 다시 실행하면 Duck 클래스의 '오순' 객체도 정의한대로 speak()를 수행한다.

이처럼 객체지향의 핵심 원리인 상속과 다형성을 활용하면, 복잡한 문제도 유연하고 체계적으로 해결할 수 있는 구조를 설계할 수 있다. 각 객체가 자신만의 역할과 기능을 갖고 동작하도록 만드는 과정은 단순한 코딩을 넘어, 현실을 추상화하고 논리적으로 구조화하는 사고력의 훈련이기도 하다. 새로운 클래스를 추가해도 기존 코드를 수정하지 않고 확장할 수 있는 이러한 구조는, 변화에 유연하게 대응하며 유지보수가 쉬운 프로그램을 만드는 데 매우 효과적이다. 나만의 객체를 정의하고, 그 객체가 어떻게 행동할지를 설계해보는 경험은 프로그래머로서의 사고 틀을 한층 더 넓히는 계기가 될 것이다.

이제 여러분만의 동물원을 설계해보자. 상속과 다형성의 개념을 활용하여 확장 가능하고 유연한 구조를 스스로 만들어보는 과정에서, 객체지향 프로그래밍의 진정한 힘을 직접 체험할 수 있을 것이다. 문제 해결의 관점에서 객체지향은 단순한 도구가 아닌, 세상을 이해하고 설계하는 또 하나의 언어임을 느껴보길 바란다.

## 생각하기 2: 은행 시스템 보안 설계자 되기

실제 은행 시스템에서는 고객의 계좌 정보와 거래 내역이 매우 민감하게 다루어진다. 이러한 정보를 다루는 소프트웨어는 무엇보다 안정성과 신뢰성을 보장해야 하며, 실수나 의도된 조작으로부터 데이터를 안전하게 보호할 수 있어야 한다. 객체지향 프로그래밍의 캡슐화(encapsulation) 원리는 바로 이러한 요구에 부합하는 설계 원칙을 제공한다.

이번 생각하기에서는 은행 계좌를 클래스로 모델링하고, 민감한 정보(예: 잔액)를 외부로부터 보호하며, 공식적인 인터페이스를 통해서만 접근 가능하도록 설계하는 경험해보자. 이 과정을 통해 독자는 단순한 코드 작성이 아닌, 설계의 안정성과 윤리성까지 고려하는 문제 해결 사고를 기르게 된다. 이 문제를 해결하기 위하여 다음의 내용을 실행해보자.

- ✔ BankAccount 클래스를 만들고, _balance 속성을 private으로 선언해보자.
- ✔ deposit()과 withdraw() 같은 메서드를 만들어 잔액을 조작해보자.
- ✔ 외부에서 직접 _balance에 접근하거나 수정하려고 할 때, 어떤 일이 일어나는지 실험해보자.

- **질문**: 만약 누군가가 balance = 1000000처럼 직접 값을 바꿨다면, 프로그램은 어떤 위험에 빠질 수 있을까?
- **답변**: 누군가가 balance = 1000000처럼 객체 내부의 속성에 직접 접근하여 값을 변경한다면, 프로그램은 심각한 신뢰성 문제에 직면할 수 있다. 예를 들어, 은행 시스템에서는 각 계좌의 잔액이 정확하고 안전하게 관리되어야 함에도 불구하고, 외부에서 balance 값을 임의로 조작할 수 있다면 이는 데이터의 무결성을 해치는 중대한 보안 결함이 된다. 이러한 직접적인 접근은 잘못된 계산, 부정한

데이터 조작, 예기치 않은 시스템 오류로 이어질 수 있으며, 실제 서비스 환경에서는 재무적 손실이나 법적 책임으로까지 확산될 수 있다. 무엇보다도, 클래스가 제공하는 공식적인 메서드를 우회하여 내부 정보를 변경하게 되면 객체지향 설계의 기본 원칙인 정보은닉과 캡슐화가 무너지게 되고, 이는 곧 프로그램 전체의 안정성과 예측 가능성을 위협하게 된다. 따라서 민감한 정보나 상태를 다루는 속성은 반드시 외부 접근으로부터 보호되어야 하며, 정해진 인터페이스(예: deposit(), withdraw(), get_balance() 등)를 통해 간접적으로 제어되도록 설계해야 한다. 이것이 캡슐화가 객체지향에서 중요한 이유이며, 안전한 소프트웨어를 만드는 출발점이 된다.

**문제 해결을 위한 코딩 가이드라인**

### • 1단계: BankAccount 클래스 정의 및 캡슐화 적용

```
1  class BankAccount:
2      def __init__(self, owner):
3          self.owner = owner
4          self.__balance = 0  # private 속성 선언
5
6      def deposit(self, amount):
7          if amount > 0:
8              self.__balance += amount
9              print(f"{amount}원이 입금되었습니다.")
10         else:
11             print("0원 이상을 입금해야 합니다.")
12
13     def withdraw(self, amount):
14         if amount > self.__balance:
15             print("잔액이 부족합니다.")
16         elif amount <= 0:
17             print("0원 이하의 금액은 출금할 수 없습니다.")
18         else:
19             self.__balance -= amount
20             print(f"{amount}원이 출금되었습니다.")
21
22     def get_balance(self):
23         return self.__balance
```

✔ _balance는 클래스 내부에서만 접근 가능한 private 속성으로 선언한다.

- ☑ 잔액은 deposit()과 withdraw() 같은 공식 메서드를 통해서만 조작 가능하도록 설계한다.
- ☑ get_balance() 메서드는 잔액 확인만 가능하며, 수정 기능은 포함하지 않는다.

### • 2단계: 객체 생성 및 메서드 호출

```
1 account = BankAccount("한옥영")
2 account.deposit(100000)
3 account.withdraw(30000)
4 print("현재 잔액:", account.get_balance())
```

```
100000원이 입금되었습니다.
30000원이 출금되었습니다.
현재 잔액: 70000
```

- ☑ 입금과 출금은 정의된 메서드를 통해서만 이루어진다.
- ☑ 비정상적인 접근이나 오류 상황에 대한 처리도 클래스 메소드 안에 포함되어 있다.

### • 3단계: 외부에서 직접 속성 수정 시도

```
1 account.__balance = 1000000
2 print("잔액 확인:", account.get_balance())
```

```
잔액 확인: 70000
```

- ☑ _balance를 외부에서 직접 수정해도, 실제 객체 내부의 값은 바뀌지 않는다.
- ☑ Python은 __balance를 내부적으로 _BankAccount_balance로 이름 변경(mangling)하여 보호한다.
- ☑ 이는 캡슐화가 실제로 데이터 보호의 역할을 수행하고 있음을 확인하게 해준다.

### • 4단계: 확인 질문을 통한 성찰

```
1 print(account.__dict__)
```

```
{'owner': '한옥영', '_BankAccount__balance': 70000, '__balance': 1000000}
```

☑ 객체의 내부 상태를 확인하여 _balance가 보호되고 있는 구조를 분석해본다.

이 생각하기 활동을 통해 독자는 객체의 속성을 보호하고, 문제를 예측 가능한 방식으로 해결하기 위한 안전한 설계 원리를 직접 구현해볼 수 있다. 캡슐화는 단순한 문법 요소가 아니라, 복잡한 시스템 속에서 정보의 경계를 설정하고 책임을 분명히 하는 구조적 사고 방식임을 이해하는 데 중요한 발판이 된다. 이러한 활동은 문제를 단지 기능적으로 처리하는 차원을 넘어, 문제를 책임 있게 다루는 개발자적 사고 방식을 체득할 수 있는 기회를 제공한다.

### 생각하기 3: 슈퍼히어로를 코드로 만들자!

다양한 능력을 가진 슈퍼히어로들이 존재한다고 가정해보자. 어떤 히어로는 하늘을 날 수 있고, 어떤 이는 불을 뿜으며, 또 어떤 이는 시간을 멈추는 능력을 가지고 있다. 이들을 하나하나 따로 설계하기보다, 공통된 구조를 바탕으로 유연하게 확장 가능한 프로그램으로 만들 수는 없을까? 객체지향 프로그래밍의 상속과 다형성을 활용하면, 이러한 구조를 손쉽게 설계할 수 있다. 모든 슈퍼히어로가 공통으로 가져야 할 속성과 행동을 부모 클래스에서 정의하고, 각각의 히어로는 자신만의 능력을 자식 클래스에서 오버라이딩하면 된다. 이를 통해 사용자는 동일한 방식으로 히어로들을 제어할 수 있고, 새로운 히어로를 추가할 때도 기존 코드를 수정할 필요 없이 확장할 수 있다. 이번 생각하기에서는 '슈퍼히어로 설계자'가 되어, 창의적인 능력을 가진 캐릭터를 객체지향 방식으로 모델링해보자.

이 문제를 해결하기 위하여 다음의 내용을 실행해보자.

☑ SuperHero라는 부모 클래스를 만들고, fly(), use_power() 등의 기본 기능을 정의하자.
☑ FireMan, TimeKeeper, SkyRunner 같은 자식 클래스를 만들어 각자의 고유한 능력을 오버라이딩하자.
☑ 같은 use_power() 호출이 캐릭터마다 어떻게 다른 동작을 하는지 테스트해보자.

• **질문**: 나중에 새로운 능력을 가진 히어로를 추가할 때, 기존 클래스를 수정하지 않고도 설계가 가능하도록 만든 구조는 어떤 점이 유리했을까?

- **답변**: 새로운 능력을 가진 슈퍼히어로를 추가할 때 기존 클래스를 수정하지 않고도 설계가 가능한 이유는, 객체지향 프로그래밍의 핵심 원리인 상속과 다형성이 구조적으로 잘 적용되어 있기 때문이다. SuperHero라는 부모 클래스에서 공통된 속성과 인터페이스(use_power() 등)를 정의해두었기 때문에, 새로운 히어로 클래스는 이를 그대로 상속받아 사용하면서 자신만의 고유한 기능만 오버라이딩하면 된다. 이러한 구조는 코드의 개방-폐쇄 원칙(Open-Closed Principle)—즉, 코드는 확장에는 열려 있고 변경에는 닫혀 있어야 한다—을 충실히 반영한 것으로, 시스템 전체의 안정성과 일관성을 유지하면서도 유연한 기능 추가가 가능하게 해준다. 다시 말해, 기존의 클래스를 수정하지 않고도 새로운 클래스만 추가하면 되기 때문에, 기존 코드에 영향을 주지 않고 안전하게 확장할 수 있는 설계가 실현되는 것이다. 결과적으로 이 구조는 유지보수의 용이성은 물론, 창의적 설계의 자유도와 확장성까지 보장해주며, 다양한 캐릭터와 능력을 가진 슈퍼히어로들을 효과적으로 관리하고 발전시킬 수 있는 기반이 된다.

## 문제 해결을 위한 코딩 가이드라인

- **1단계: 부모 클래스 SuperHero 정의**

```
1 class SuperHero:
2     def __init__(self, name):
3         self.name = name
4
5     def fly(self):
6         print(f"{self.name}은(는) 기본적으로 날지 않습니다.")
7
8     def use_power(self):
9         print(f"{self.name}은(는) 특별한 능력을 아직 사용하지 않았습니다.")
```

☑ 모든 히어로가 공통으로 가지는 속성은 name, 공통된 행동은 fly()와 use_power()이다.

☑ 이들은 부모 클래스에 정의되며, 자식 클래스에서 자유롭게 오버라이딩이 가능하다.

- **2단계: 자식 클래스 설계: 개성 있는 히어로 구현**

```
1 class FireMan(SuperHero):
2     def use_power(self):
3         print(f"{self.name}(이/가) 불꽃을 내뿜습니다!")
4
5 class TimeKeeper(SuperHero):
6     def use_power(self):
7         print(f"{self.name}(이/가) 시간을 멈춥니다!")
8
9 class SkyRunner(SuperHero):
10    def fly(self):
11        print(f"{self.name}(이/가) 하늘을 날아갑니다!")
12    def use_power(self):
13        print(f"{self.name}(이/가) 초고속으로 움직입니다!")
```

✔ 각 자식 클래스는 부모 클래스의 메서드를 오버라이딩하여 고유한 행동을 정의한다.

✔ 이 과정을 통해 동일한 인터페이스를 공유하면서도 각기 다른 동작을 수행하는 다형성
이 실현된다.

● **3단계: 다형성 활용: 리스트를 통한 테스트**

```
1 heroes = [
2     FireMan("파이어맨"),
3     TimeKeeper("타임키퍼"),
4     SkyRunner("스카이러너")
5 ]
6
7 for hero in heroes:
8     hero.fly()
9     hero.use_power()
```

```
파이어맨은(는) 기본적으로 날지 않습니다.
파이어맨(이/가) 불꽃을 내뿜습니다!
타임키퍼은(는) 기본적으로 날지 않습니다.
타임키퍼(이/가) 시간을 멈춥니다!
스카이러너(이/가) 하늘을 날아갑니다!
스카이러너(이/가) 초고속으로 움직입니다!
```

✔ fly()와 use_power()는 모든 객체에 대해 동일한 방식으로 호출되지만,

✔ 각 히어로는 자신의 클래스에 맞는 동작 방식으로 응답한다.

✔ 이는 유지보수가 편리하고 확장에 유리한 객체지향 구조임을 보여준다.

문제 해결의 언어, Python

## • 4단계: 새로운 능력을 가진 히어로 추가

```python
1 class IceQueen(SuperHero):
2     def use_power(self):
3         print(f"{self.name}(이/가) 얼음을 조종합니다!")
4
5 heroes.append(IceQueen("아이스퀸"))
6 for hero in heroes:
7     hero.fly()
8     hero.use_power()
```

```
파이어맨은(는) 기본적으로 날지 않습니다.
파이어맨(이/가) 불꽃을 내뿜습니다!
타임키퍼은(는) 기본적으로 날지 않습니다.
타임키퍼(이/가) 시간을 멈춥니다!
스카이러너(이/가) 하늘을 날아갑니다!
스카이러너(이/가) 초고속으로 움직입니다!
아이스퀸은(는) 기본적으로 날지 않습니다.
아이스퀸(이/가) 얼음을 조종합니다!
```

☑ 새로운 히어로를 추가할 때 기존 클래스를 수정할 필요 없이, 자식 클래스를 새로 정의 하기만 하면 된다.

☑ 기존의 heroes 리스트에 추가하고 동일한 방식으로 동작시킬 수 있다.


이번 생각하기를 통해 학습자는 객체지향 설계의 핵심 원리인 상속과 다형성을 직접 구현하고 실험해보며, 프로그램의 구조가 단순한 동작 제어를 넘어, 확장 가능하고 유연한 문제 해결 도구가 된다는 사실을 깨닫게 된다. 창의적인 히어로를 만들고 동작시키는 과정 속에서, 객체지향 사고는 보다 생생하게 이해될 수 있다.

이번 단원에서는 클래스를 정의하고 객체를 생성하는 기초부터, 상속과 다형성, 캡슐화와 정보은닉까지 객체지향 프로그래밍의 핵심 원리를 종합적으로 학습하였다. 클래스를 설계하면서 우리는 객체가 속성과 메서드를 통해 상태와 행동을 갖는 구조임을 이해하였고, 객체 간의 관계를 상속 구조로 표현함으로써 코드의 재사용성과 확장성을 높이는 방법을 익혔다. 또한 동일한 메서드 이름이 다양한 객체에서 다르게 동작하는 다형성, 그리고 외부로부터 객체 내부 상태를 보호하는 캡슐화의 설계 원칙을 예시를 통해 확인하였다. 이러한 학습은 단지 문법을 익히는 수준을 넘어서, 문제를 구조화하고 체계적으로 해결하는 객체지향적 사고 방식을 길러주는 기반이 되었다.

클래스와 객체의 개념을 이해하고 이를 기반으로 프로그램을 설계하는 능력은, 다양한 분야에서 필수적인 기초가 된다. 또한 클래스의 구조를 응용한 실습 활동들을 통해 독자는 복잡한 문제를 구성 요소 단위로 분해하고, 각 요소가 협력하는 시스템을 설계하는 능력을 키우게 된다. 상속과 다형성을 이해한 학습자는 유지보수에 강하고 변화에 유연한 프로그램을 작성할 수 있게 되며, 캡슐화를 통해 안정성과 보안성이 높은 시스템 설계의 기본 원리를 실천적으로 습득할 수 있다. 무엇보다도 이번 단원을 통해 독자는 객체지향 프로그래밍의 문법적 이해를 넘어서, 책임 중심의 사고, 구조적 설계력, 논리적 추상화 능력이라는 핵심 역량을 함께 성장시킬 수 있을 것이다.

클래스는 단순한 프로그래밍 문법이 아니다. 그것은 현실 세계를 데이터와 구조로 해석하고, 문제를 재구성하여 해결 가능한 형태로 재설계하는 사고의 틀이다. 여러분은 이번 단원을 통해 프로그래밍 언어의 사용자가 아닌, 설계자이자 창조자로서의 첫 발을 내디뎠다. 앞으로 마주할 더 복잡한 문제들도, 클래스를 중심으로 객체의 책임과 역할을 구조화하며 풀어나간다면, 더욱 명확하고 확장 가능한 해답을 만들 수 있을 것이다. 이제, 클래스는 여러분의 문제 해결 도구이자 사고의 언어가 된다. 그 언어로 세상을 다시 설계해보자.